复旦大学文学翻译研究中心　主办

复旦谈译录 |第四辑

TRANSLOGOPOEIA:
A FUDAN JOURNAL
OF TRANSLATION STUDIES IV

陶　磊　主　编

戴从容　副主编

上海三联书店

目　录

外国翻译史研究

翻译实践探索

研究生论坛

附 录

专栏：中国翻译史研究

主持人的话

王宏志

《复旦谈译录》第四辑"中国翻译史研究"专栏刊出三篇论文，都是集中在晚清时期，说明晚清翻译史的研究价值。

第一篇复旦大学历史系邹振环教授的《传统知识分类现代转型的一环：傅兰雅编纂译书书目刍议》，分析傅兰雅所编纂两篇较少为人注意的译书篇目《译书事略》和《益智书会书目》，以其分别为官书局和教会书局代表，展现傅兰雅及其书目对传统知识分类的突破和转型的重要贡献。众所周知，邹教授是中国翻译史专家，以历史学者的背景和视野，探讨翻译在中国近代史中的重要角色，其专著及文章是中国翻译史研究者必要细读的作品。本文从译书篇目出发，讨论不同翻译及出版机构的知识认知和分类，无疑扩展了翻译史研究的领域。

《晚清翻译中的"译者安全"与"译本安全"》是复旦大学中文系段怀清教授新作《西学东渐与晚清语言文学》的一章。该书是段教授近年有关晚清西学东渐及口岸文人研究的重要成果，除考究西方来华传教士外，重点讨论王韬、沈毓桂等口岸文人，考究晚清上海文学兴起与发展的历史脉络。本文提出新颖的视点，以翻译与知识及安全性切入，考察晚清翻译，强调译者在面对特殊的政治和文化环境时，他的翻译行为如何反映其内心对自身安全的焦虑，并以墨海书馆时期的王韬为个案，通过分析他的书信和日记，说明王韬如何考虑自己在口岸为英国人工作的安全性，从而确定一种文化自我定位和自我评价。

华中师范大学外国语学院苏艳教授的《张之洞的翻译赞助思想与行为研究》，通过大量分析奏议、公牍、函电和书信，从当时的政治背景出发，较全面地讨论张之洞的翻译赞助人身份、他的理念和实际行为，这是翻译赞助研究的力作。苏艳教授近年着力于晚清洋务运动研究，2018年出版的《从文化自恋到文化自省：晚清中国翻译界的心路历程》是一本很可以细读的学术论著。此外，她几年前开始兼任翻译与传播研究中心主任，出心出力推动翻译研究，一年一度的桂子山翻译与传播高层论坛值得特别关注。

王宏志

香港中文大学翻译系荣休教授兼研究教授

翻译研究中心主任

传统知识分类现代转型的一环

——傅兰雅编纂译书书目刍议

邹振环 *

傅兰雅（John Fryer，1839—1928）是清末参与翻译活动最为著名的传教士。他在中国生活了35年，倡导教育与科学，前后译书多达百余种，包括数学、物理、化学化工、矿业、机械工程、医学、农学、地图测绘、军事兵工以及政治经济学等多个学术领域。他在近代翻译史上的贡献之巨，无论是当时的来华西士抑或中国本地学人，无人能望其项背，由于在引介西方科技方面的巨大贡献，他被誉为"传科技之火于华夏的普罗米修斯"[1]。

* 邹振环，1978年起在复旦大学历史学系完成大学本科、研究生教育，1985年硕士毕业后留校。1995年在复旦历史地理研究所兼职攻读历史地理（人文地理）专业的博士，1999年获博士学位。现为复旦大学历史系教授、博导。兼任香港中文大学翻译研究中心名誉研究员等职。著有《20世纪中国翻译史学史》《疏通知识史》《影响中国近代社会的一百种译作》等论著多种。在《历史研究》《复旦学报》《世界历史》《近代史研究》等海内外中外文刊物上发表学术论文百余篇。本文系邹振环主持的复旦大学人文社会学科传世之作学术精品项目"明清江南专题文献研究"（项目号：2021CSJP003）的阶段性成果之一。2021年12月4—5日提交由复旦大学历史学系主办的"明清以来的江南文献与社会文化学术研讨会"，并在大会报告。

[1] ［美］戴吉礼（Ferdinand Dagenais）主编，弘侠中文提示：《傅兰雅档案》第一卷"编辑说明"，桂林：广西师范大学出版社，2010年。

1977年，吴相湘[1]在台湾《书评书目》第56期上发表了《傅兰雅与中国近代译学》的长篇论文，全文分"华蘅芳徐寿建议创设翻译馆""译西书门类—方法与敬业精神""译西书第一要事为名目""编制中文科学字汇术语表""格致书院与格致汇编""主编学校教科书—创设科学书库""启发中国人的维新思想""日本书中译本粗制滥造的流弊"八个部分，指出傅兰雅在江南制造局译述西洋科学技术书籍的工作，上继利玛窦译介西学的余绪并发扬光大，提示"译西书第一要事为名目"，并编制中西名目对照表，力求译名标准化，为近百年来译学界建立伟大指标。傅兰雅注意普及西洋科学技术于一般社会，对中国人维新思想具有启发作用，其地位极少人可以与之相提并论，[2]为后人研究傅兰雅的翻译活动等提供了重要线索。美国加利福尼亚大学伯克利分校的戴吉礼（Ferdinand Dagenais）博士把傅兰雅保存在美国加利福尼亚大学伯克利分校东亚图书馆（East Asian Library）中的傅兰雅档案整理成册，题为《傅兰雅日录：函件、著作和各类文件辑集》（*John Fryer's Calendar*：*Correspondence*，*Publications*，*and Miscellaneous Papers*，*with Excerpts & Commentary*），1999年由美国加利福尼亚大学伯克利分校"中国研究中心"推出，

---

[1] 吴相湘（1912—2007），湖南省常德人，1933年考入北京大学历史系，毕业后任职于"中央研究院"历史语言研究所，1941年投笔从戎，入国民党第九战区司令部参谋处编译股编纂战史，1948年在北京故宫整理清宫及庚子拳乱史料。1949年赴台任教于台湾大学历史系，1965年任新加坡南洋大学历史系主任，1969年回台任中国文化学院史学研究所教授。著有《晚清宫廷与人物》《民国百人传》等。参见徐友春主编：《民国人物大辞典》（增订本）上册，石家庄：河北人民出版社，2007年，第614页。

[2] 全文又载吴相湘：《历史与人物》，台北：东大图书公司，1978年，第265—286页。

以非正式出版物的形式供有关傅兰雅研究的学者们使用；2010年广西师范大学出版社将这一收藏于美国加利福尼亚大学伯克利分校档案馆的全部傅兰雅档案，经弘侠翻译整理后汇为3卷，题为《傅兰雅档案》（*The John Fryer Papers*）在中国大陆出版，共分《在中国的第一个十年（1861—1871）》《在上海江南制造局（1872—1896）》和《柏克莱岁月（1896—1928）》3卷，收集了从1861年傅兰雅来中国起至1928年他在美国加利福尼亚大学伯克利分校去世为止67年间的重要档案文书，涉及私人通信、日记、公文、会议记录、回忆录、论文、杂志、纪念文章等，包括傅兰雅的旅行札记、往来书信、《格致汇编》、格致书院，以及翻译成就等，全书为英文档案，中文本在正文旁附中文提示。该书的编纂为研究傅兰雅及近代中国社会、近代中外交往史等，提供了极其珍贵的原始资料。

傅兰雅译书的研究，是上海翻译史上的大宗研究。邹振环、王扬宗、孙邦华、王红霞、夏晶、戴吉礼（Ferdinand Dagenais）、大卫·怀特（David Wright）、托雷（Gabriele Tola）、千叶谦悟等中外学者也曾就傅兰雅及其翻译事业进行过专门论述。[1] 上

---

[1]　邹振环：《傅兰雅与江南制造局的译书》，《历史教学》1986年第10期；王扬宗：《傅兰雅与近代中国的科学启蒙》，北京：科学出版社，2000年；孙邦华：《论傅兰雅在西学汉译中的杰出贡献——以西学译名的确立与统一问题为中心》，《南京社会科学》2006年第4期；王红霞：《傅兰雅的西书中译事业》，复旦大学历史学系博士学位论文，2006年10月；夏晶：《晚清科技术语的翻译——以傅兰雅为中心》，武汉大学历史系博士学位论文，2011年；Ferdinand Dagenais, "John Fryer's Early Years in China：I. Diary of His Voyage to Hong Kong," *Journal of the Hong Kong Branch of the Royal Asiatic Society*, vol. 29 (1989), pp. 252—301；Ferdinand Dagenais, "John Fryer's Early Years in China：II. First Impressions of Hong Kong and the Chinese People," *Journal of the Hong Kong Branch of the Royal Asiatic Society*, vol. 30 (1990), pp. 146—168；Ferdinand Dagenais, "John Fryer's Early Years in China：（转下页）

述成果均未详细论及傅兰雅在编纂译书书目《译书事略》[1]和《益智书会书目》[2]两份目录，我曾将前者视为"官书局目录"的代表，后者视为"教会书局目录"的代表。[3]与其他目录的编制不同，上述两种有关官方翻译机构的篇章和教会机构的译书目录属于亲历者的工作，虽不属翻译史的专门研究，却是专门

（接上页）III. Account of Three Days Excursion on The Mainland of China," *Journal of the Hong Kong Branch of the Royal Asiatic Society*, vol. 36 (1996), pp. 129—149；[意大利]托雷：《傅兰雅编纂的"中西名目表"及其翻译原则》，复旦大学历史系主编：《变化中的明清江南社会与文化》，上海：复旦大学出版社，2016年，第324—338页；Gabriele Tola, 'John Fryer and *The Translator's Vade-mecum*：The Identification of the *"Vocabulary of Terms in Naval Architecture"*, *Monumenta Serica: Journal of Oriental Studies*, vol. 66, No. 1(2018), pp.91—114；Gabriele Tola, *John Fryer and The Translator's Vade-mecum: New Perspectives on the History of Modern Chinese Scientific and Technical Lexicon*, Leiden and Boston: Brill，2020；千叶谦悟：《加州大学柏克莱分校藏傅兰雅文库（John Fryer Collection）目录》（上），《或问》（*WAKUMON*）第36号（2019年12月）；千叶谦悟：《加州大学柏克莱分校藏傅兰雅文库（John Fryer Collection）目录》（下），《或问》（*WAKUMON*），第38号（2020年12月）。

[1] 傅兰雅的《译书事略》全称《江南制造总局翻译西书事略》，载《格致汇编》1880年6、7、8、9月（南京古籍书店1992年有影印本）。《译书事略》英文版（John Fryer, *An Account of the Department for the Translation of Foreign Books at the Kiangnan Arsenal Shanghai: with various lists of publications in the Chinese language*, Shanghai：American Presbyterian Mission Press, 1880）有三种，其中以上海美华书馆出版的单行本信息最全，《北华捷报》版（*The North-China herald*, Jan. 29, 1880）和《自然》杂志版（*Nature*, May 19, 1881）未载书目，且内容稍有出入，参见王扬宗：《江南制造局翻译书目新考》，《中国科技史料》1995年第2期；所附书目还为王扬宗编校的《近代科学在中国的传播：文献与史料选编》（济南：山东教育出版社，2007年，第488—511页）一书所收录。

[2] 傅兰雅《益智书会书目》（*Descriptive Catalogue and Price List of the Book Wall Charts Maps etc., Published or Adopted by the Educational Association of China* [*formerly the School and Text-book Series Committee*], ON SALE AT THE DEPOSITORY, Presbyterian Mission Press [上海美华书馆], 1894），1903年中国学塾会另编有《中国学塾会书目》，较之英文版《益智书会书目》略有出入。

[3] 邹振环：《西学汉译文献与中国翻译史研究》，《东方翻译》2011年8月第4期。

机构翻译史的重要史料。本文拟就此两份译书书目视为一整体，尝试讨论两者对近代中国知识分类上的贡献，以就正于方家。

一、清末上海翻译史上的傅兰雅

傅兰雅出生在英国肯特郡海斯的一个清苦的牧师家庭里，父母深受一些从中国回去的教士与商人的影响。年轻的傅兰雅自幼就对中国产生了浓厚的兴趣，特别是有关中国的历史和民间传说。他童年时代就阅读了凡能找到的所有关于中国的书籍，在学校里作文时，他总是以中国为题材，因而同学们给了他一个"中国迷"的雅号。21岁的傅兰雅在伦敦一所专门培养教师的学院毕业后，自愿接受香港圣保罗书院院长的职位，从英格兰来到中国。1861年他在这所旨在造就充当英国教会的华人教士的书院里主持校务并兼教英语。在香港他认真学习了广东话，1863年为学好北京官话，他转任京师同文馆英文教习。1865年夏，他又南下上海，任英国圣公会开设的英华学堂校长，同时在《字林西报》馆出版的中文报纸——《上海新报》兼任编辑。[1]此时他已学了六年的汉语，懂三种方言，掌握了中文的书写规则。[2]1867年，时任制造局负责

[1] ［美］贝内特（Adrian Arthur Bennett）:《傅兰雅译著考略》（*John Fryer: the Introduction of Western Science and Technology into Nineteenth-Century China*），美国哈佛大学东亚研究中心，1967年，第4—8页。

[2] 傅兰雅"致苏西（Cousin Susy）"，1867年5月；转引自 Jonathan Spence, *To Change China : Western Advisers in China*, 1620—1960（《改变中国：在华的西方顾问》），New York : Penguin Books, 1980, p.144。

人的冯焌光[1]亲自造访傅兰雅，希望他来馆参与翻译工作，并执意用自己的大轿将傅兰雅抬到制造局参观，多次派人上门请求。在冯焌光等人的盛情邀请下，傅兰雅成为翻译馆正式签约的第一个洋人译员。[2]在翻译馆任职的同时，他还主编《格致汇编》，创设格致书室。1877年益智书会成立，他被推选为执行委员会的总编，1890年举行的全国传教士大会上，益智书会改组，傅兰雅被任命为执行委员会的主席，并继续担任总编。并从1893年开始，傅兰雅负责《教务杂志》(*Chinese Recorder and Missionary Journal*)，并由益智书会赞助开辟"教育专栏"(Educational Department)。除了负责出版由他人编译的各种书籍和挂图外，他也编辑了多种初级教科书，诸如《格物须知》(*The Outline Series*)系列、《格物图说》(*The Handbook Series*)系列、《保身卫生部》(*The Temperance Physiology Series*)以及各种"翻译手册"。[3]他调查了163个地方的教会学

---

[1] 冯焌光（1830—1878），字竹儒，广东南海县人。咸丰三年（1853）举人，委办江南制造局事，后升道员，补授苏松太道，创设求志书院，以经史之学课士。父玉衡，以事伊犁而卒，光绪四年（1878），焌光扶父柩归，以劳卒于途。著有《西行日记》《舆地略》等。陈玉堂编著：《中国近现代人物名号大辞典》，杭州：浙江古籍出版社，1993年，第133页。

[2] 王扬宗：《傅兰雅与近代中国的科学启蒙》，北京：科学出版社2000年，第27—28页。

[3] 傅兰雅称：我已尽己之全力做到提供学堂合适的教科书，包括基督教和科学的。我本人准备译出五十或六十种西方科学各门学科的标准教科书，其中绝大部分都是严谨的。参见《教务杂志》(*Chinese Recorder and Missionary Journal*)第21卷，1890年7月，第291—305页。除了专门为益智书会编译书籍外，傅兰雅还把自己曾在《格致汇编》上刊载过的真司滕（Johnston）著的《化学卫生论》交给益智书会出版，作为《格物图说》的一种。益智书会希望出版一份中英文术语名单，傅兰雅是负责人之一，具体负责化学、矿学、气象学、平版印刷术、电镀、化学仪器、科学仪器、铸造和模具、炮学、造船、开矿、工程学部分的译词术语。参见王红霞：《傅兰雅的西书中译事业》，复旦大学历史学系博士学位论文，2006年10月。

校，于1895年出版了《中国教育总目》（*Educational Directory for China*），对当时中国各种与新教教会有关的学校和大学以及在外国人指导下开办的官办学堂和私立学校做了统计，详细描述了各个学校的教育方法、教授科目、所用的课本和所取得的成就。作为益智书会执行委员会主席，傅兰雅还参与筹办了1896年举行的第二次益智书会三年一度的大会，他整理的《第一次三年一度大会会议记录》刊载于1893年的《教务杂志》（第268—275页），内容涉及益智书会的历史、任务、财务状况，以及已取得的成果等。傅兰雅在第二次大会上宣读了两篇关于术语和图书馆的论文。[1] 他一直密切留意中国的教育发展状况，认为中国传统的教育方式根本不利于人才的培养，对八股文尤其深恶痛绝，希望中国尽早采取教育改革。1896年，傅兰雅赴美国加利福尼亚大学伯克利分校，担任第一个"Louis Agassiz Professor of Oriental Languages and Literature"的教职。[2]

至清末为止，在江南制造局译印的有199种译书，1861年至1896年傅兰雅在中国生活了35年，其中在江南制造局翻译馆度过了28个春秋，傅兰雅自译和与人合译的书多达83种，

---

[1] 《中国教育总目》指出当时的中国有超过一千所由外国人开办或指导的学校，其中包括乡村日校、高级中学和大学，在校学生多达27500余人，其中20%是女生。傅兰雅在《教务杂志》（*Chinese Recorder and Missionary Journal*）"教育专栏"之"教育笔记"中撰文介绍这份总目："这份总目有将近150页，包括一份教育工作者的人名索引，以及一份地名索引和益智书会的90个或更多个成员的名单。附录是由益智书会出版或赞助的中文教育著作的纯描述性目录。"参见《傅兰雅档案》第二卷（*DOCUMENT LISTI*）第七章"傅兰雅在1867—1896年间的通信及杂录"部分。

[2] 参见 Doris Sze Chun, "John Fryer, the First Agassiz Professor of Oriental Languages and Literature, Berkeley", *Chronicle of the University of California*, fall 2005, pp.1—18。转引自［意］托雷：《傅兰雅编纂的"中西名目表"及其翻译原则》，邹振环、黄敬斌执行主编：《变化中的明清江南社会与文化》，上海：复旦大学出版社，2016年，第324—338页。

占江南制造局译印译书总数的41.7%。笔者据《西学书目表》统计的352种西书中发现，傅兰雅译述的竟占了121种，其中算学9种、重学5种、化学9种、声学1种、光学3种、汽学3种、天学1种、地学1种、全体学3种、动植物学3种、医学12种、图学4种、学制1种、法律3种、农政5种、矿政7种、工政27种、兵政12种、船政4种、游记1种、报章1种、格致总3种、无可归类之书3种，占当时出版总数的34.4%。1896年前已译未刊或已佚的有38种，外加他1896年应聘赴美国加州大学任教后续译的14种，毕生译书177种，经刊行的总计有129种。由此可见，傅兰雅不仅在江南制造局翻译馆，即使在近代中国翻译史上，也是译书最多的西方传教士。[1]傅兰雅所译西书涉及的范围很广，包括了军事、航海、采矿、机械制造、冶金、天文地理、农业、动植物、算学、化学、物理、医学、社会科学和工具书等方面，译出的军事学方面的著述有《水师操练》《轮船布阵》《行军测绘》《西国陆军制考略》等，其中最有名的是与华蘅芳合作译出的《防海新论》。为了做好翻译工作，傅兰雅在1870年底的书信中写道："我不得不加大自己的研究工作量，以便使我能与即将要翻译原著里的知识保持同步。"他也曾抱怨翻译科技书的枯燥和吃力不讨好，但靠着对宗教的热忱以及对这一工作意义的认识，"方才挺住了这旷日持久、封闭困乏的苦斗"。[2]

1896年夏，傅兰雅离开中国到美国加利福尼亚大学伯克

[1] 邹振环：《傅兰雅与江南制造局的译书》，《历史教学》1986年第10期。

[2] 傅兰雅 "致苏西（Cousin Susy）"，1867年5月；转引自 Jonathan Spence, *To Change China : Western Advisers in China, 1620—1960*（《改变中国：在华的西方顾问》）, New York : Penguin Books, 1980, pp.152, 156—157.

利分校担任东方语言与文学教授，也辞去了益智书会（后来的中国教育会）的一切职务，直至1913年退休，他与益智书会保持的最后关系是仅为终身会员和美方联系人。傅兰雅的离沪去美，使益智书会元气大伤，新任总编辑、美国监理会传教士潘慎文（A. P. Parker, 1850—1924）无论在个人精力的投入上，还是在出版的经验上，都无法与傅兰雅相提并论。特别是在与江南制造局的微妙关系上，傅兰雅曾经利用自己与江南制造局的特殊关系，为益智书会争取了大量的便利条件，他的离任使这一优势就此中断。受此影响，后来的益智书会的出版工作举步维艰。[1]

二、《译书事略》：在译书实践基础上突破传统知识分类的第一环

传统书目经常被视为古代知识分类的代表，而传统知识分类经常以目录学的分类演变为案例。讨论傅兰雅的译书书目的编纂首先要论及江南制造局翻译馆的译书。江南制造局原名"江南制造总局"，或称"江南机器局""上海制造局""上海机器局"，于同治四年（1865）在上海成立，[2]1867年正式成

---

[1]　张龙平：《益智书会与晚清时期的教科书事业》，桑兵、赵立彬主编：《转型中的近代中国：近代中国的知识与制度转型学术研讨会论文选》（上册），北京：社会科学文献出版社，2010年，第263—279页；赵中亚：《民国以后的傅兰雅》，《或问》（*WAKUMON*）第28期（2015）。

[2]　关于江南制造局的研究，参见全汉昇：《清季的江南制造局》，台北：《中研院史语所集刊》第23本上册，转录中华文化复兴运动推行委员会主编：《中国近代现代史论集》第九编"自强运动"（四），台湾商务印书馆，1985年，第151—170页。

立翻译馆。墨海书馆与江南制造局翻译馆两者之间的联系和承继可以通过以下两个例子看出。一是当年李善兰曾与伟烈亚力在墨海书馆译出数十页的《奈端数理》,"此书虽为西国甚深算学,而李君亦无不洞明,且甚心悦,又常称赞奈端之才。此书外另设西国最深算题,请教李君,亦无不冰解"。[1] 在江南制造局翻译馆由傅兰雅与李善兰继续译成第一卷。[2] 此一事例可见李善兰不仅通过墨海书馆的译书影响着徐寿和华蘅芳等江南的知识人,也以自己的翻译经验直接影响着后起的江南制造局翻译馆。另一是李善兰尽管没有直接作为江南制造局翻译馆的译员,但极力为该馆推荐人才,如1867年他将已经在民间编纂《万年书》和《便用通书》而获得声誉的贾步纬 [3] 介绍进翻译馆编纂《航海通书》。创办江南制造局初期,李鸿章就明

---

[1] 《译书事略》部分内容收录于张静庐辑注:《中国近代出版史料初编》,上海:群联出版社,1953年,第12、14页。

[2] 该书没有正式出版,稿本长期以来一直不知下落。1995年,中国科学院自然科学史研究所研究员韩琦在英国访得此书的手稿,据说又名《数理格致》,卷首给出了八个界说,界说一"凡质之几何,为疏密与大小相乘数",即为质量和密度、体积关系的定义;另外有三则公论:"凡体或静或以平速行直线,若非外力加之,则永不变";"凡动之变与所加之力有比例,亦准加力之方向";"凡用力必有相等之反力,即二体相与,用力恒相等,其方向相反也",是关于牛顿运动三定律的介绍。"这些内容是译自牛顿《自然哲学的数学原理》的定义、运动的公理和定理,以及第一编'物体的运动'的前四章。"韩琦:《传教士伟烈亚力在华的科学活动》,《自然辩证法通讯》1998年第2期。

[3] 贾步纬(约1840—1903),字心九,江苏南汇人幼好学算,咸丰年间避乱到上海,拜李善兰为师,与伟烈亚力交往,精通天文算学的新知识,1865年由李善兰推荐到江南制造局任上海广方言馆航海测量馆与天文馆教习,受聘于制造局翻译馆任译员,除校勘《算法统宗》《九数外录》《勾股六术》外,还编译有《算术开方表》《算学对数表》《对数表说》《八线简表》《八线对数简表》《量法代算》《步练算法》《航海通书》等。参见邹振环:《江苏翻译出版史》,南京:江苏人民出版社,1998年,第149—159页。

确指出："西法兼博大潜奥之理，苦于语言文字不同，将欲因端竟委，穷流溯源，舍翻书读书无善策。"[1] 从1867年傅兰雅、徐建寅合译的《运规约指》开始，到1912年江南制造局刊行的舒高第和汪振声合译的英国陆军水师部编纂的《英国定准军药书》四卷，前后40余年间，共译刊了译著近200种。据梁启超《西学书目表》著录的1896年前出版的352种西书中，江南制造局译刊的要占120种，占总数的34%。译书活动离不开译才，江南制造局翻译馆堪称19世纪下半叶上海最重要的翻译人才集聚点。该馆大量吸收海内外译才，特别是江浙译才的沪用，使一些优秀的海外翻译人才和大批江浙地区的文化人在短短的若干年内纷纷汇聚沪上，使江南制造局翻译馆成为东南地区，乃至中国最大的翻译出版中心。[2]

　　学界讨论傅兰雅的《译书事略》书目的，主要有傅荣贤的《傅兰雅〈译书事略〉的目录学解读》(《大学图书馆学报》2019年第2期)和《中国近代书目分类的创始之作——〈译书事略〉略论》(《国家图书馆学刊》2019年第1期)，作者认为傅兰雅1880年的《译书事略》首次对西书独立编目，从而完成了对"西学"的书目确认：西学是不同于传统中学的另一个学术体系。《译书事略》通过著录、分类等书目要素，揭示西学的学科化性质以及"力今""胜古"的求新指向，成为梁启超《西学书目表》等中国人所撰西学书目的前驱，并进而指

---

[1]　石健：《中国近代舰艇工业史料集》，上海：上海人民出版社，1994年，第133页。

[2]　关于傅兰雅和江南制造局的译书，参见邹振环：《傅兰雅与江南制造局的译书》，《历史教学》1986年第10期；邹振环：《江南制造局翻译馆与近代科技的引进》，《出版史料》1986年第6辑；邹振环：《江南制造局翻译馆与近代上海译才高地的构筑》，《东方翻译》2009年12月第2期。

出《译书事略》以江南制造总局翻译馆译刊的西学书籍为对象，基于西方学科化原则进行分类，是中国西书独立编目的前驱，也是近代书目分类的创始之作。而姚名达基于民族主义立场的近代书目史书写，掩盖了其导夫先路的历史地位。[1]

近代译书带来的是全新的知识，因此必然会面临图书的分类问题。傅兰雅不仅译书，还编纂了在近代中国产生了重要影响的译书书目，第一份是《江南制造总局翻译西书事略》(《格致汇编》第三年第五卷，1880年6月) 一文文末附载已出版的西学译书《运规约指》《代数术》等98种译书书目，以及译成尚未出版的45种，正在翻译尚未译成的13种。每种书目下注明作者、译者、刊书年代、册数与价格，截止时间为1879年。据傅兰雅统计：到1879年统计已售出的书达31111部，共计83454本。该文还附有书目表，提供了此一时期译本的信息。[2]这是笔者所见晚清最早的一份新式分类的官书局译书目录。[3]不过我们也不能认为傅兰雅《译书事略》完全没有所本，其突破中国传统书目分类是整个学界的时代需要。如1872年5月，冯焌光在《禀南洋大臣陈江南制造局造船造枪炮及译书情形并筹议商租轮船揽运漕米煤铁等事》中，就提出过最早的分类设想，他把译成之书分出"制器之书"6种:《汽机发轫》《汽机必以》《汽机信度》《汽机新制》《艺器记珠》《范模要略》;"造船之书"1种:《造船新法》;"火器之书"4种:《大炮全论》《克

---

[1] 傅荣贤:《近代书目与中国传统学术的学科化转型》,北京：社会科学文献出版社,2020年。该书第三章"西书独立编目"第三节为"傅兰雅《译书事略》"。

[2] ［英］傅兰雅:《江南制造总局翻译西书事略》,《格致汇编》1880年6、7、8、9月,南京：南京古籍书店,1992年影印版,第二、三册。

[3] 邹振环:《20世纪中国翻译史学史》,上海：中西书局,2017年,第20页。

016　　　　　　　　　　　　　　　　　　　　　　　　　复旦谈译录（第四辑）

虏伯炮法》《制火药法》《水雷秘要》;"绘图之书"三种:《运规约指》《器象显真》《行军测绘》;"地产之书"3种:《金石识别》《地学浅识》《开煤要法》;"化学之书"2种:《化学分原》《化学鉴原》;"行船之书"4种:《航海简法》《御风要术》《测候琐言》《航海通书释例》;"船操之书"3种:《水师操练》《轮船布阵》《兵船炮法》;"设防之书"3种:《防海新论》《城垒全法》《攻守制宜》;"江海图说"2种:《长江图说》《海道图说》;"西国杂记"之书2种:《四裔编年表》《埏纮外乘》;"算学之书"3种:《代数术》《积微溯源》《平弧三角法》;"声学之书"1种:《声学》。[1] 冯氏列举的译书,虽多属"制器""火器""绘图""船操""设防""西国杂记""算学""声学"类有关的科学技术等译书,但其重要性显而易见,这是新学译书的一个最早的分类。不过由于是一个奏折,影响有限。

《译书事略》中最值得重视的是傅兰雅对当时已译未译之书所进行的分类。他分出的门类有"算学测量等书""汽机等书""化学等书""地理等书""地学等书""天文行船等书""博物学等书""医学等书""工艺等书""水陆兵法等书""年代表新闻纸等书""造船等书""国史等书""交涉公法等书""零件等书",共计15类。至1879年已译刊成者《运规约指》《代数术》《微积溯源》等"算学测量类"22部;《汽机必以》《汽机新制》等"汽机类"7部;《化学鉴原》《化学分原》等"化学类"5部;《海道图说》《绘地法原》等"地理类"8部;《开煤要法》《井矿工程》《海塘辑要》《地学浅释》《金石识别》"地学类"5

[1] 台湾"中央研究院"近代史研究所编:《海防档》丙·机器局(一)江南制造局,台北:"中央研究院"近代史研究所,1957年,第98—103页。

部；《航海简法》《御风要术》《测候丛谈》《行海要术》等"天文行船等书"9部；《声学》《光学》《电学》《三才要纪》《格致启蒙·格物》等"博物学等书"6部；《儒门医学》《西药大成》"医学等书"2部；《治火药法》《冶金录》等"工艺等书"13部；《防海新论》《水师操练》等"水陆兵法等书"15部；《四裔编年表》《列国岁计政要》《西国近事汇编》《新闻纸》《西事撮要》等"年代表新闻纸等书"6部；《造船全法》《绘画船线》等"造船等书"已译未刊者3部；《布法交战论》《俄罗斯国史》《德国史》《欧罗巴国史》《万国史》"国史等书"已译未刊者5部；《各国交涉公法论》《西礼须知》"交涉公法等书"已译未刊者2部；《英语入门》等"零件等书"已译未刊者2部。[1]

　　随着西学译著的逐渐增多，如何对其进行恰当地分类成为晚清知识界的普遍难题，实际上这反映了西方近代新学对传统书籍分类及知识体系产生的巨大冲击。《译书事略》15类是近代中国出现的第一个现代知识分类，区别于传统的四部分类法，几乎所有的分类都是第一次独立出现，其中技术科学的书籍最多，"汽机类""地学类""天文行船等书"和"工艺等书"多达34部；地理类文献传统归属于"史部"，傅兰雅将之独立出来，"国史类"收入的基本上全部是国别史，并新析出"年代表新闻纸"一类，用以著录报刊等连续出版物。第一种《四裔编年表》是专门介绍西方历史的编年体著作，第二种《列国岁计政要》是有关世界各国种种事项的年度统计。傅兰雅较早注意到报刊的特殊性，指出："新闻纸与《西国近事汇编》等

---

[1]　［英］傅兰雅：《江南制造总局翻译西书事略》，《格致汇编》1880年6、7、8、9月，南京古籍书店，1992年影印版，第二、三册。

随时所印之书","每若干时则印三百至五百本，分呈于上海及各省官员。"[1] 连续出版物具有"随时所印"的特点，能够即时反映西方新事、新理、新法的"最新"成果。《西国近事汇编》是近似于报纸而更接近于期刊的周刊。大概傅兰雅认为《四裔编年表》《列国岁计政要》二书具有逐年记事或统计的性质，与另外4种属于连续出版物的"新闻纸"（报刊）相似，故而聚合为类。当时为物理学及其各分支学科的自然科学的概念尚未清晰，所以收录《声学》《光学》，与《三才纪要》《电学》《格致启蒙·格物》一起统称"博物学"。

《译书事略》影响深远。早在1902年蔡元培就注意到《译书事略》的价值："自汉以来，书目存者虑有四家：一曰藏书之目，如《汉书·艺文志》之属为官书，《遂初堂书目》之属为家书是也。一曰著书之目，如《通志·艺文略》、焦氏《国史经籍志》，通历代著书之人，《明史》志艺文，以明为断，方志志艺文，以乡人为断，是也；一曰译书之目，如隋《众经目录》《开元释教录》是也。一曰买书之目，如《书目答问》是也。海禁既开，西儒踵至，官私译本，书及数百。英傅兰雅氏所作《译书事略》，尝著其目，盖《释教录》之派，而参以《答问》之旨者也。其后或本之以为《表》（即《西学书目表》），别部居、补遗逸、楬精诂、系《读法》（即《读西学书法》），骎骎乎蓝胜而冰寒矣。"[2] 梁启超的《西学书目表》（1896）、黄庆澄的《中西普通书目表》（1898）、徐维则的《东西学书录》

[1] ［英］傅兰雅：《江南制造总局翻译西书事略》（二），《格致汇编》1880年6月，第9—11页。

[2] 蔡元培《东西学书录》"序"，熊月之：《晚清新学书目提要》，上海：上海书店出版社，2007年，第3页。引文标点引者略有改动。

（1899）及顾燮光补录的《增版东西学书录》（1902）、赵维熙的《西学书目答问》（1901）、顾燮光的《译书经眼录》（1929）等，[1]以及清末江南制造局陆续编制了《江南机器制造总局书目》（1902）、《江南制造局译书提要》（1909）、《上海制造局译印图书目录》（1912）等，另外还有葛道殷[2]所撰制造局兵学译著专科目录《江南制造局新翻泰西武备书录题解》，[3]均不同程度地吸收了傅兰雅《译书事略》的分类方法。

今人最早对《译书事略》的研究是美国加利福尼亚大学伯克利分校东亚图书馆的理查德·G.欧文（Richard G. Irwin，1909—1969）博士，他撰写的 *John Fryer's Legacy of Chinese Writing*（《傅兰雅的中文写作遗产》），把傅兰雅在制造局翻译的诸书大部收入，并依据《译书事略》英文版考证出部分译著的底本。这一目录后经美国贝内特（Adrian Arthur Bennett）

---

[1] 顾燮光的《译书经眼录》系继《增版东西学书录》而作，收录1902至1904年间出版之新学译著，该书于1929年正式出版。

[2] 葛道殷，字心水、监生，湖南湘乡人。早年寓上海，肄业于格致书院，曾任职于江南制造总局、湖北舆地局。戊戌维新时，由两江总督刘坤一保荐经济特科。葛氏曾参与《三省黄河全图》测绘，撰有《海镜歌括》《洋枪浅言》《用炮要言》《江南制造局新翻泰西武备书录题解》《人天奥理》等著作。参见李翠平、寻霖编著：《历代湘潭著作述录·湘乡卷》，湘潭：湘潭大学出版社，2019年，第293页。

[3] 葛道殷：《江南制造局新翻泰西武备书录题解》，稿本，湖南图书馆藏。该书约成书于19世纪80年代，著录沪局刊行的《平圆地球》《海道图（总图）》《海道图说》等28种译著，并撰有提要。所录译著先《平圆地球》《海道图说》等（属"地理等书"），依次再为《汽机发轫》《汽机新制》《汽机必以》（属"汽机等书"），再次为《航海简法》《航海通书》（属"天文行船等书"），再次为《轮船布阵》《水师操练》《防海新论》《克虏伯炮说》《营城揭要》等（属"水陆兵法等书"），最后为《八线对数简表》《对数表》（属"算学测量等书"），比较《译书事略》，这些书的归类，也明显受过傅兰雅分类的影响。朱梦中认为，以今天的学术分科标准来看，这些书籍很难完全归为"泰西武备书"，可在时人所见，西方兵学的内涵十分广泛。参见朱梦中：《江南制造局兵学译著及其底本研究——以军事知识史为视角》，复旦大学历史学系博士学位论文，2021年6月。

重新编排，收入其所著之 *John Fryer: The Introduction of Western Science and Technology into Nineteenth Century China*（《傅兰雅译著考略》）一书中（附录一 "Complete List of John Fryer's Translations"）。在此基础上，贝内特又通过《江南制造局记》《上海制造局译印图书目录》等材料，对金楷理、林乐知、伟烈亚力、秀耀春、玛高温等江南制造局翻译馆其他西方译者[1]的译著也进行了整理（附录二 "Other Western Translator's Publications at the Kiangnan Arsenal, Shanghai, 1871—1902"）。[2] 贝内特的这一研究成果，为学界广为征引，1995年王扬宗发表《江南制造局翻译书目新考》一文，通过对江南制造局译书及有关文献的全面考察，重编了江南制造局翻译馆译书目录。[3]

三、益智书会与《益智书会书目》

1894年美华书馆出版有傅兰雅所编的《益智书会书目》（*Descriptive Catalogue and Price List of the Books, Wall Charts,*

---

[1] 金楷理（Carl T. Kreyer，1839—1914），美国人，1866年来华，在上海江南制造局任翻译。林乐知（Allen, Young John，1836—1907），美国监理会教士，1860年来华传教，在中国政府机关任翻译及教习职达18年。伟烈亚力（Alexander Wylie，1815—1887），英国传教士，1847年来华，在沪为伦敦布道会负责印刷《圣经》的工作，曾和中国译家合译过多种西书。秀耀春（James, F. Huberty，1856—1900），英国浸礼会教士。玛高温（Daniel Jerome MacGowan，1814—1893），美国浸礼会传教医师。

[2] ［美］贝内特（Adrian Arthur Bennett）：《傅兰雅译著考略》（*John Fryer: The Introduction of Western Science and Technology into Nineteenth Century China*），Harvard University Press and Oxford University Press. 1967, pp.82—109。

[3] 王扬宗：《江南制造局翻译书目新考》，《中国科技史料》1995年第2期。

Maps, etc.)。益智书会，又称基督教学校教科书编纂委员会，1877至1890年该会采用的英文名称为 School and Text-book Series Committee，直译为学校教科书委员会。这是笔者所知晚清第一个旨在编译教科书而形成的文化社团。关于这一团体的最早研究大概是王树槐《基督教教育会及其出版事业》一文，刊载于台北宇宙光出版社1981年出版的林治平主编的《近代中国与基督教论文集》。之后关于该文化社团的研究渐多，[1] 但有分量的研究有限，近期所见比较突出的研究有张龙平2008年完成的博士论文《国家、教育与宗教——晚清民国时期的中华基督教教育会研究》，作者同时撰写了《益智书会与晚清时期的教科书事业》等文，比较深入地讨论了益智书会及其出版物。较早注意到傅兰雅所编《益智书会书目》文献价值的有王红霞的博士论文，其中指出《益智书会书目》前言中说明了出版这份书目的原因和目的，傅兰雅交代了益智书会出版的书籍大多是从英文原著翻译和改编，并且很多是以美国经典著作作为底本，而这又是由美国新教各差会在中国教育事业中占有很重要的地位所决定的。[2] 上述的研究均未注意到该书目

---

[1]　据笔者眼界所及的主要论著有王扬宗：《清末益智书会统一科技术语工作述评》，《中国科技史料》1991年第12期；熊月之：《西学东渐与晚清社会》，上海：上海人民出版社，1994年，第484—492页；王宏凯：《清末"学校教科书委员会"史略》，《首都师范大学学报》1998年第3期；孙邦华：《中国基督教教育会与西学东渐》，《中西文化研究》(澳门)2004年6月第1期；孙广勇：《社会转型中的中国近代教育会研究》，华中师范大学出版社，2007年；吴小鸥：《晚清西式教科书的引进》，《湖南师范大学教育科学学报》2008年11月第6期；张美平《益智书会教科书的编译及其影响》，《翻译论坛》2018年第2期；《傅兰雅与益智书会的译名统一与标准化》，《外国语文》2020年第2期。

[2]　王红霞：《傅兰雅的西书中译事业》，复旦大学历史学系博士学位论文，2006年10月。

的分类价值。笔者拟通过1894年所编《益智书会书目》来分析傅兰雅是如何对益智书会等教科书出版物进行分类的，并进而分析这一教科书分类之特点和价值。

晚清益智书会出版了大量的教科书，或以为是编辑出版教科书的机构；[1]或以为是晚清时期最大的西人编辑教科书团体。[2]1877年"在华基督教传教士大会"的报告称：从1842至1877年全国基督教办的学校有350所，学生5975人。[3]人数虽然有限，但对于传统教育而言，这是一股异己的力量。为与新教育相适应，1877年5月上海举行全国基督教传教士大会上通过了由狄考文、林乐知等发起成立的学校教科书编纂委员会，建议组织这一委员会的初衷是为当时各教会学校编辑教科书，委员有丁韪良（W. A. P. Martin，1827—1916）、韦廉臣（Alexander Williamson，1829—1890）、狄考文（Calvin Wilson Mateer，1836—1908）、林乐知、傅兰雅等，傅兰雅还被推举为干事。早期的工作主要有两项，一为编辑出版教科书，一为建立统一的译名。经过委员会数次商讨，初步决定编初级和高级的两套教材。包括数学、天文、测量、地质、化学、动植物、历史、地理、语文、音乐等科目。[4]可见益智书会的教科书就是按照分科的要求有计划编译的。益智书会向在华传教士发出一封公开信，要求编译者不要简单地翻译外国教

[1] 熊月之：《西学东渐与晚清社会》，上海：上海人民出版社1994年，第484页。

[2] 张龙平：《益智书会与晚清时期的教科书事业》，桑兵、赵立彬主编：《转型中的近代中国：近代中国的知识与制度转型学术研讨会论文选》上册，北京：社会科学文献出版社，2010年，第263—279页。

[3] 陈景磐：《中国近代教育史》，北京：人民教育出版社，1979年，第58页。

[4] 王树槐：《基督教教育会及其出版事业》，林治平：《近代中国与基督教论文集》，台北：宇宙光出版社，1981年，第199—202页。

科书，而要以外国原本为基础，参考这个社会风俗人情和语言习惯来进行编纂；读本可以作为学堂学生的课本，也可以作为中国民众和学者使用的读物；在保持科学性的同时，尽可能传达上帝的福音；科技和专门术语要尽可能与之前译著译法统一。光绪六年（1880）十月廿五日的《万国公报》卷一百一十六卷载有《益智书会汇资刊书启》，称自身的工作是接续明清之际来华传教士利玛窦、汤若望"著述传播西方有益之书，启发中国好学之士，流传至今"。并称"江南制造局、北京同文馆亦将西国新考格致、制造理法，翻译百有余种，业已刊行问世。凡西术之深奥者，华友尽得目击"。但目前已刊的百余种，"文深旨奥，局中人固可通明，局外人难寻旨意。且常有华士欲究西学，无暇专致此书，竟至无门可入"，如有简明扼要的读本，一定会使中国读者乐意阅读，"以为登堂入室之根基"。[1]

江南制造局对益智书会的翻译出版工作很感兴趣，不仅统一傅兰雅负责益智书会的工作，苏松太道的刘瑞芬 [2] 甚至还

---

[1] 朱维铮执行主编、李天纲编校：《万国公报文选》，上海：中西书局，2012年，第425—427页。

[2] 刘瑞芬（1827—1892），字芙田，安徽贵池人，同治初年随李鸿章至沪，主管淮军水陆军械转运。督办淞沪厘捐。光绪间改任苏松太道，累迁江西按察使、布政使。光绪十一年（1885），刘瑞芬受命出使英俄等国，后虽被授为太常寺卿，迁大理寺，但仍留任为大使，改驻英、法、意、比等国家。在出使英俄等国初期，1888年，英国侵略我国西藏，刘瑞芬曾与英国交涉从西藏退兵问题。光绪十五年（1889），奉召回国任广东巡抚，卒于任所。著有《养云山庄诗文集》《刘中丞奏稿》《西轺纪略》，合为《养云山庄遗稿》。陈玉堂编著：《中国近现代人物名号大辞典》，杭州：浙江古籍出版社，1993年，第210页。刘瑞芬购藏图书数万卷，对所收罕见之书，雇人传抄并刊印，其藏书之风，惠泽后人，第五子刘世珩，藏书10余万卷，藏于"玉海楼"中，为清末著名藏书家之一。著名历史地理学家石泉（1918—2005）系刘瑞芬文孙。感谢武汉大学石莹教授赐告信息并赠送刘瑞芬遗著，特此鸣谢！

特意委托傅兰雅向益智书会表示，该会编译的教科书可以由江南制造局负责出版。可能因为益智书会担心过多受制于清政府的干预，委婉地表示了拒绝。[1]1890年在第二次"在华基督教传教士大会"上，巴博（Barber）指出当时最突出的问题是各校编译的教科书没有统一的要求，也没有统一的译名，造成教学上的很多不便甚至混乱。他建议将益智书会的作用扩大到考试委员会，于是教科书委员会扩大为从事整个教育工作，因此，该会的英文名称被改为"Educational Association of China"，中文名称仍为"益智书会"，1902年之后相继改称"中国学塾会"，1905年改称"中国教育会"，取消"益智书会"之中文名。1916年再改为"中国基督教教育会"。[2]

傅兰雅在江南制造局译书和编纂译书目，与之后在益智书会译书和编纂译书目之间，有着千丝万缕的联系。当年蔡元培在《东西学书录》序言中认为《译书事略》作为"译书之目"的代表，也是一部"买书之目"。傅兰雅《译书事略》的最后部分是通报翻译馆及其他一些机构译刊西学译著的情况，其中就附录有《益智书会拟著各种书目录》及《寓华西人自译各书目录》，确实亦有"买书之目"的功能。益智书会要求教科书应通俗易懂，不仅能教育读者，还可被教师用来进行教学；不是译作而是原作，要对本学科中某些外国最好的著作进行比较，选择一本最适宜的作为基础，然后把自己对中国文化的了解与手头的工作结合起来，"以便编写出将对中华民族产生强

---

[1]　张龙平：《益智书会与晚清时期的教科书事业》，桑兵、赵立彬主编：《转型中的近代中国：近代中国的知识与制度转型学术研讨会论文选》上册，北京：社会科学文献出版社，2010年，第263—279页。

[2]　熊月之：《晚清新学书目提要》，上海：上海书店出版社，2007年，第9页。

大影响的书籍"。最重要的还有："应在使这些书具有严格的科学性的同时，抓住一切机会引导读者注意上帝，罪孽和灵魂拯救的全部事实。"科目中就包括有自然地理、政治地理、宗教地理以及自然史。[1] 显然这是与江南制造局译书的阅读对象有别。据1890年傅兰雅报告该会历年来的成就，14年中自行编辑出版的书籍共50种74册及图表40幅，另外还审定合乎学校使用之书48种115册。两项合计共98种189册，其中以自然科学为最多。算学类8种，科学类45种，历史类4种，地理类9种，道学类（包括哲学与宗教）19种，读本类1种，其他12种。以上各类书籍，至1890年共计出版了三万余册，售出者约占其半，约一万多册。[2] 与1889年全国基督教教会学校学生数16836人的统计数 [3] 基本相符，可见该会教科书的编写是与教会教育的发展是同步的。无怪乎傅兰雅在《益智书会书目》的序言中毫不客气地说，益智书会前13年的工作是卓有成效的。[4]

1894年美华书馆出版的傅兰雅所编《益智书会书目》（ *Descriptive Catalogue and Price List of the Books, Wall Charts, Maps, etc.* ），共收书籍178种，分7类，类目译名依据1903年中国学塾会所编有《中国学塾会书目》："格物"类收化学、声

---

[1]〔英〕韦廉臣：《学校教科书委员会的报告》，《基督教在华传教士大会记录1890年》附录E，转引自朱有瓛、高时良主编：《中国近代学制史料》第四册，上海：华东师范大学出版社，1993年，第33—37页。

[2] 王树槐：《基督教教育会及其出版事业》，林治平：《近代中国与基督教论文集》，台北：宇宙光出版社，1981年，第199—202页。

[3]《全国基督教教会学生历年增进表》，《新教育》第5卷（1922）第4期。

[4]〔英〕傅兰雅《益智书会书目》（ *Descriptive Catalogue and Price List of the Books, Wall Charts, Maps, etc.* ）序言，上海美华书馆，1894年。

学等书57种，"历史"类收《万国通鉴》等8种，"地志地图"类收《地理初阶》等14种，"宗教哲学"类收《天人对参》等5种，"读本"类收《训蒙求是》等6种，"杂存"类收各种挂图、"须知"类读物64种。书目下注明作者、内容、价格，少量的有简短评论。1894年出版的英文《益智书会书目》，所收书目与《中国学塾会书目》基本相同。[1] 尽管这是一份留存于美华书馆仓库中益智书会的销售书目，但从中可以看出1894年前的十几年被益智书会认可和出版的教科书究竟有哪些门类，具体书籍有哪些。

《益智书会书目》全部书籍又分成两类，一类为该会采用而非其出版物，出版物名称下加下划线；另一类无标记者则属于该会出版物。

"算学"类收18种:《代数备旨》《代数须知》《笔算数学》《心算初学》《心算启蒙》《算法须知》《微积须知》《圆锥曲线》《曲线须知》《形学备旨》《动水学图说》《重学图说》《重学须知》《量法须知》《权量图说》《八线备旨》《对数表》《三角须知》，其中采用而非其出版物8种。

"格物"类收62种:《声学揭要》《声学须知》《全体阐微》《全体图说》《全体须知》《天文揭要》《天文图说》《天文须知》《天文启蒙》《活物性》《百鸟图说》《植物学》《植物学中西名目表》《植物图说》《植物学启蒙》《化学器》《化学材料中西名目表》《化学易知》《化学须知》《化学启蒙》《化学卫生论》《化学图说》《力学须知》《电学图说》《电学须知》《地学指略》《地学须知》《地学启蒙》《孩童卫生论》《热学图说》《热学须

[1] 熊月之:《晚清新学书目提要》，上海：上海书店出版社，2007年，第9页。

知》《延年益寿论》《卫生旨要》《幼童卫生论》《百虫图说》《辩学启蒙》《光学图说》《光学揭要》《百兽图说》《西药大成药品中西名目表》《矿学须知》《矿石图说》《测侯器说》《显微镜远镜说》《金石中西名目表》《格物入门》《光学须知》《重学水学气学器说》《格物质学启蒙》《气学须知》《全体通考》《省身指掌》《身理启蒙》《保身卫生部》《百鱼图说》《居宅卫生论》《西学略述》《格致总学启蒙》《动物学新编》《动物理学图说》《动物类编》《动物学启蒙》，其中采用而非其出版物31种。

"历史"类收9种：《圣会史记》《大英国志》《欧洲史略》《希腊志略》《罗马志略》《俄史辑译》《俄国志略》《联邦志略》《万国通鉴》，其中采用而非其出版物4种。

"地志地图"收14种：《天文地理图说》《地势略解》《地理初阶》《地理初桄》《地理须知》《地理全志》《地理志略》《地理略说》《地志须知》《犹太地理撮要》《圣经地理全图》《地势图说》《犹太地理志》《西印平圆地球图》，其中采用而非其出版物7种。

"宗教哲学"类收7种：《二约释义丛书》《西经实物图说》《知识五门》《古教汇参》《心灵学》《善恶理证》《格物探源》，其中采用而非其出版物2种。

"读本"类收4种：《发蒙益慧录第一》《发蒙益慧录第二》《发蒙益慧录第三》《初学阶梯》，其中采用而非其出版物1种。

"杂存"类收19种：《格致汇编部》（抽印本？）《中西关系略论》《自西徂东》《西画初学》《测绘器说》《画形图说》《画器须知》《肄业要览》《汽机锅炉图说》《西礼须知·戒礼须知》《眼科指蒙》《公法会通》《万国公法》《西国乐法启蒙》《富国

策》《富国养民策》《富国须知》《逐月星象图》《格物大图部》，其中采用而非其出版物12种。

另有补遗1种：《代形合参》。[1]

这份书目是一份教科书书目，不仅收录了早年上海墨海书馆出版的《大英国志》《地理全志》《联邦志略》《格物探源》等，还收录了京师同文馆出版的《公法会通》《万国公法》《格物入门》等，以及赫德在海关主持出版的"西学启蒙十六种"中的《西学略述》《欧洲史略》《希腊志略》《罗马志略》《富国养民策》等；其中也有江南制造局翻译馆的译本，如《西药大成药品中西名目表》（*Vocabulary of names of materia medica, occurring chiefly in "Royles' Manual of materia medica and therapeutics"*）、《化学材料中西名目表》（*Vocabulary of names of substances occurring in various works on chemistry; Chiefly in "Bloxam's Chemistry"*）、《金石中西名目表》（*Vocabulary of mineralogical terms occurring in the manual* by J. D. Dana. A. M. Vocabulary of terms relating to the steam engine）等，这几份中西名目表，都是傅兰雅与中国同人徐寿等合作编译的中文名目表，四个中西名目表被收录在 *Translator's Vade-mecum* 中。这四本词汇表是傅兰雅在江南制造局翻译馆多年翻译工作的成果，也是其对自己提出的几个翻译原则的具体落实。《西药大成药品中西名目表》的前言完成于1887年5月，该表每页亦两个栏目，先英文后中文翻译，按该表前言，

---

[1]［英］傅兰雅编：《益智书会书目》，*Descriptive Catalogue and Price List of the Books, Wall Charts, Maps, etc. Published or Adopted by the Educational Association of China (formerly the School and Text-book Series Committee), ON SALE AT THE DEPOSITORY*, Presbyterian Mission Press（上海美华书馆），1894。

"此表载英国医士来拉著西药大成一书内各种药品名目"。《化学材料中西名目表》前言完成于1885年1月，每一页有两个栏目，亦为先英文后中文翻译，按词汇表的前言，该表是傅兰雅和徐寿翻译"Bloxam's Chemistry"时开始编辑的，词汇表凡37页。《金石中西名目表》的前言写于1883年4月，该词汇表每一页有三个栏目，第一个是"采用达纳（James Dwight Dana，1813—1895）著作中的词"（"Terms used in J.D. Dana's manual"），第二个是"采用玛高温翻译的词"（"Terms used in Dr. Macgowan's translation"），第三个是"普遍使用的词及主要化学元素"（"Terms in general use and chief element"）。[1]

《益智书会书目》还可帮助我们判定若干译著的底本，如1880年总税务司赫德（Robert Hart，1835—1911）聘艾约瑟为海关翻译，为了发挥艾约瑟的特长，赫德交给其一项重要工作就是将一套"泰西新出学塾适用诸书"译成华文。经过5年的努力，15种西方启蒙读物的译述工作宣告完工，1886年由北京总税务司署印行。这15种西学启蒙读物依次为《格致总学启蒙》《地志启蒙》《地理质学启蒙》《地学启蒙》《植物学启蒙》《身理启蒙》《动物学启蒙》《化学启蒙》《格致质学启蒙》《天文启蒙》《富国养民策》《辨学启蒙》《希腊志略》《罗马志略》和《欧洲史略》。据称该丛书原是英国"麻密伦学院"的教科书，通过《益智书会书目》，我们可以确定英国"麻密伦学院"即伦敦麦克米伦公司（Macmillan & Co. of London），其中若干史著应该是由约翰·爱德华·葛林（John Edward Green）所编"历

---

[1] ［意］托雷：《傅兰雅编纂的"中西名目表"及其翻译原则》，邹振环、黄敬斌执行主编：《变化中的明清江南社会与文化》，上海：复旦大学出版社，2016年，第324—338页。

史与文学基本读物系列"（*the Series of History and Literature Primers*）之几种。[1] 如通过书目可以知晓《希腊志略》是一部古希腊的历史，属"历史与文学基本读物系列"（*The Series of History and Literature Primers*），所据底本英文书名为 *History of Greece History Primers*，作者为费夫（C.A. Fyffe，M.A.）；《欧洲史略》是一部区域史，亦属于上述丛书中福利曼（E.A. Freeman，D.C.L.，etc.）的 *History of Europe*。[2]

在益智书会所编的教科书中，最具规模和最有影响的是傅兰雅编写的《格致须知》和《格致图说》两套丛书。《格致须知》原计划编写10辑，每辑8种，共计80种，第一、二、三辑是自然科学，第四、五、六辑是工艺技术和社会科学，第七辑是医学须知，第八、九辑是国志须知和国史须知，第十辑是教务须知。至1890年已编出前三辑，其他几辑后来只出了一部分，没有完全编成。这套书浅显易懂，都是各门学科的基础知识，各册篇幅都不大，一万多字。如《天文须知》《地志须知》《地学须知》《算法须知》《化学须知》《气学须知》《声学须知》等；第二辑有《电学须知》《微积须知》《曲线须知》等；其他还有《西礼须知》《戒礼须知》《富国须知》等。《格物图说》是教学挂图的配套读物，至1890年，已编译出版的有29种，如《矿石图说》《重学图说》《电学图说》《水学图说》《全体图》《百

---

[1] ［英］傅兰雅编：《益智书会书目》，上海美华书馆，1894年，第21页。

[2] 福利曼（E.A. Freeman，1823—1892），民法学博士，英国剑桥大学教授，著有《欧洲史略》、《征服者威廉》（*William the Conqueror*）、《诺曼人在英格兰的征服史》（*The History of the Norman Conquest of England*）六卷本（1867—1879）、《威廉·路富斯时期》（*The Reign of William Rufus*，1882年初版，1970年再版）、《历史研究的方法》（*The Methods of Historical Study*，伦敦1886年）等。参见《益智书会书目》，上海美华书馆，1894年，第21页。

鸟图》等。除此之外，傅兰雅还译撰有《化学卫生论》《居宅卫生论》《延年益寿论》《孩童卫生编》《金石略辨》《饲蚕新法》《照相干片法》等。该书会还出版有美国北长老会教士赫士与朱葆琛合译的《新排对数表》《声学揭要》《光学揭要》；与周文源合译有《天文揭要》；狄考文与邹立文合译有《笔算数学》《形学备旨》《代数备旨》等。《笔算数学》可以说是销售量最大的数学书，从1892年到1902年的10年间先后重印32次；《形学备旨》印过16次；《代数备旨》印过19次。[1] 这些教科书在晚清教育界享有较高的声誉，1902年，清政府颁行新的学制，各地学校纷纷采用新式教科书，有相当一部分的自然科学课程采用了益智书会出版的教科书。1903年被采用的就有傅兰雅所编《格物须知》的系列，前后共出版27种，其中有《重学须知》《力学须知》《电学须知》《声学须知》《光学须知》《水学须知》《热学须知》《动物须知》《植物须知》《金石略辨》等；《格物图说》系列12种，由益智书会赞助完成，大部分是根据爱丁堡约翰逊公司的精美挂图改编成的手册，也适合用作初级学校的教科书；《保身卫生部》共出版3种，是据玛丽·H. 亨特夫人主编的系列书籍编译而成。[2] 狄考文所译的《笔算数学》《代数备旨》《形学备旨》、潘慎文译的《代形合参》，[3] 这些书籍多根据英美原著精心改编，文理简明，适合作为初级科普读物，成为清末中国普通学校所用教科书的主要部分，说明益智

[1] 中外数学简史编写组编：《中国数学简史》，济南：山东教育出版社，1986年，第499页。

[2] ［美］戴吉礼（Ferdinand Dagenais）主编，弘侠中文提示：《傅兰雅档案》，第二卷第四章"格致书室"，桂林：广西师范大学出版社，2010年。

[3] 周邦道编纂：《第一次中国教育年鉴》戊编，上海：开明书店，1934年，第118页。

书会所编的教科书，不但对于教会学校，而且对于一般新式学校也有重要的实用价值。[1]

这三个系列的书籍都被益智书会作为初级教科书推荐给教会学校使用，但这三个系列的书籍内容都很简单，虽说可能正适合当时的中国人作为科学入门读物，但这些书籍究竟在多大程度上被教育界利用，或者在中国近代科学启蒙中发挥了多大的作用，很难用材料证实。傅兰雅一贯认为译书是把西方科学传入中国的最好途径，如果从傅兰雅的中文汉译的遗产中选择能代表他译著水平的书籍，江南制造局的译书和益智书会的读本无疑是两方面的代表。

四、结语

按照知识和学问的性质划分图书门类，反映了一个时代相对独立的知识体系。中国古代知识分类基本上是建立在图书分类的基础之上，古代到近代的知识分科的演变，并非因为中国传统学术的自然延伸，而是近代中外知识碰撞和交融的结果。[2] 随着佛教典籍及其知识输入量的不断增长，佛教三藏分科观念也日益受到中国统治者和文化人的重视，荀勖的《中经新簿》内就于四部之外附列佛经一部，南朝齐王俭的《七志》把佛经类放在道经类之后作为附录，然仅仅过了约50年左右，南朝齐梁阮孝绪的《七录》就把"佛经录"置于"仙道录"之

---

[1] 熊月之：《西学东渐与晚清社会》，上海：上海人民出版社，1994年，第492页。

[2] 参见邹振环：《中国图书分类法的沿革与知识结构的变化》，《复旦学报》1987年第3期。

前，并收入正录，包括了戒律、禅定、智慧、疑似、论记五大部分，共著录图书2410种5400卷。[1]唐代魏徵等编的《隋书·经籍志》继承荀勖、李充的四部分类法，但鉴于佛教经典的大量翻译流入，于是将书籍整体划分为经、史、子、集、道书、佛书六部，并参照经、律、论的分科，将所附录的佛经分为大乘经、小乘经、杂经、杂疑经、大乘律、小乘律、杂律、大乘论、小乘论、杂论、记11类。但佛学传入后，经过中国文化的排拒、筛选，却被传统知识结构所同化。这在图书分类沿革方面，表现为从五代后晋官修的《旧唐书·经籍志》，到清代编纂《四库全书总目》，大体都是"以道佛之书归入子部"，列为一家。[2]讨论明末西方分科知识与观念的传入和受容，我们不得不提及艾儒略的《西学凡》。在这部简要阐释有关欧洲耶稣会学校教育专业设置、学校体制和"建学育才"的纲要及其课程大纲的著作中，艾儒略最早向中国人介绍了当时西方教育系统，提出了西方的分科观念："极西诸国，总名欧逻巴者，隔于中华九万里。文字语言，经传书集，自有本国圣贤所纪。其科目考取，虽国各有法，小异大同，要之尽于六科：一为文科，谓之'勒铎理加'；一谓理科，谓之'斐录所费亚'；一为医科，谓之'默第济纳'；一为法科，谓之'勒义斯'；一为教科，谓之'加诺搦斯'；一为道科，谓之'陡禄日亚'；惟武不另设科，小者取之材官智勇，大者取之世胄贤

---

[1] 姚名达：《中国目录学史》，北京：商务印书馆，1957年，第71页；又据梁启超《佛典之翻译》一文统计，从东汉至东晋，佛典翻译已达894部，1888卷（《饮冰室专集之六十》，上海：中华书局，1936年，第1、427、335页）。

[2] 详见刘国钧：《四库分类法之研究》，刘国钧著，史永元、张树华编：《刘国钧图书馆学论文选集》，北京：书目文献出版社，1983年，第20—21、30页。

豪。"[1] 徐宗泽给其中的音译做了拉丁文注释："一为文科；谓之勒铎理加，即拉丁 Rethorica 之译音；一为理科，谓之斐录所费亚，即 Philosophia 之译音，哲学也；一医科，谓之默第济纳，即 Medcina 之译音；一为法科，谓之勒义斯，即 Leges 之译音；一为教科，谓之加诺搦斯，即 Canones 之译音；一为道科，谓之陟禄日亚，即 Cheologia 之译音。"[2]

西方近代意义上之知识分科观念及分科体系，是鸦片战争后随着西学东渐的逐渐深化而传入的。[3] 其实突破四部知识体系在鸦片战争前就有了端倪，如贺长龄主持、魏源代为编辑《皇朝经世文编》辑录的700余家清人奏议、文集中，选录有关经世致用的文章，起自清初止于道光三年，道光六年（1826）成书，次年刊行。该书将2236篇选文分学术、治体、吏政、户政、礼政、兵政、刑政、工政八类，每类下又有子目，如学术下分原学、儒行、法语、广论、文学、师友等。文编刊行后影响甚大，翻刻者不断，出现了许多补编、续编和新编本。上海县诸生葛士濬辑《皇朝经世文续编》，集道光至光绪间有关奏议、文章1368篇，在《皇朝经世文编》各门分目的基础上，另加"洋务"一门，下设七目：洋务通论、邦交、军政、教务、商务、固圉、培才；"学术"下增设"算学"，光绪十四年（1888）刊。经世文编体例上的变化，反映了晚清国人对传统知识分类的不满。

---

[1]［意］艾儒略：《西学凡》，四库全书存目丛书编纂委员会主编：《四库全书存目丛书·子部·杂家类·西学凡》第93册，济南：齐鲁书社，1995年，第93—630页。

[2] 徐宗泽编著：《明清间耶稣会士译著提要》（标点本），上海：上海书店出版社，2006年，第226页。

[3] 左玉河：《从四部之学到七科之学》，上海：上海书店出版社，2004年，第99页。

近代传统知识分类现代转型首先是从译书目录的编纂开始的。[1] 傅兰雅毕生译书177种，经刊行的总计有129种。《译书事略》是其亲身参与译书实践，在将"西国要籍译出"的基础上对晚清译著为主要对象编制的目录。可见他不仅参与译书实践，且也是近代第一个编纂中英文译书书目的传教士。1880年在《格致汇编》上连载的《江南制造总局翻译西书事略》篇文中提供了近代中国第一个现代知识分类，区别于传统的四部目录分类法，首次创制了"汽机类""地学类""天文行船等书"和"工艺等书"，类似后来技术类，并较早提出将"地理类"从传统的"史部"中独立出来，并新析出"年代表新闻纸"一类，主要容纳类似杂志、年鉴一类的文献，首次以书目的形式完成了对近代西学的系统梳理，明示"西学"是不同于"中学"的另一个学术体系。而1894年美华书馆出版的傅兰雅所编《益智书会书目》，堪称近代中国第一本教科书的译本书目。其中的分类亦颇值得重视，书目分"算学""格物""历史""地志地图""宗教哲学""读本""杂存"七大部分，正式将历史和地理作为并列的学科分为两类，并特别提出"宗教哲学""哲学"和"宗教"一般以为是来自日本的新概念，但在19世纪末20世纪初，傅兰雅已经将两者合为一类，这一分类法在民国直至今日仍被学科体系沿用。很类似今天在哲学系下设立"宗教"专业，或在哲学学院中设立"宗教系"。

明清间民间虽已有韩霖、张赓撰《道学家传》，于各教士传后列举其所著译之书名，附刊于《圣教信证》之后，清末王

---

[1] 邹振环:《中国图书分类法的沿革与知识结构的变化》,《复旦学报（社会科学版）》1987年第3期。

韬重刊此传，改名《泰西著述考》。《道学家传》和《泰西著述考》均以92名明末清初传教士的传记为主，传下附录其著译图书（总计210种），该书并非严格的图书分类目录，而重在人物传记，书目只是作为传主生平事迹的一部分而被附录其中。因而，与其说这是一份汉文西书的书目，不如说是对西方传教士从所谓"道学家"的身份给予汉文西书的确认。《四库全书总目》的正目和存目中收录了利玛窦等明末清初来华传教士的《几何原本》《乾坤体义》《职方外纪》《坤舆图说》《泰西水法》《天主实义》《西学凡》《西学齐家》《修身西学》《西学治平》等著述，从官方的视角向士人显示从目录学出发，中国传统在消融汉文西书方面的强大的同化能力。这种对外来知识的同化过程，实际上是把新的知识点整合到原来的知识系统之中，或按照基本格局作若干必要的转换与调节。清末随着东西方交流从经济、军事等到制度、思想文化等层面的拓展，向西方学习已渐趋成为时代的主流，知识人开始跳出传统的窠臼，采取新的分类方法去处理这批西学译著。四部分类法所蕴含的内在不合理结构也决定了其无法通过简单的嫁接和移植来容纳近代知识体系。[1]

　　傅兰雅《译书事略》一文中所提供的译书分类是近代中国出现的第一个现代知识分类目录，也是传统知识分类现代转型的第一环节，首次以书目的形式完成了对西方技术科学和军事文献为主体范围的确认，接续而编的《益智书会书目》也通过西学教科书强调了"西学"是不同于"中学"的另一个学术

---

[1] 邹振环：《中国图书分类法的沿革与知识结构的变化》，《复旦学报（社会科学版）》1987年第3期。

体系。傅兰雅所编纂的两份译书书目在传统知识向现代转型过程中具有"示范"的作用，类似美国哲学家库恩（Thomas Samuel Kuhn，1922—1996）所述具有开拓新思路、建立"典范"（paradigm）的意义。继之而起的《西学书目表》《东西学书录》《译书经眼录》，以及沈兆祎的《新学书目提要》和王景沂以"科学"命题的《科学书目提要初编》，这批中国人编撰的书目，在"西学""东西学""新学""科学"等概念变化的背后，有着挑战传统四部目录分类的作用，"四部"作为传统中国唯一的知识分类，已经无法适应近代中国学术翻天覆地的变化。正是由于《译书事略》《益智书会书目》的引领，通过这一系列国人西学书目前赴后继的编制，形成了西学知识具有独立的价值及其合法性的学术共识。《西学书目表》以降的西学书目虽承绪《译书事略》，但也通过接续中国传统书目的导读方式而另有精进，蔡元培在《东西学书录》的"序"中有所阐发，如称新式书目"别部居"，即据清末出现的译书提出新的学科分类；"补遗逸"，即以为《西学书目表》《东西学书录》等均可视为对《译书事略》的分类名目予以拾遗补阙；"楬精诘"是指后起之书目又有了新的考求甄别；"系《读法》"是认为《东西学书录》在梁启超《西学书目表》所附《读西学法》（也有单行本）的基础上，对东西译书的优劣特点有了更为深入的分析和评价。正是这一类新学书目使"西学"在晚清普遍摆脱了"奇技淫巧"的恶名，赢得了深具褒义内涵的"新学"之美称。

晚清翻译中的"译者安全"与"译本安全"

段怀清[*]

晚清"西学东渐"及翻译中的"译者安全"与"译本安全"问题,是一个常常被忽略或"遮蔽"的话题,而事实上它并不仅仅只是一个话题,也是一个真实存在的现实问题。在19世纪大部分时间里最为常见的口译——笔述式的翻译模式中,无论是处于主导方的来华传教士,还是处于被动协助方的本土文士,其实他们都曾面临过"译者安全"和"译本安全"方面的压力与挑战,尤其是对于本土文士来说,这种压力与挑战更为直接而明确。这些与安全有关的压力和挑战,或者来自他们所生活的周围譬如文人圈子,或者来自社会舆论,或者来自官府朝廷,抑或来自自我身份确认方面的纠缠困扰。

从历史语境来看,上述"译者安全"与"译本安全"问题,在由来华传教士与本土文士所形成的甚为常见的口译——笔述式翻译模式中,主要涉及法律安全、政治安全、舆论安全、文化安全、身份安全诸方面,但又并不仅止于此。而很多

* 段怀清,复旦大学中文系教授,哈佛 – 燕京访问学者。主要研究中国近现代文学、比较文学及国际汉学。近期关注"西学东渐"与清末语言文学变革、晚清翻译与新知识的教育、出版、传播与接受。

时候，这种安全忧虑不仅困扰着本土文士，甚至对来华传教士群体来说，这种困扰或担忧也并非全然不存在。如果查看文献，就会发现，像马礼逊（Robert Morrison，1782—1834）、米怜（William Milne，1785—1822）、麦都思（Walter Henry Medhurst，1796—1857）、理雅各（James Legge，1815—1897）等人，在宣教策略及具体实践之外，在他们早期与本土文士合作翻译的过程中，或因为译本的完整性与准确性问题，或因为译本的语言及文体的选择问题，或因为关键性术语问题等，都曾经与他们所属差会之间产生过龃龉紧张，并引发过他们对于安全方面的困扰担忧 [1]。当然，这些困扰担忧，更多集中在他们与差会的关系以及传教士身份方面，基本上属于一种社会安全、关系安全及身份安全方面的担忧。

事实上，"译者安全"往往关联着"译本安全"，或者说亦势必会对"译本安全"产生很大影响。一个在社会上享有一定声望名誉的译者，译本的安全问题通常也就比较有保障——当然有时候亦可能出现与此完全相反的情况——这些安全涉及出版安全、传播安全、接受安全等，它既可以保证出版的相对顺利实施，亦可以保证传播的较为顺畅以及更为广泛的接受认同。如果译本的出版发行一切顺畅，同时也得到受众广泛接受认同，反过来也有可能会进一步提升、抬高、加强译者的声誉乃至译本的影响，形成一种在狭义的安全担忧——以人身安全担忧为主——尚未得到根本之解决的时代语境中对于译者压力的缓解释压效用，并对狭义的安全担忧来源之正当性、

---

[1] 参阅［美］吉瑞德著，段怀清、周俐玲译：《朝觐东方：理雅各评传》，桂林：广西师范大学出版社，2011年。其中理雅各女儿所撰《传教士 - 学者：理雅各传》一书中，专门有"术语问题"一章，可资参考。

合理性，形成反向的质疑与挑战，某种程度上亦会对安全环境——译者的安全小环境与时代大环境——产生持续的缓解改善作用。

"译者安全"与"译本安全"既有"硬安全"或狭义安全的一面，譬如法律与政治，亦有"软安全"或宽泛的安全一面，譬如身份、声誉、文化、舆论以及生存关系及生活环境等。而这些来自安全方面的压力与挑战，不仅对于晚清译者及其译本的翻译行为和翻译形式产生了直接或间接的影响，甚至对晚清翻译的整体特质——包括翻译模式以及出版传播方式等——以及规模规格与发展走向等，亦产生了不容忽略的塑造力。换言之，从安全角度来考察晚清翻译，尤其是"译者安全"与"译本安全"，对于晚清翻译中的译者主体、口译——笔述式翻译模式中的中外译者之关系、原文本选择、译本的综合操作策略等之考察研究，显然也是值得尝试的。

一

其实，19世纪绝大多数来华传教士，最初都曾经遭遇过学习汉语的挑战，而其中最大的困扰，莫过于难以找到合适的中文教师，以及协助他们从事翻译工作的中文助手（chinese assistant）。究其缘由，表面上看，似乎是本土文士不大乐于主动接触和接受来华传教士，而更深层的原因，其实与本土文士对于与来华传教士接触交往所带来的安全方面的困扰担忧密不可分。

1807年11月4日，第一位新教来华传教士、英国伦敦会差派的宣教牧师马礼逊，从中国广州给伦敦会司库写了一封长信，其中甚为详尽地描述了自己抵达广州之后学习汉语的经历，而且还提到了当时清廷对于外国人的侨居政策："中国人禁止我这样的英国人住在广州。"[1] 显然与这种查禁政策相关，马礼逊当时在广州学习汉语亦面临诸多不便："现在的困难是，这里大部分的中国人不会说官话，也不识中国字。"[2] 而当时马礼逊能够找到的两位汉语中文教师，一位是当地秀才李先生，他的儿子是一位天主教徒；另一位是山西人容阿沛，此人在北京期间曾长期与天主教传教士保持往来。两位本土语文教师的上述背景，尤其是之前均有与来华外人尤其是宗教背景的人的接触经历，其实已经昭示出19世纪初期来华传教士在汉语学习方面曾经的语言安全处境。

令人关注的是，马礼逊当时所采取的改善自己的语言安全处境的方法之一，就是从宗教上影响并归化他的本土语文教师："从马礼逊开始在广州住下之日起，每逢礼拜天他总是停止读书，专心敬拜上帝。他要他的中文老师和中国佣人一起参加崇拜，一起诵读从伦敦图书馆抄录的中文《四福音书》，并教他们一起唱圣歌和祈祷。"[3]

马礼逊的上述处境及其所采取的应对方法，尤其是他之后在翻译《圣经》及其他相关经籍文献以及宣教册页方面屡屡遭遇的困难，其实都与"安全"有关，其中有些是所谓"硬安全"，直接关涉到他的人身安全；有些则属于"软安全"，关涉到他

---

[1] ［英］马礼逊夫人编，顾长声译：《马礼逊回忆录》，桂林：广西师范大学出版社，2004年，第42页。

[2] 同上，第42页。

[3] 同上，第44页。

作为一个西方人的个人声誉与集体声誉，甚至也关乎基督教新教在华传播的未来前景。

而对于本土文士来说，在当时朝廷对外人采取查禁排斥的政策之下，主动地或者被动地接触来华传教士、受雇为其担任语文教师或助手，都有可能遭受到来自于朝廷衙门方面的种种不确定的安全风险甚至直接禁止，还有可能面临着来自于自己所属社会阶层或群体的鄙视嫌弃。如果说前者是一种硬性的规定或干预的话，后者更多是一种软性的但更无所不在的安全方面的不确定性，它会改变并恶化译者尤其是本土译者原本就不大顺畅的生活和生存环境，导致译者与环境之间矛盾冲突的潜在风险增加，甚至会影响到本土译者当下乃至未来的社会上升空间，窄化甚至阻塞其晋升通道。

而晚清朝廷官府在开设京师同文馆以及广方言馆一类涉外语言文字学馆之缘由的相关说明中，其实不少都涉及对于来华传教士或宽泛意义上的"洋人"及"洋务"的认知判断，其中亦隐含着对于双边接触过程中的"安全性"的关注及担忧："伏维中国与洋人交接，必先通其志，达其欲，周知其虚实诚伪，而后有称物平施之效。"[1] 而对于当时上海从事翻译一职的所谓"通事"，《署理南洋通商大臣李奏请设立上海学馆折稿》中，即有颇为严苛的批评指责。而此类批评指责，事实上亦影响到那些民间"通事"在官府朝廷及社会精英阶层中的形象、身份、地位乃至生存和生活环境：

查上海通事一途获利最厚，于士农工商之外别成

---

[1]　陈正青标点：《广方言馆全案》，上海：上海古籍出版社，1989年，第197页。

一业。其人不过两种：广东、宁波商伙子弟，佻达游闲，别无转移执事之路者，辄以学习通事为逋逃薮。英、法等国设立义学，招本地贫苦童稚，与以衣食而教肄之。市儿村竖，来历难知，无不染洋泾习气，亦无不传习彼教。此两种人者，类皆资性蠢愚，心术卑鄙，货利声色之外不知其他。……即遇有交涉事宜，词气轻重缓急，往往失其本旨，惟知藉洋人势力，拨弄挑唆，以遂其利欲。[1]

尽管上述所谓"通事"，当时多限于中外官方交涉中的本土口译者，并不涉及本文所重点讨论的书面纸质翻译形式中的本土译者以及口述者，但其中所反映出来的当时晚清朝廷官府对于本土口译者这一群体的认知与判断，基本上是负面的，此亦为不争之事实。而这种认知判断，其实无论是对这些本土"通事"的身份、形象、地位，还是对于他们的现实处境和未来发展空间等，都会产生直接或间接的消极、负面之影响。而这些影响，亦关涉着本文所讨论的"译者安全"这一课题，关涉着这些译者的社会、政治、文化等方面的生存环境安全。众所周知，这些直接来自朝廷官府的认知判断，在现实中又往往会对社会舆论或民众看法，产生很大的影响力与形塑力。

与上述"通事"的生存处境相比，清末口译——笔述式翻译模式中的本土译者，其安全环境及生存处境，亦多有不确定、不稳定和不安全之处。类似案例在参与《圣经》"委办本"中译、"西学东渐"以及"中国经典"英译的晚清文士王

---

[1]　陈正青标点：《广方言馆全案》，第197页。

韬（1828—1897）这里表现得尤为典型。

墨海书馆时期（1849—1862）的王韬，在其日记、书札中，有不少关于此间江浙一带士子无职业、无收入、无出路之窘况的记载。初看以为只是实写，而如果统观细查，就会发现这些文字记载，并非仅为前途渺茫无望的情绪宣泄，而是似乎有着一个相对一致的指向，那就是为王韬此间的某种行为进行有意识的自我辩护，或者提前进行的谋划预备。之所以有如此推断，是因为此间王韬相关文献中对他侨居寄食沪上之行为，常常有着彼此之间相互矛盾的描写或解释。譬如，在王韬那些描写自己初到沪上的经历体验以及他与来华西人之间交往的文字中，尤其是他写给西人的书札或在西人创办的刊物像《六合丛谈》等之上所发表的文章来看，无论是对自己处境的描写，还是对西人、西学的描写，多见正面肯定之文字，而在其日记和致乡人亲友书札中，却又屡见愤愤不平之语，其中对于来华西人以及自己与之接触行为的解释说明，亦多见无奈和迫不得已。后来者通常将王韬在上海的选择及事业，视之为晚清文士的开明远见与勇敢探索，而在王韬当时自己的文字中，对此却显然有着不少自我矛盾的叙述说明。而两者之间之所以在立场、态度及语言修辞上存在着较大落差，一个不辩自明的原因，就是王韬当时已经明显意识到，与来华西人之间的往来接触，无疑会带来个人安全上的诸多不确定性，譬如会影响到自己的科试仕途，会引发士林亲友对自己行为的非议误解，会给自己的将来招致一些难以预料之麻烦，甚至官府方面会直接干预，等等。而1862年王韬遭到清廷通缉，南遁香港，即可视为上述诸多不确定性当中的后果之一。尽管遭到通缉的直接原因，并非是与来华西人的交往合作，但这种关系本身，无疑加重、强化了他政治上背离反叛的嫌疑。而事实是，王韬后来之所以得以摆脱清廷缉捕，成功南遁香港，也是因为得到了英国驻沪领事馆方面的庇护与帮助。而领事馆方面之所以冒着一定风险予以协助，显然与王韬当时在沪上襄助来华传教士翻译、传播"西学""西教"有关，也就是与王韬的本土译者这一身份有关。而众所周知的结果是，尽管王韬因此而暂时得以安全逃脱，但也给他此后一二十年的生活事业，造成了持续、明显之影响。

王韬的这一个人遭遇，也是晚清翻译与"西学东渐"进程中一个颇为典型的个案。同样值得关注的是，1880年代初期，早已经因为通晓西学、洋务而声誉远播的王韬，获得清廷默许重返上海，甚至还获聘出任沪上推广西学的格致书院山长，并以此为平台，多与各地洋务派官员大臣书札往还，以个人所面临的安全"软环境"方面的改善，来进一步和缓甚至彻底解除之前所面临的"硬安全"方面的风险压力。

而安全"软环境"的谋划布局预备，其实是需要一个较长时间的持续努力的，这些努力有些体现在明处，有些显然则需要在暗处一点点地防范累积。细查王韬此间文字，公开、半公开甚至完全私密的描述记载中，有关其迫不得已而寄食沪上的叙述文字不少。譬如咸丰五年七月十八日（8月30日）日记记载："家食堪嗟，都有糊口四方之意，第海外咫尺之地，岂真能扬眉吐气耶！言之实为黯然。"[1]另七月二十八日（9月9日）日记记载收到乡里友人书函，日记中

---

[1] 王韬著，吴贵龙整理：《蘅华馆日记》，转引自《史林》，1996年第4期，第55页。

云 : "潘惺如从甫里来，相见欢然。携莘圃手札一函，为言惺如欲至海上谋升斗粟，以奉老母。铤而走险，及核能则？不禁惜其才悲其遇也。"[1] 此处所谓"铤而走险"，非处当时之社会、政治、文化等环境之中，难以真切体验感受其中所含之个人内心之紧张担忧，以及甚为复杂难言的窘困无奈。这也是王韬此间日记、书札中将寄食沪上的行为及生存处境，描述为一种与周围小环境乃至大环境高度紧张冲突的最为明显例证。

而这些文字，无疑也是当时江南底层才士因为无法寻找到谋生之途而不惜冒险的一个现实例证，其本身是写实的，也与当时因为洪杨之变、江南大部沦陷、士子科试无望、不少飘零沪上的历史事实大体一致。只是这些文字，应该并不仅仅服务于写实一途，也并非仅仅只是为这些士子不能获得来自朝廷及社会的理解同情和支持帮助而鸣冤抱屈，其中应该还交叉混杂着书写者当时一些不便与他人公开交流的复杂隐忧与纠结考量。此处所谓隐忧，就包括周边之人究竟如何看待自己在来华西人所主持的机构中谋生的事实。

而王韬自己又会采取什么样的方式，来"淡化"或"洗白"自己的这种事实身份呢？最为常见且有效的方式之一，就是将自己的选择描述成一种迫不得已的无奈，并且将这种个人困境社会化和时代化——事实上也确实与当时社会尤其是江浙沪一带的频繁战乱与社会失序有关。此外，就是将自己与来华西人之间的关系偶然化和暂时化，同时还不时对西人、西学以及西语西文等公开或半公开地表达出一些负面的个人观感，

---

[1] 王韬著，吴贵龙整理 :《蘅华馆日记》，第56页。

或者较为审慎的、两方面都不至于过于"得罪"的小心翼翼。这样一来，至少可以制造出一种相对比较安全的个人心理存在；至少可以为自己的"背叛"行为，提供某种具有一定自我安慰以及自我辩护性质的解释；或者也许还可以为有朝一日不得不面对来自朝廷、社会甚至亲友的多重压力责难之际，还有一些可以出以示人的心路历程之记载备忘。这些文字备忘，或许也可以作为最后的"护身符"，即便不能真正"护身"，也至少可以挽回文士们所在意的个人清誉和家族名誉。也因此，尽管并不能够直接将王韬日记、尺牍以及其他一些著述中的类似文字，一概归于所谓精心策划的个人备忘或者自我辩护的预备，但不能否认的是，这些文字——尤其是在王韬遭清廷通缉而南遁香港之后——确实也能够为王韬当时的所作所为，提供某些解释说明，至少显示出王韬当时的内心世界，远非一个背弃者、叛逆者、异见者这么简单决绝。

也正是因为此，我们会从王韬此间日记、尺牍中发现不少类似记载文字，有些读来，甚至不无重叠累赘之感。咸丰五年八月二十六日（10月6日），是日赴友人家宴，日记记载："他席皆闽粤人，所操者皆英国土语，蛮音敁舌臭味差池，不与之谈，吾饮吾酒而已。"这种文字记载，表面上看只是对本土习英语者的知识身份、文化身份乃至社会身份的一种不乏偏见的议论，其实也可以作为王韬此间对待英语、外人甚至西学的一种复杂态度——他一方面自矜于在西教、西学方面的先锋地位，但又不能接受某些国人在口头语方面的先声夺人之优势，尤其是这种优势还为一些并无深厚中华文化修养的本土泛泛之人所掌握。这种心理与认知上所表现出来的矛盾，其实也可以作为上述所谓宽泛的软安全意识的一种曲折表现。

二

　　王韬在对待英语方面的个人纠结与自相矛盾，几乎贯穿其大半生，甚至也成为他在安全方面因为无法得到保障而不得不有所谨慎防备的一种明证。

　　早在墨海书馆时期，王韬对朝廷宜早储备通晓西语西文之人才，已有明确认识判断："今《新约》中有以后文移往还，例用英文一条，则此后衙署中办文案者，亦不得不识夷字矣。予以为国家当于西人通商各口设立译馆数处，凡有士子，愿肄习英文者，听入馆中，以备他日之用。"[1]这在当时无疑是甚有远见的认知和建议，与之后朝廷设置京师同文馆及广方言馆等外国语言文字教育培训机构的初衷亦大体一致。不过，仅从上述数语文字之中，已可看出王韬当时在英语认知方面的"瑕疵"或局限。一方面他用英语这样明显中性的表述，另一方面他又沿袭"夷字"这样带有明显情感的用语表达，来刻意彰显自己的文化意识倾向、故步自封式的保守观念和民族自大立场。作为一个晚清"西学东渐"的先行者和积极参与者，王韬对于西学的认知与判断，无疑应该不仅限于"句读"，还应提升到"学"乃至"道"的层面，但从上述文字表述即可看出，王韬对于英语的认知，至少从表面上看仍是非常片面、狭隘和有限的，至少是尚未真正进入到自我澄明之境。

　　而就在上述是日日记中，还有一段文字，涉及王韬对于西方近代意义上的报纸之意义与价值的认识，相较而言则比王韬对于英语的认知判断更为中肯高明："西人凡于政事，皆载于

---

[1] 王韬著，方行、汤志钧整理：《王韬日记》，北京：中华书局，1987年，第86页。

新闻纸。诚能得其月报,将所载各条一一译出,月积岁累,渐知其身,则其鬼蜮脏腑无遁情矣。"[1] 而在是则日记之前,王韬实际上已经参与过设在香港英华书院的《遐迩贯珍》以及设在上海墨海书馆的《六合丛谈》的文章翻译、撰写乃至编辑工作,可以说是中国本土最早一批直接参与到西方近代"新闻纸"或"期刊"的本土化进程中的文士。无论出于什么样的目的而去了解认识对方,甚至是敌人,应该说这种需求本身都具有一定的历史和现实的合理性,而通过掌握对方的报纸而获取有关对方的信息情报,这种做法无疑也是理性的。但这种理性的态度,在现实处境中,尤其是在王韬自己的安全困境中,却又屡屡激发出他对英语乃至西学西教种种自相矛盾的认识和判断。

譬如,对于自己在墨海书馆受雇于西人、协助其翻译的工作以及个人处境感受,王韬常用一些带有负面情感的字句,来表达自己的不甘和无奈,甚至对西人、西俗持排斥之立场、贬抑之态度:

> 授书西舍,绝无善状,局促如辕下驹;笔耕所入,未敷所出,平仲之书,渐以易米,蔡泽之釜,时复生尘,倘非知我者,必以此言为河汉也。[2]

> 《传》曰:"非我族类,其心必异。"西人隆准深目,思深而虑远,其性外刚很而内阴鸷。待我华民甚薄,佣其家者,驾驭之入犬马,奔走疲困,毫不加以痛惜。见我文士,亦藐视傲睨而不为礼。而华人犹为其所用

---

[1] 王韬著,方行、汤志钧整理:《王韬日记》,第86页。

[2] 王韬著,汪北平、刘林编校:《弢园尺牍·与许壬甫》,北京:中华书局,1959年,第12页。

者，虽迫于衣食计，亦以见中国财力凋敝，民生穷蹇也。故西人之轻我中国也日益甚，而中国人士亦甘受其轻，莫可如何。夫谋食于西人舍者，虽乏端人，而沉落光耀之士，隐沦其间者，未可谓竟无之也。乃十数年来，所见者，皆役于饥寒，但知目前，从未有规察事理，默稽西情，以备他日之用；而为其出死力者，反不乏人，可谓中国之无人矣。吾恐日复一日，华风将浸成西俗，此实名教之大坏也。[1]

《传》曰："非我族类，其心必异。"饮食嗜欲，固不相通，动作语言，尤所当慎。每日辨色以兴，竟昏而散，几于劳同负贩，贱等赁舂。树懒之性，如处狴犴。文字之间，尤为冰炭，名为秉笔，实供指挥，支离曲学，非特覆瓿糊窗，直可投之溷厕。玩时愒日，坐耗壮年。其无所取一也。[2]

上述文字，均见之于此间王韬与亲友文士之间的往来尺牍之中。这些文字，属于一种半公开的表述，但初读之下，已为王韬文字中情绪之激烈、态度立场之鲜明而惊讶。因为只要稍微拿此间王韬与西人之间往来的一些文字对读，就会发现上述文字或言不由衷，或过于极端，又或刻意贬抑。

不妨再以王韬在墨海书馆受雇期间致其舅父朱雪泉一封尺牍为例，其中涉及王韬对当时同在墨海书馆供职的其他一些本土文士的议论：

---

[1] 王韬著，汪北平、刘林编校：《弢园尺牍·与周弢甫征君》，第26页。
[2] 王韬著，汪北平、刘林编校：《弢园尺牍·奉朱雪泉舅氏》，第22—23页。

> 同处一堂，绝少雅士，屈身谋食，岂有端人。本非知心之交，不过觌面为友，厕身其间，时有抵牾，不得已呼听马牛，食争鸡鹜，随行逐队，滥竽齐庭，问舍求田，萧吹吴氏。至于出面订交，品类尤杂，久涸势途，面目都变。[1]

而在其他一些著述中，王韬对李善兰、蒋剑人、管嗣复、郭友松、沈毓桂这些曾一同在墨海书馆担任过笔述的本土文士的评价，不仅是正面的，而且还非常之高。这里不妨以王韬日记中所记一段他与管嗣复之间就受雇为西人服务的文字为例来做说明：

> 小异来此将十日矣，所谋安研地，无一就者。米利坚教士禅治文延修《旧约》书，并译《亚墨利加志》。小异以教中书籍大悖儒教，素不愿译，竟辞不往。因谓予曰："吾人既入孔门，既不能希圣希贤，造于绝学，又不能攘斥异端，辅翼名教，而岂可亲执笔墨，作不根之论著，悖理之书，随其流、扬其波哉。"予曰："教授西馆，已非自守之道，譬如赁春负贩，只为衣食计，但求心之所安，勿问其所操何业。"[2]

其实，上述记载，几乎完全可以视为王韬精心建构的一种自我对话——这里的小异也就是管嗣复——可以理解为另一

---

[1] 王韬著，汪北平、刘林编校：《弢园尺牍·奉朱雪泉舅氏》，第23页。

[2] 王韬著，方行、汤志钧整理：《王韬日记》，第92页。

种立场或坚持的王韬：儒家立场、固有价值、文化坚持，即所谓"攘斥异端，辅翼名教"，同时也为现实中另一个王韬的行为之无奈做了解释，即受雇于西人及墨海书馆，不过是为"衣食计"，并不涉及价值信仰上的背弃与皈依这样原则性的问题，也无关乎个人气节操守。

从上面所述即可发现，在王韬公开、半公开以及私密空间或方式中所表达出来的一些立场观点，相互之间其实是存在着相当弹性的，或者说存在着一个经过修饰设计的进退地带。或许有人会因此而认为王韬是在使用两套甚至多套话语，扮演两面人甚至多面人。这种认识或许不无道理，不过，即便如此，与其说是与王韬的个人品行有关，还不如说与他为因应所处环境的个人策略或现实方式有关，而其中基本上都关联着他在那种处境之下对个人安全环境的复杂体验和审慎自保所进行的反复思虑与考量。

对于一个传统意义上的儒士及儒家价值理念为信仰皈依的本土文士来说，背弃名教、辅翼异端，不仅只是一种立场信仰上的改变，也是一种个人节操上的缺失，乃至大是大非问题上的立场背叛，所以其当日日记中会在上述记载之后，又补记了一段王韬自己的议论：

> 噫！闻小异言，窃自叹矣。当余初至时，曾无一人剖析义利，以决去留，徒以全家衣食为忧，此足一失，后悔莫追。苟能辨其大闲，虽饿死牖下，亦不往矣。虽然，已往者不可挽，未来者犹可追，以后余将作归计矣。[1]

---

[1] 王韬著，方行、汤志钧整理：《王韬日记》，第92—93页。

而实际情况是，王韬不仅没有真正"作归计"，相反，之后他还离开了上海，远赴香港，直至壮游海外，大大拓展了他与西人、西方之间已有之关系，即便是在1880年代重返沪上之后，他的事业，依然是与西学及洋务密不可分。而王韬的一生，事实上亦是在他于1850年代墨海书馆时期所开启的道路上的不断拓展。当然，这是王韬浮出历史地表、人所共知的一面。而在这一侧面之后或之下，王韬在儒家与西教、中学与西学、中国与西方之间的纠结挣扎、进退徘徊，以及试图通过"西学东渐"及"洋务运动"所实现的一种自我启蒙、社会进步、文化发展以及国家富强的理想，一直处于难以真正突破与超越的不断自我反复之中。王韬晚年的重返儒家及中国立场，与他1850年代在墨海书馆由麦都思施洗入教的经历之间[1]，绝不只是一次自我否定与肯定那么简单。实际上，当王韬一方面看到了英语在晚清对外关系中的实际需求，并提出清廷当早日为此储备外语人才的时候，他自己却坚持不学英语；他在墨海书馆担任笔述并协助翻译了《圣经》"委办本"、基督教赞美诗歌并协助撰写了《野客问难记》等基督教文献著述，更是协助翻译了大量西学著述，但他又将这一先锋行为和了不起的翻译事业，屡屡作等闲视之，更是认为不过是为一家人"衣食计"的某种不得已。更有甚者，他遭到清廷通缉而被迫仓皇南遁香港，却又能兴致勃勃地壮游海外，并不见一个政治流亡者常见之失落与沮丧，甚至也并没有一个"去国者"常见之恓惶不安。凡此种种，之所以有如此矛盾反复，应该与王韬内心世界里已经逐渐建构

---

[1] 有关王韬与基督教之间的关系，参阅段怀清《试论王韬的基督教信仰》(《清史研究》2011年第2期)，以及《麦都思中文教师之"受洗"申明》(段怀清译，《清史研究》2011年第2期)。

起来的自我安全保护意识及心理机制不无关系。这种心理机制经过二三十年的不断完善，实际上已经可以为王韬源源不断地提供个人安全因应方面的辅助支撑。至少在宽泛意义上的软安全方面，王韬通过上述种种看似无意实则有心的自我预设准备，较为成功地将自己的公共形象，塑造建构成一个明智而理性的"先知先觉者"，而不是一个冲动而极端的政治上的异见者、价值信仰上的背叛者、个人道德上的失节者。这种公共形象，后来事实上亦产生了一种有助于逐渐缓解他在硬安全方面所面临的压力的客观效果，甚至最终还让这种风险彻底解除。

三

　　而从实践层面来看，上述此类"译者安全"或风险的自然延伸，首当其冲为"译本安全"。结合晚清翻译尤其是基督教典籍的翻译，其中对一些关键名词术语的译名选择，显然已超越单纯技术层面的翻译辨析，而演变成一个翻译安全甚至翻译政治问题，尤其是"译本安全"或"译本政治"问题，其中不仅折射出口译者与笔述者各自在宗教信仰及认同体系之间的博弈较量，涉及与他们的文化身份以及社会地位有所关联的语言修养及审美品位，同时也反映出中西之间的现实关系在晚清翻译语境中的一种集中体现。而对此之分析考察，当然也就需要同步考察当年那些译者们所处的政治、社会、文化环境，以及他们在翻译安全方面的种种外患与隐忧，同时还需涉及他们为应付上述种种所可能以及实际上的真实存在而不得不采用的一些因应之策。

具体到王韬的翻译个案，大体可以从他与担任口译者的传教士之关系、自我身份之理解定位、名词术语的翻译界定、与本土读者之间的关系形态等方面，来解读"译本安全"在翻译实践层面或过程中的历史原貌与生成境遇，并探究其中所体现出来的与"译本安全"相关的不同侧面及其外在、内在缘由。

作为笔述者的本土文士，因为与来华西士之间为一种雇佣关系，而并非一种双方高度一致的事业合作，又因为他们服务于外人，所以在协调维护自己与本土周围环境之间的关系方面均甚为留意与谨慎，对此王韬日记中亦可见相关记载：

> 海防署内阁胡雅堂来，购泰西医术数种去。阎斋来，言携李有杨某在此，于钦差随员颇稔，且知江南人朱镇、潘霞纬在此，若有泰西奇闻异书，可投其所好。[1]

这种在地方官员之间周旋并通过参与翻译的西学著述来投其所好、营造维护一个相对安全的生存环境的事情，王韬日记、尺牍之中的记载并不少见。可以肯定的是，这种关系的建构与维护，应该并不仅限于当下，甚至亦有为长远计和未来计的考虑盘算，而贯穿其中的，依然是王韬对于个人安全的未雨绸缪，而所使用的方式，除了日记、书札中的自我掩饰，还包括将自己所参与翻译完成的西学译本乃至"泰西奇闻异书"寄赠给一些推动或关心洋务的朝廷官员，以获得对方的好感。

而王韬此间日记中，亦可见不少因为与当地官府缺乏足够

---

[1] 王韬著，方行、汤志钧整理：《王韬日记》，第22页。

互动沟通而产生紧张、冲突的文字记载，其中就包括本土文士陪同来华西人深入内地，引发路人围观乃至官衙过问甚至驱逐一类事情。1858年12月27日日记中，记载了当年同在墨海书馆协助来华西士从事译述的数学家李善兰，因为陪同英国来华传教士艾约瑟（Joseph Edkins，1823—1905）前往杭州而引发当地官民紧张一事，从中即可见作为本土笔述者或译者的文士，其硬安全得不到足够保障之说绝非空穴来风：

> 壬叔言：当年同艾约瑟至杭，乘舆往天竺，为将军所见。时西人无至杭者，间阎皆为惊诧。将军特谕仁和县往询，县令希上意，立逐艾君回沪，而将壬叔发回本州。[1]

其实，这种人身安全方面的不确定和不安全感，对担任来华西士笔述者或译者的本土文士们来说，一旦离开开埠口岸，马上就会变成现实，因此也时时提醒他们，他们与来华西士之间的雇佣和协作关系，是一种在现实生活空间上受到明显限制的关系。这种现状本身，自然会影响到本土文士们当时对于自己身份、地位、作用、贡献等的自我定位和自我评价。在《弢园尺牍·与所亲杨茂才》一函中，王韬将自己在协助翻译过程中的作用与贡献几乎等同于无：

> 已删定文字，皆系所主裁断，韬虽秉笔，仅观厥成。彼邦人士拘文牵义，其词佶屈鄙俚，即使尼山复

---

[1] 王韬著，方行、汤志钧整理：《王韬日记》，第57页。

生，亦不能加以笔削。[1]

如果说这是在一种更私密的语境中对于自己与来华西人之间工作方式及工作关系的直率定性描述的话，而在《麦都思中文教师之"受洗"申明》《与英国理雅各学士》《与法国儒莲学士》《与英国傅兰雅学士》等尺牍中，王韬所描述的与西人之间的关系，无疑是一种今天的读者更为熟悉亦更能理解接受的关系。也就是说，在王韬与西人相关的话语中，至少让我们看到了两种大相径庭的描述——心理现实的一种描述，与理想现实的一种描述——而无论是哪一种描述，与客观现实存在之间均构成一种颇具张力的对话关系，从中也折射出王韬作为一个笔述者与编撰者内外有别的言语策略与自我保护的安全意识。

这种策略与意识，有时候并不是以一种明显的倾向性和个人好恶表现出来的，反而是通过一种看似客观中性或者学术理性的方式得以体现的。

对基督教在华之命运及未来，王韬所抱持的态度显然并不很乐观，但也说不上有多么消极悲观，如果从他受洗之前写给精神导师麦都思的思想汇报来看，王韬的立场可以说是有一定倾向性的。但在晚清上海那种政治与社会环境中，王韬显而易见并不想让这种倾向性过于外显。咸丰八年八月十三日（1858年9月19日）日记中，有一段有关"God"这一基督教独有之术语的汉译史的叙述：

午刻，往讲堂听慕君说法。慕君以"上帝"字出

---

[1]　王韬著，汪北平、刘林编校：《弢园尺牍·与所亲杨茂才》，第5页。

自儒书，与西国方言不合。且各教进中国，其所以称天之主宰，称名各异，犹太古教为耶和华，景教为呵罗呵，挑筋教称为天，天方教为真主。明时，利玛窦等入中国，则为天主，而间称上帝。然当时国王颇不谓然，以上帝之名与儒家混也。及本朝嘉庆时，英人马礼逊至粤，所译之书称为"神天圣书"。合众国教士于道光末年，又称真神，是一主而有数名也。今华民最"佞佛"，寺刹香火遍天下，欲称天主为真佛，以挽其颓波，而教可广行矣。然道之兴废，其间自有数存，不系乎名，慕君犹未见及乎此耳！[1]

王韬的这种观点，一方面反映出他在译名问题（Term Question）上的个人学术态度，另一方面亦可见他对基督教在华传播之未来，并不抱持特别明显的个人倾向。而之所以如此，原因当非一种两种，其中是否潜隐着王韬在基督教入中国这一话题上的自我安全意识、自我安全需求、自我安全焦虑，以及是否亦显示出王韬内心之中此间俨然已经形成的一种安全保障机制和自我安全防范能力，实在值得进一步探究。

如果说"译者安全"，指的是翻译者对于自己在整个翻译过程中以译者为中心而发生或产生的一种自我安全意识及行为心理，延及行为实施及其结果，那么王韬等当时受雇服务于墨海书馆的本土笔述者们，其身份并不是一种完全的或完整的"译者"，而只不过是正常状态下的"译者"身份的一种延伸，是为"译者"服务的一种"合作译者"。也因此，在这一语境

---

[1] 王韬著，方行、汤志钧整理：《王韬日记》，第7页。

中的"本土译者"的"译者安全"，包含着与外来译者的合作、原文本的安全、翻译过程的安全以及译本的安全等，它可能涉及对与翻译相关的各种场景、行为、过程及结果的一种个人预判、体验及评估；它不仅指译者心理层面的自我体验，而且也涉及对造成译者上述体验发生与发展的各种客观存在因素及事实的反应。而实际上，译者的安全意识及心理反应，尤其是像本土笔述者这一身份的"译者"的安全意识及心理反应，在翻译过程中通常也会以一种"缺席的在场"的方式或形式，而参与到翻译行为的具体实施之中，王韬的上述种种言行，实际地佐证了这一判断。

而结合王韬的经验，我们发现历史语境中的译者安全，尤其是晚清"西学东渐"中的翻译——无论是民间的翻译抑或官方的翻译——往往被简单直接地等同于译者对于翻译政治的一种安全意识与安全反应。实际上，消极的译者安全反应，极端的个人体验及现实体现，可能确实与当时的政治环境有关，但又绝对并不仅限于此。换言之，在以法律安全、政治安全为中心的译者安全之外，译者及译本可能面临的文化安全、舆论安全、身份安全等，同样会对译者和译本的存在与生成，产生诸多切实可查的实际影响。而上述影响，在不同的译者个案中，其存在形式与结构、运作方式与机制、生成结果与效应等，既有相近的地方，应该亦有诸多的差别与不同。具体而言，上述各种因素及处境，在不同的译者或译本个案中，其存在和体现之方式、程度与结果，实际上往往会千差万别，有些甚至还迥然不同。而之所以会如此，不少时候也是与译者的个性及译本的独特性密切相关的。而无论是前者抑或是后者——即译者与译本——显然均关涉着"译者安全"与"译本安全"。

张之洞的翻译赞助思想与行为研究[*]

苏艳[**]

张之洞（1837—1909）为晚清重臣，洋务殿军，一生勤勉政务，励精图治，常亲治文书，立言立功，其中大量文字涉及其翻译赞助思想与言行。他推崇古文经学，但身处风雨飘摇中的大清王朝，也接纳了清儒今文经学的"经世""务实"之风[1]。作为晚清政府中重要的翻译赞助人，他招募大批译员翻译事关国计民生的应用类文本，依靠译员开展军事、经济、教育、外交和文化领域的变革[2]。关于张之洞如何赞助幕府译员

---

[*]   本文为国家社科基金重大项目"中国翻译理论发展史研究"（20&ZD312）的阶段性成果。

[**]   苏艳，华中师范大学外国语学院教授、翻译与传播研究中心主任，博士生导师，研究方向为翻译史、典籍翻译与文学翻译。

[1]   参见冯天瑜：《张之洞评传》，武汉：湖北人民出版社，2020年，第247—274页。

[2]   对张之洞及其幕府的相关研究成果可参见 D. H. Bays, *China Enters the Twentieth Century : Chang Chihtung and the Issues of a New Age, 1895—1909*, Ann Arbor : University of Michigan Press, 1978 ; S. Yoon, *The Formation, Reformation, and Transformation of Zhang Zhidong's Document Commissioners, 1885—1909*, Cambridge : Harvard University, 1999 ； 尚小明：《学人游幕与清代学术》，北京：社会科学文献出版社，1999年；黎仁凯、钟康模：《张之洞与近代中国》，保定：河北大学出版社，1999年；黎仁凯：《张之洞督鄂期间的幕府》，《史学月刊》2003年第7期；黎仁凯等：《张之洞幕府》，北京：中国广播电视出版社，2005年；黎仁凯、王向英：《曾国藩与张之洞幕府之比较》，《河北学刊》2006年第3期；任放：《近百年张之洞研究述评》，《近代史研究》2003年第2期；吴剑杰：《论张之洞湖广任内的外才引进》，《中国近代史》2003年第6期等。

及其赞助前提，笔者已另文专述[1]，本文将考察张之洞为何开始赞助翻译？如何招募译员？译员对张之洞执政生涯有何作用？其翻译策略和译文质量评估标准如何？

一、因军事需求开启翻译

中外历史上翻译常出自军事或贸易之需。中国近代与西方首次正面交锋在军事领域，军事防御的客观需要拉开了中国近代翻译史的序幕，"军事与翻译在晚清双向互动，晚清每次翻译高潮都伴随战争而来"[2]。与林则徐和曾国藩一样，张之洞为缓解中国军事危机开始赞助翻译。他身为文臣却获封谥号"文襄公"，晚清获此殊荣者只有他和年近七旬抬棺收复新疆的左宗棠，可见其文治武功之显赫。他初登政坛即力倡执干戈以卫社稷，转向洋务与新政后仍保清流遗风，坚持"以兵战为用"[3]。中法战争期间，为搜集战情，他开始重视翻译。

1882年法军大举进攻北圻，占领河内，试图以越南为跳板入侵中国、称霸远东。张之洞时为抚晋疆吏，力主抗法，1883年上折提出以决战计、策敌情、速文报为战守事宜[4]，之

---

[1] 见苏艳《张之洞督鄂期间翻译赞助行为研究》，《外语研究》2021年第5期，第70—76页。

[2] 苏艳：《甲午战争后翻译界对国民"军人意识"的培养》，《外语教学》2019年第3期，第90页。

[3] 张之洞：《延访洋务人才启》(光绪十年四月初一日)，苑书义、孙华峰、李秉新主编：《张之洞全集》第四册，石家庄：河北人民出版社，1998年，第2400页。

[4] 张之洞：《法衅已成敬陈战守事宜折》(光绪九年十一月初一日)，苑书义、孙华峰、李秉新主编：《张之洞全集》第一册，第183—190页。

后其经历表明，通过翻译搜索军事情报是践行以上三者的重要途径。1884年8月马尾海战失利后清廷正式对法宣战。中法战争中，他知人善任，纡筹决策，应对有力，逐步形成以他为代表的主战派，与以李鸿章为代表的主和派抗衡。战初张之洞督粤防，战事较少，即破除畛域之见，多方援助闽、台、滇抗法。1884年，他通过翻译洋报了解法军在基隆的驻军情况和军事动态并将这些军事信息电告李鸿章等同僚。他指挥西线战场的唐景崧率景军于1884年12月至1885年3月期间会同岑毓英滇军及刘永福的黑旗军三军配合，围攻宣光三月有余。后法军守备将求救信投入玻璃瓶，悬赏能将此信飞送法军者，被中方截获，张之洞即令船政学生石绍祖将书信译出，发给在龙州军营的岑、唐二人，并归纳出法军求援火器种类与数量以及法方救援路线与路标等要点，叮嘱速以地雷掘断、毁灭援路，同时将石绍祖派往景军供差用 [1]。1885年2月26日，张之洞将求救信原文与译文、洋人发自河内的来信以及两篇东京刊发的法国关于战事报道的译文恭呈御览。译文在描述双方战备、战况、死伤以及法方不利战势时，尤为突出中方将士之勇猛及战术上的巨大进步：

> 观华军围攻形势，布置极善。想华人必有曾往欧洲军政书院练习战法者。……以今日之华军，较二十五年前，大相悬绝。此次中法交战，华兵勇敢异常，又有兵官善于管带。围宣光城之法，甚合欧洲军政书院所教习者。放枪炮均有准的，且储备弹子甚多。

---

[1] 张之洞：《致龙州岑宫保、唐主政》（光绪十一年正月十九日），苑书义、孙华峰、李秉新主编：《张之洞全集》第七册，第4967页。

法军毙命不少。[1]

张之洞总结译文要点时不忘强调：

> 盛称宣光华军力战甚勇，攻固有法。……每有攻
> 战，该主事皆亲履前行。其为才能用众，勇能克敌，
> 已可概见。此军以之防边，可期得力。[2]

张之洞在奏折中附加译文可谓用心良苦：首先，译文从
法方视角描述战争经过，向最高统治者表明，宣光之战中清
军全体将士勇猛忠诚，由此为替其申请嘉奖提供力证；其次，
间接向朝廷高层说明中国军事西化和现代化的必要性与成效，
因为在法国媒体眼中，华军弹药充沛，官兵训练有素，战术战
法符合西方现代战争特色。译文评述呈现出"同治中兴"以来
洋务运动的成果，也坚定了张之洞以后创枪炮厂、培养武备人
才的决心。

在东线，张之洞启用的老将冯子材1885年3月取得镇南
关—谅山大捷，扭转了战争局势。但由于清廷妥协，1885年
6月9日中法仍在天津签订《中法会订越南条约十款》，承认
法国对越南的"宗主权"，结束了中越之间的"藩属关系"。
按照条约第三款规定，两国须自订约画押后六个月内派员赴中
国与北圻交界处勘定边界。事关边防枢纽，张之洞奉旨部署勘
立滇桂边界事宜。察觉法国勘界者多为武职，暗含"考究形势，

---

[1] 张之洞：《景军越境会剿及撤兵还界折并清单》（光绪十一年四月初二日），苑书
义、孙华峰、李秉新主编：《张之洞全集》第一册，第294—295页。

[2] 同上，第291页。

审探路径"的军事意图后，张之洞派总兵侯勉忠等久经战事者
11名随同邓承修等勘界大臣前往边界。他深知，只有募集"熟
谙法文翻译、通晓西法、舆图测算绘画之人随同前往"[1]，才能
完成勘界及考察周边的地理险要、筑台设戍处所、军行出入路
线的任务。鉴于各省此类专业人才稀缺，张之洞遂向粤港闽沪
多地寻访、调集并考核，最后择定桂边翻译为福建船政总监
工、守备李寿田及六品顶戴陶瑟璜，滇边翻译为船政学生都司
林庆昇，测算绘图员石绍祖则兼充翻译。张之洞在上奏中特意
说明："两项人员搜罗殆遍，实难多得。"[2]可见他深感战争中
译才弥足珍贵，是中方军事权益的重要保障。1887年邓承修
两次在电函中告知张之洞，由于道远地偏，缺医少药，勘界员
均为瘴疠所困，特别提到"翻译李寿田患疲，经月肢腹肿，危
甚"，"李道[3]及翻译仍未大效"[4]，体现了张之洞及其属僚对译
者的分外关注。1887年广东督粮道王之春向张之洞汇报勘界
情况的三封电文中均在开首即提到翻译：

　　　　昨两翻译至芒校图，彼将白龙尾画入未定之界。[5]
　　　　昨法使致赫政书，谓我使照会渠尚待复，恐延
　　日期。约两翻译本日至芒，先校广西界图，似有转

---

[1]　张之洞：《派员随勘滇桂边界折》（光绪十一年十月初九日），苑书义、孙华峰、
李秉新主编：《张之洞全集》第一册，第364页。

[2]　同上，第365页。

[3]　即护西抚臣李秉衡。

[4]　张之洞：《致东兴邓钦差》（光绪十三年闰四月二十一日），苑书义、孙华峰、李
秉新主编：《张之洞全集》第七册，第5254—5255页。

[5]　张之洞：《王道来电》（光绪十三年正月十五日），同上，第5185页。此处"彼"
指法方。

圉之意。[1]

　　法使昨出照会稿，大意谓让地甚大，我使若不感情，彼不定约。星使碍难答复，春先遣两翻译前行，复周旋其间，始行将约议定，并允分茅约上注明属华，迟日画诺。[2]

　　正如张之洞所料，在中法勘定边界及产生分歧之际，翻译作为中介的确发挥了不可或缺的作用。亲历中法战争后，张之洞从清流健将向洋务殿军转变，"洎甲申马江一败，天下大局一变，而文襄之宗旨亦一变"[3]。此后他提出了"储人才""制器械""开地利"[4]的国防战略思想，并开始在幕府储备翻译人才。

二、养能译之才 [5]

　　张之洞素来提倡"经国以自强为本，自强以储材为先"[6]。

---

[1] 张之洞：《王道来电》（光绪十三年二月初一日），苑书义、孙华峰、李秉新主编：《张之洞全集》第七册，第5209—5210页。

[2] 张之洞：《王道来电》（光绪十三年三月初一日），同上，第5227页。

[3] 辜鸿铭：《张文襄幕府纪闻》，黄兴涛等译：《辜鸿铭文集》上卷，海口：海南人民出版社，1996年，第418页。

[4] 张之洞：《筹议海防要策折》（光绪十一年五月二十五日），苑书义、孙华峰、李秉新主编：《张之洞全集》第一册，第307—311页。

[5] 梁启超在《变法通议·论译书》中称译书当首立三义："一曰择当译之本；二曰定公译之例；三曰养能译之才"（见梁启超著，汤志钧、汤任泽编：《梁启超全集》第一集，北京：中国人民大学出版社，2018年，第80页），较全面地概括了翻译赞助之内涵。

[6] 张之洞：《延访洋务人才启》（光绪十年四月初一日），苑书义、孙华峰、李秉新主编：《张之洞全集》第四册，第2400页。

目睹大清因缺乏外语和翻译人才而陷入外交、军事和贸易的全面被动，他深感不了解外情将使大清闭目塞听，落后于人而不自知：

> 知外不知中，谓之失心；知中不知外，谓之聋瞽。夫不通西语，不识西文，不译西书，人胜我而不信，人谋我而不闻，人规我而不纳，人吞我而不知，人残我而不见，非聋瞽而何哉？[1]

因此，他一再强调翻译之紧迫与必要："时事孔亟，当务之急，尤以明悉外情为要义"[2]，"翻译外国书籍，周知四方之情状，考究新出之理法，为当今第一要务"[3]，"从西师之益有限，译西书之益无方也"[4]。他为译书提出三法，即"各省多设译书局""出使大臣访其国之要书而选译之"以及"有力书贾、好事文人，广译西书出售"[5]，并身体力行，专门设立翻译机构以适应洋务发展需要。甲午战争前影响最大的官方翻译机构是京师同文馆（1862）、福州船政学堂（1866）和江南制造局翻译馆（1868），战后这些机构已不能适应新形势发展的需要，

---

[1] 张之洞：《劝学篇·广译第五》（光绪二十四年三月），苑书义、孙华峰、李秉新主编：《张之洞全集》第十二册，第9745页。

[2] 张之洞：《札委曾磐上海坐探洋情》（光绪二十四年闰三月十六日），苑书义、孙华峰、李秉新主编：《张之洞全集》第五册，第3615页。

[3] 张之洞：《札自强学堂日员来鄂并发合同》（光绪二十四年闰三月十六日），同上，第3612页。

[4] 张之洞：《劝学篇·序》，苑书义、孙华峰、李秉新主编：《张之洞全集》第十二册，第9705页。

[5] 张之洞：《劝学篇·广译第五》，同上，第9744页。

为此他开始在鄂设馆译书，"补北京同文馆、上海江南制造局翻译西书之不足"[1]；1894年创立湖北译书局以"博通时务，熟悉洋情"[2]；1902年创办江楚编译局，翻译出版新式教科书；1904年将湖北铁政洋务局定名洋务局，将原有四所（交涉所、铁路所、学堂所、制造所）改为六科，即交涉科、编译科、铁路科、矿务科、实业科和商税科，其中编译科可以保障洋务译书局藏书及编译洋书和翻译各国报章。

时局艰难，需才孔亟，张之洞大力培养、募集、稳固、荐举和奖励翻译人才。据现有资料统计，张之洞督鄂期间为幕府多方招募中国译员共36人、洋译员达10人[3]。其幕府人员多由延聘、札委或奏调而来[4]，延聘的译员如辜鸿铭、蔡锡勇、缪荃孙、陈衍、章太炎等皆为名流，享幕宾礼遇，札委或奏调的译者如庆全等则与其成为上下级。他通过多种方式培养和募集译才。

首先，创办各类新式学堂储备译才。张之洞督鄂期间先后创办了湖北自强学堂、武备学堂、农务学堂、工艺学堂、师范学堂和大批普通学堂，培养外语、翻译、军事、科技和师范人才。在其制订的湖北新学制系统中明文规定，各级各类学堂将外语作为重点科目列入教学计划[5]。1893年张之洞奏设湖北自

[1] 章开沅、朱英主编：《中国近现代史》，开封：河南大学出版社，2009年，第576页。

[2] 张之洞：《札北善后局在新筹项下捐助上海约翰书院西士译书经费》（光绪二十二年七月二十三日），苑书义、孙华峰、李秉新主编：《张之洞全集》第五册，第3314页。

[3] 主要依据的统计资料为黎仁凯等：《张之洞幕府》；苑书义、孙华峰、李秉新主编：《张之洞全集》。

[4] 黎仁凯：《张之洞督鄂期间的幕府》，《史学月刊》2003年第7期，第43页。

[5] 刘红：《张之洞与湖北外语教育》，《湖北社会科学》2014年第11期，第97—102页。

强学堂，分方言、算学、格致、商务四门，以方言"为驭外之要领"[1]。1899年5月又创办湖北方言学堂，培养外交人才，从1899年冬该学堂总考试题题型和测试内容看，各语种学堂均侧重考查学生翻译能力[2]。

其次，积极从驻外机构寻访译才。如1897年6月21日他致电驻德公使许景澄，希望将驻德使馆译员陆徵祥、刘式训在差满归国后派鄂任职。同年7月20日，因日语翻译稀缺，致电驻日公使裕庚，希望专派一两名使馆译员翻译日文报纸中"紧要有关中国政事学术者，按旬寄往湖北"，承诺由湖北承担编译者薪水[3]。

第三，密切注视翻译人才动向。1896年湖北布政司王之春奉命出使俄国，因故未能成行，其饬调随行的法文翻译官、户部郎中联恩适逢患病至汉口就医。由于湖北法文译员需求量大，且学堂需要外文教习，张之洞旋即奏请译署将联恩暂时留鄂当差，待学堂步入正轨后即允其回京供职[4]。1898年初，得知傅兰雅离开江南制造总局翻译馆后，张之洞写信给驻美公使伍廷芳，请他代为邀请傅兰雅到湖北译书及编纂教学用书[5]。他通过阅读《求是报》看中陈衍的卓越才干，1898年邀至幕

---

[1] 张之洞：《设立自强学堂片》（光绪十九年十月二十二日），苑书义、孙华峰、李秉新主编：《张之洞全集》第二册，第898页。

[2] 苏云峰：《张之洞与湖北教育改革》，台北："中央院"近代史研究所，1976年，第166页。

[3] 上述两份电文全文见苑书义、孙华峰、李秉新主编：《张之洞全集》第九册，第7332、7364页。

[4] 张之洞：《咨呈总署暂留翻译联恩湖北差遣》（光绪二十三年十月初二日），苑书义、孙华峰、李秉新主编：《张之洞全集》第五册，第3523页。

[5] 张之洞：《致华盛顿伍钦差》（光绪二十四年正月二十三日），苑书义、孙华峰、李秉新主编：《张之洞全集》第九册，第7497页。

府办理一切新政笔墨并辅佐其理财，兼任官报局总编纂，后支持陈衍创办《湖北商务报》并任主编。

第四，通过外国机构招募译者。如张之洞任两江总督期间创建三江师范学堂，培养苏皖赣三省中小学教员。在其推动下，学堂与日本东亚同文会达成协议，1903年延聘日本高等师范教习11人，其中通译2人[1]。中方教习包括编译员蒋邦彦和日语译员赵连璧、魏光镛、范恩溥、沈鸿、张铠、王祥麟。

三、让译者才尽其用

张之洞聘请的译员或在其创办的新式军事、外语和工业学堂担任教习，或在其所辖洋务和新政机构就职[2]，或任报馆译员[3]。译员还常被临时委派至各地勘查、交涉或经办事务[4]。张之洞为中外译员提供了充分展示的舞台，蔡锡勇、梁敦彦和辜鸿铭甚至成为其智囊团核心成员。他在1891年至1897年间组织幕府成员编译《洋务辑要》（也称《筹办夷务类要》）并及时调拨麾下译员以备洋务之用。译员为其夯军实、广游学、兴实

---

[1]　参见［日］实藤惠秀著，谭汝谦、林启彦译：《中国人留学日本史》，北京：北京大学出版社，2012年；苏云峰《三（两）江师范学堂：南京大学的前身，1903—1911》，南京：南京大学出版社，2002年。

[2]　如两广总督办理洋务处、湖北译书局、京汉铁路局、汉阳铁厂、铁政洋务局、江楚编译局等。

[3]　如章太炎主办《正学报》，叶瀚入《中外日报》，罗振玉、王国维入《农学报》等。

[4]　如1896年中日就开放沙市通商一事交涉，柯鸿年被委派任翻译。为勘定中法边界，张之洞派遣江汉关税务司赫政任翻译，三年期间赫政忠于职守，不惧瘴病与险阻，且在划定边险要处时为中方据理力争，之后张之洞于1886年9月10日奏请将赫政由三品衔赏加二品顶戴。

业、办文教、维商权、倡农学、订律例、查教案[1]等发挥了不可或缺的作用。

（一）夯军实

张之洞一生致力于大清自强御侮、富国强兵的梦想，强军、兴学、养才为其办洋务的三项主要措施。他创建了汉阳炼铁厂（1890）、湖北枪炮厂（1890）等现代军事和重工企业以制造兵器，1893至1898年间陆续在鄂建成"湖北布纱丝麻四局"，以民用工业盈利支持军事和重工发展。与此同时，张之洞深知"战人较战具为尤急"[2]，军人素养是军队战斗力的决定因素，因此主张废除传统武科举制度，并先后创办广东水陆师学堂（1887）、江宁陆军学堂（1896）、湖北武备学堂（1897）等军事学堂，培养军事技术和管理人才，又在江苏编"自强军"，其在湖北师法德日建立的新军为晚清最精锐的新式陆军。由于学堂课程增多，内容精深，需译书以补偿洋教习口授之不足。为提高办学层次和教学质量，他聘请了大原武庆、何福满、柳原又熊、木野村政德、三轮高三郎、中野太郎等任武备学堂翻译兼教习，参与编译教材。如杨启昌与德国教习何福满合译了《武备原书》，鉴于何福满"教练勤劳，著有成效"，张之

---

[1] 晚清各地教案频发，张之洞抚晋督粤鄂期间也处理了一批教案，并专门设立了教案局。1891年湖北武穴教案中三名英国妇女受伤，张之洞饬令江汉关道致函英国领事，要求记录洋妇洋仆之口供并翻译成汉文转呈，以便核复案情。1904年湖北施南教案涉及多边国际关系，教民被烧被抢，德国主教被害，张之洞委派翻译潘县丞随同荆州道台处理教案事宜。

[2] 张之洞：《筹议海防要策折》（光绪十一年五月二十五日），苑书义、孙华峰、李秉新主编：《张之洞全集》第一册，第307页。

洞特按合同为其奏赏宝星[1]。1899年，他分别致电出使美国、英国和德国的大臣伍廷芳、罗丰禄和吕海寰，请他们速将三国水陆大学堂章程及所有读本（除语言文字各书外）悉数购齐寄湖北翻译，作为武备学堂教材。此后伍廷芳搜集了美国有关军营章程、弁勇操法等的兵书27种寄出，张之洞计划译出并颁行各军营，使中国军队"马、步、炮以及工程、医药，转运弁兵咸有定章可守"，又请伍廷芳将有关"行军调度、战守兵法各书"一并收集以供翻译[2]。1899年，盛宣怀奏请建练将总学堂，以成将才，张之洞随即饬令出使日本大臣李盛铎迅速翻译日本陆军学校详细章程以供参考。张之洞军工企业的运营、军事教育的开展及编练新军等强军战略的实施均离不开中外译员的参与。

（二）广游学

1895年张之洞在《吁请修备储才折》中提出，在王公大臣、满汉贵胄、翰林、部属及各项科甲正途出身京官中择贤者出洋游历，使其拓展视野，去除成见。1901年又将广派游历列为其新政中拟定采用的切要易行西法十一条中的首条，提议"以后新派总署堂官、章京、海关道员、出使大臣及随员，必选诸曾经出洋之员"[3]，期待通过游历开官智。同年底

---

[1] 张之洞：《致京许侍郎》（光绪二十六年三月初十日），苑书义、孙华峰、李秉新主编：《张之洞全集》第十册，第7923页。

[2] 张之洞：《致华盛顿伍钦差》（光绪二十五年四月十八日），同上，第7788—7789页。

[3] 张之洞：《遵旨筹议变法谨拟采用西法十一条折》（光绪二十七年六月初五日），苑书义、孙华峰、李秉新主编：《张之洞全集》第二册，第1430—1431页。

又上奏，重申变法唯有"亲到外国能知西法精意者赞助其间，随时参考谋议"[1]方有实效。然而，不谙外文的官员出洋必随带翻译才能达到预定目标，否则"瞠目泛览，仍无所得"[2]，"仅观粗浅，莫探精微"[3]。1898年他委派徐钧溥、姚锡光等前往日本考察政法海陆、农工商矿、理化电医、山林铁道测量等各种学校章程与选材授课之法，东文翻译生瞿世瑛陪同前往。

除派官员出洋，张之洞还屡次选派志定文通的学生赴英、德、日等国留学，或派工匠出洋学习、考察先进知识和技术，并酌情配置随行翻译。他对留学生无论官费还是自备资斧均予以鼓励，学成归国后经考核，学业与凭照相符者按等第授以进士、举贡出身。张之洞督鄂期间，鄂省城及其各府厅州县均先后开办中小学堂，迫切需要合格教习，同时"警察为推广新改之根基"[4]，张之洞特从两湖、经心、江汉三家书院挑选师范生30名，又从护军营挑选弁目20名，派往东京分头学习师范学和警察学，并配随行日籍东文翻译一名。1882年派翻译俞忠沅带工匠10名赴比利时学习冶炼钢铁技术。1899年湖北枪炮局选派工匠9人赴日本炮兵工科学校学习枪炮工料，同行的还有护军工程营中能识字画图之弁勇6人及自强学堂东文学生

[1] 张之洞：《胪举人才折并清单》（光绪二十七年十二月初一日），苑书义、孙华峰、李秉新主编：《张之洞全集》第二册，第1465页。

[2] 张之洞：《遵旨筹议变法谨拟采用西法十一条折》（光绪二十七年六月初五日），同上，第1431页。

[3] 张之洞：《吁请修备储才折》（光绪二十一年闰五月二十七日），同上，第999页。

[4] 张之洞：《札委双寿带同两湖等书院学生及护军营勇前赴日本学习师范、警察各学》（光绪二十八年五月初一日），苑书义、孙华峰、李秉新主编：《张之洞全集》第六册，第4195页。

5人[1]。张之洞视练兵为"身心性命之学"[2]，认为"讲武练兵为自强第一要政"[3]，因此积极推进军制改革。1901年日本举行陆军大操，特派总理湖北全省营务处三品衔湖北候补道朱滋泽率11名将弁赴日本阅操，观摩学习日本陆军"行军布阵、分合进退攻守之法及测量绘图、经理辎重转运、沟垒工程一切动作之方"[4]，并考察和记载日本政治、学校、营伍、工厂要务，以供回鄂后采择，张之洞特饬浙江试用县丞汪树壁为随行东文翻译官，以资传译记载之需。

出洋经历与外语能力也是张之洞举荐人才的重要标准。他胪举的12名新政人才中李盛铎、伍廷芳、汪凤藻、胡惟德等均出使外洋多年，深通洋文和多国政治法律之学。1902年他在调署两江总督期间上折，保荐李维格、王诔霓、邹代钧、左全孝等品端志远、学有专长且曾出使或游历外洋者为经济特科人才。

（三）译官报

除广罗书籍翻译，张之洞还大力赞助报纸编译，其动机有三：其一，西洋报纸关于其内政、外交、实业、军事、学术等的报道及时而广博，"东西洋各国之爱恶攻取、深谋诡计，一一

---

[1] 张之洞：《札枪炮局等挑选学生弁勇工匠赴东洋学习枪炮工料》（光绪二十五年五月十六日），苑书义、孙华峰、李秉新主编：《张之洞全集》第五册，第3829页。

[2] 张之洞：《致武昌梁署盐道》（光绪二十九年六月初六日），苑书义、孙华峰、李秉新主编：《张之洞全集》第十一册，第9076页。

[3] 张之洞：《札派朱滋泽等赴日本阅操并咨会出使日本大臣》（光绪二十七年八月二十九日），苑书义、孙华峰、李秉新主编：《张之洞全集》第六册，第4137页。

[4] 同上。

宣之简牍"，可使中方获得军事和政治情报，据此制订预防之策；其二，报纸编译让国内民众足不出户而知时事，通民情，"知内弊而速去，知外患而豫防"[1]，益智愈愚，具有突出的宣传与教化功能，对中国自强不无裨益；其三，在保守的政治和文化氛围中，"大抵一国之利害安危，本国之人蔽于习俗，必不能尽知之，即知之亦不敢尽言之，惟出之邻国，又出之至强之国，故昌言而无忌"[2]。在张之洞看来，编译报纸是在谈论他国事务，无关本国政治，译而不作则政治风险小。他督鄂期间积极投入官报的创办与发行，湖北共创办报刊54种，在武汉发行的报纸杂志就有21种[3]。张之洞意识到中国历来以农立国，而西洋以商立国，以兵卫商，在其治政理念中，"农为本富，商为末富"[4]，内政应以农业为体，涉外以商业为体。有鉴于此，他督鄂期间着手创办农报和商报，译介西方农情农学与商情商学。

戊戌政变后清政府禁止各类学会并查封报馆，上海《农学报》因此陷入经济困顿。张之洞听闻后致电罗振玉和蒋黼，建议将该报移馆湖北，并入农务局，只在上海设分局料理译绘，所有经费盈亏由湖北负责。他饬令从该年闰十月份起每月由农务局拨发译印与一切杂费550金。该报自1897年4月首刊至1905年12月停刊，历时八年半，总计出刊315期，除拥有王国维、陈寿彭、沈纮、樊炳清、林壬、罗振常、朱树人、周家

---

[1] 张之洞：《劝学篇·序》，苑书义、孙华峰、李秉新主编：《张之洞全集》第十二册，第9705、9745页。

[2] 张之洞：《劝学篇·阅报第六》，同上，第9746页。

[3] 周光明、邹文平：《论张之洞与近代报刊》，《武汉大学学报（人文科学版）》2007年第5期，第717页。

[4] 张之洞：《札委汪凤瀛偕农学洋教习赴大冶等处查看农务》（光绪二十三年九月二十日），苑书义、孙华峰、李秉新主编：《张之洞全集》第五册，第3521页。

树、陶昌善、刘大猷等中国译者外，还聘请了藤田丰八、川濑仪太郎、古城贞吉、山本宪、山本正义、吉田森太郎、井原鹤太郎、卫理（口译）、田谷九桥、镰田衡、米良文太郎、桥本海关、森要太郎、中岛端等外国译者，传播果谷茶林、棉蚕禽畜、农田水利等农学新理新法。

1898年张之洞遵旨在汉口设立商务局，旨在启发商智，联络商情，并安排创办商报的经费来源及编译内容，规定商报除报道沿江沿海各口岸及鄂省及其邻省物产、货物市价与销路外，尚需"译各洋报所载商务，并译东、西洋各书之有关商务者，分期出报"[1]。1899年4月30日，张之洞创办的《湖北商务报》正式发刊，陈衍为主编，为国内最早的商务官报，以"开商智，振商务"为主旨，除摘录介绍各国商业的知识、通论和交涉案件外，还在"译西报"和"译东报"两个栏目编译《字林西报》《华英捷报》《中外商业日报》《大坂朝日新闻》等外报关于世界商情的报道，选译各国商学和商律书籍，包括连载陈衍与河濑仪太郎翻译的一系列商业和经济类书籍，并要求各道府州县及各省购阅该报。1903年2月12日，在张之洞赞助下，湖北学务处创办《湖北学报》，设教育学、史学、地学、外交学等栏目，基本登载翻译自日本和俄国的论著。

（四）维国权

在对外交往过程中，张之洞常督促译员或借助条约译文切

---

[1] 张之洞：《札商务局商报经费在牙厘局行捐项下开支》（光绪二十四年八月初九日），苑书义、孙华峰、李秉新主编：《张之洞全集》第五册，第3660页。

实维护国家商权与路权。

　　1887到1888年接连有英商轮船擅入内地，被广东海关拿获，按照规约均应充公。英领事偏袒不服，称均为游船，不涉及买卖。张之洞查阅汉文条约，发现第四十七款为："英商船只如到别处沿海地方私做买卖，即将船货一并入官。"随后又查其洋文译文为："英商船只除已准通商口岸之外，不得违例到中国别处口岸，亦不得在沿海地方私做买卖，违者船货一并入官。"根据条约第五十款规定"汉英文不符，以英文作为正义"，既然英方船只贴有招牌字启，且已载客并收取银钱，实为商船证据确凿，按照英文规定，船只货品当一并入官充公，以做效尤[1]。

　　1896年7月，日本领事通过翻译柯鸿年连续催促在湖北沙市开设海关，以便其进出口货物通商，并以《马关条约》施压。张之洞亦通过翻译回复，坚持先定地界、章程，并称依据《马关条约》条款，在此之前日方往来货物须照六口章程起卸，在沪、汉关纳税。在此过程中，翻译柯鸿年表现不卑不亢[2]。

　　1895年日本领事到苏州商议开埠各事，江海关税司受命与日本人珍田商谈，后禀告张之洞"东洋翻译人极狡诈，传语任意捏造"[3]，力请派刘庆汾为译员。张之洞获悉，旋即饬令"于东洋文翻译最熟，人亦明白可用"[4]的刘庆汾赴任，并叮嘱杭

[1]　张之洞:《致总署》(光绪十四年十一月初二日)，苑书义、孙华峰、李秉新主编:《张之洞全集》第七册，第5308—5309页。

[2]　相关记载见张之洞和地方官员的通信(苑书义、孙华峰、李秉新主编:《张之洞全集》第九册，第7026—7027页)。

[3]　张之洞:《致苏州赵抚台、陆道台等、刘守，上海黄道台》(光绪二十一年十月初五日)，苑书义、孙华峰、李秉新主编:《张之洞全集》第八册，第6724页。

[4]　张之洞:《致苏州赵抚台》(光绪二十一年八月十五日)，同上，第6650页。

州抚台"倭领极狡，万不宜轻许。通商场地应我择定给予，不能听其自便"[1]。1897年张之洞奉旨修筑卢汉铁路，在修筑汉口长江码头至黄河南岸段期间，委派精通英语的江苏候补知县沈翊清任翻译，陪同洋工程师沿途查勘并指引照料[2]。1904年得知承办粤汉铁路的美国合兴公司擅自毁约后，他将公司底股三分之二出售给比利时万国东方公司，并以大清与美国合兴公司议订售路合同的汉语译文为依据，证明美国公司已违约，据此电促督办铁路总公司大臣盛宣怀废除合同，维护国家筑路权。鉴于比利时与法国相通，京汉铁路已由比、法两国合办，为避免中国南北两条铁路干线全部被这两国掌控，张之洞全力支持粤湘鄂三省绅商收回修路权[3]。

（五）订律法

张之洞赞助律法翻译出自中外交涉过程中维护国家权益的需要。早在督粤期间，他就在广州设洋务处，收集《万国公法》《星轺指掌》等有关国际公法和条约的书籍，要求地方官员研习，以提高其办理交涉案件的能力。张之洞认为劝商之要有三端：译商律、自治与出洋游历[4]。他认为西方国家以商战立国，

[1] 张之洞：《致杭州廖抚台》，光绪二十一年十月初十日，苑书义、孙华峰、李秉新主编《张之洞全集》第九册，第6726页。

[2] 张之洞：《咨直隶督院送会稿并札张延鸿等查勘汉口至黄河南岸铁路》（光绪二十三年正月初七日），苑书义、孙华峰、李秉新主编《张之洞全集》第五册，第3342页。

[3] 张之洞：《收回粤汉铁路沥陈办理情形折并清单》（光绪三十一年十二月二十七日），苑书义、孙华峰、李秉新主编《张之洞全集》第三册，第1689页。

[4] 张之洞：《劝学篇·农工商学第九》，苑书义、孙华峰、李秉新主编《张之洞全集》第十二册，第9756—9757页。

商律精密，官民皆严守，所以集股较易，而中国历来重农轻商，商律阙如，加之担心受骗后难以追究，因此畏惧集股，对外贸易中仅有小宗零售，华股多依附洋商，遇上华洋商务诉讼，领事常任意勒索或恶意偏袒洋商，为保障华商经济权益，急需制订商律。为此，他奏请由译署电函各国驻使，聘请各国著名律师来华任律法教习，博采各国矿律、路律、商律、交涉刑律书籍，并挑选官员及进士、举人、贡生充当法律学堂学生，帮助洋教习翻译缮写上述律法。他将译才分为数等，认为"能译各门学问之书，及重要公牍、律法深意者"方为"上等"之才[1]。

在制定律法过程中，张之洞尤为注重矿律。在他督鄂期间，开矿已成为富国利民之要图，湘鄂两地商民集资开矿渐多，矿案增加。在资金与技术短缺的情况下，中方只能与西人合股开矿。而列强对中国矿产觊觎已久，在强迫中国签订的一系列条约中皆有干预矿务、特款索矿之条款。在此情势下，若不再新订矿章，对内无从处理矿物纠纷，对外则难以阻断欲侵渔我矿利者枝节横生。按照《中英续议通商行船条约》第九款之规定，张之洞奉旨于1903年1月电告出使英、日、美、德、俄、法六国的大臣将各国现行矿务章程购买、翻译与邮寄。他还在上海设编译局，延骋华洋译员摘译英、法、美、德、奥、比利时、西班牙等国矿务章程九册。1903年冬，张之洞将矿律送外务部并转精通西律的商部左侍郎伍廷芳参酌审订。1904年11月，伍廷芳将拟订的矿章稿本寄回湖北，张之洞读后觉得稍显简略，且其中所定矿地界限限制太宽，遂交由英国矿师

---

[1] 张之洞：《劝学篇·广译第五》，苑书义、孙华峰、李秉新主编：《张之洞全集》第十二册，第9744页。

布卢特重加增订，并提供自己收集到的各国矿章原本八册供参考。1905年初，收到布卢特拟订的矿章后，张之洞又咨询多名曾游学日本法政科的毕业生，并派译员详细参校《日本法规大全》内的《矿务条例》，他再本着轻利重权、利宽法严的原则，反复斟酌各款中与中国情形稍有不宜者，一切旨在"防流弊而保利权"[1]，最终纂成《中国矿务正章》七十四款，《中国矿务附章》七十三条，于1905年12月24日呈送外务部和商部。张之洞于1905年至1907年间屡次奏请早日拟订矿务章程，以保障"华民生计、中国主权、地方治理"[2]，防止列强的"意外要挟渎扰"[3]。在其不断敦促下，清廷于1907年9月20日正式颁布《大清矿务正章》。

四、择当译之本

清朝学者认为明朝理学空谈心性，失却儒学之经世功能，这是导致其灭亡的学术和思想原因。因此清儒无论古文经学者抑或今文经学者，均推崇"经世致用"，张之洞亦不免凡事讲求务实切用，认为一切学问"要其终也，归于有用"[4]。他认为

---

[1] 张之洞：《致轮墩张钦差、东京蔡钦差、华盛顿代办钦差沈、柏林荫钦差、圣彼得堡胡钦差、巴黎孙钦差》（光绪二十八年十二月二十八日），苑书义、孙华峰、李秉新主编：《张之洞全集》第十一册，第8993页。

[2] 张之洞：《进呈拟定矿务章程折》（光绪三十一年十一月二十八日），苑书义、孙华峰、李秉新主编：《张之洞全集》第三册，第1687页。

[3] 张之洞：《请早定矿务章程折》（光绪三十三年五月二十一日），同上，第1762页。

[4] 张之洞：《创建尊经书记》（光绪二年十一月），苑书义、孙华峰、李秉新主编：《张之洞全集》第十二册，第10076页。

《四库全书》汗牛充栋，不可穷尽，1875年任四川学政期间编《书目答问》，阐释了其精当实用的选录标准：

> 经部举学有家法、实事求是者，史部举义例雅饬、考证详核者，子部举近古及有实用者，集部举最著者。[1]

另一方面，鸦片战争后中国被逐步卷入世界资本主义市场体系。张之洞对于时局反应敏锐，开始兴办实业，致力于经济结构重组，实现从封建自然小农经济向工业文明与现代商品经济过渡。因此，对于翻译何种类型文本，他意向明确，多次在奏章和信函中予以阐释，并随着世界形势的变化而积极调整。与其他洋务官员一样，他以一种实用主义态度，倡导优先翻译最能缓解大清民族危机和军事危机的异域文本。1884年抚晋期间，他与英国传教士李提摩太交往，开始对商务、军事、律法等西技西艺产生兴趣：

> 查中外交涉事宜，以商务为体，以兵战为用，以条约为章程，以周知各国物产、商情、疆域、政令、学术、关械、公法，律例为根柢，以通晓各国语言文字为入门。[2]

1891年10月3日，张之洞致电驻俄公使许景澄，请求协

---

[1] 张之洞：《〈书目答问〉略例》（光绪元年九月），苑书义、孙华峰、李秉新主编：《张之洞全集》第十二册，第9824页。

[2] 张之洞：《延访洋务人才启》（光绪十年四月初一），苑书义、孙华峰、李秉新主编：《张之洞全集》第四册，第2400页。

助译书："有切要而力能译者，即就使馆觅通人译之，需费照汇，不拘几种皆可，惟期宜速成。"[1]1892年1月3日又致电，将"切要"之书具体化为"疆域、官制、学校、工作、商务、赋税、国用、军实、刑律、邦交、教派、礼俗十二门"[2]。此时张之洞有兴趣的是译介地理、内政、工艺、教育、经济、军事、法律、外交、宗教领域的书，范围较广。

甲午之战后，严复、梁启超等一批启蒙译者掀起开民智、新民德、鼓民力的国民性思潮。张之洞虽是统治阶层代表，也认识到当时中国四民社会农工商均无学，只有"士"具备学问，但仅专攻文学。他承认，数百年来洋工匠掌握专门之学，而中国工匠多目不识丁、墨守成规，甚至丢失前人真传精意，以致民智不开，洋人机器与制造远超中国，洋货占据了土货市场[3]。为缩小中西智力资源的差异，1896年2月1日张之洞上《创设储才学堂折》，提出中国应效法西洋，万事皆具学问，大力发展"专门之学"，培养"专门之材"，并在同年8月奉旨在南京正式创立储才学堂，将学堂所授课程设定为涉及国计民生的交涉（含律例、赋税、舆图、翻书）、农政（含种植、水利、畜牧、农器）、工艺（化学、汽机、矿务、工程）和商务（各国好尚、中国土货、钱币轻重、各国货物衰旺）共计四纲十六目，其中律例和农政教习求诸法德两国，工艺和商务教习求诸英德两国[4]。

---

[1] 张之洞：《致俄京许钦差》（光绪十七年九月初一），苑书义、孙华峰、李秉新主编：《张之洞全集》第七册，第5614页。

[2] 张之洞：《致俄京许钦差》（光绪十七年十二月初四），同上，第5659页。

[3] 张之洞：《札发招考工艺学生告示章程》（光绪二十四年十一月二十一日），苑书义、孙华峰、李秉新主编：《张之洞全集》第五册，第3725页。

[4] 张之洞：《创设储才学堂折》（光绪二十一年十二月十八日），苑书义、孙华峰、李秉新主编：《张之洞全集》第二册，第1082页。

在同文馆和上海广方言馆分别将外交法律和军事科技类文本大量译介的情况下，针对商战救国、铁路发展的新局面，他在1896年8月6日饬令蔡锡勇等改定自强学堂章程，将国外关于商务和铁路的法律章程纳入自强学堂译书范围：

> 方今商务日兴，铁路将开，则商务律、铁路律等类，亦宜逐渐译出，以资参考。其他专门之学，如种植、畜牧等利用厚生之书，以及西国治国养民之术，由贫而富、由弱而强之陈迹，何一非有志安攘者，所宜讲求，亦应延聘通晓华语之西士一二人，口译各书而以华人为之笔述，刊布流传，为未通洋文者，收集思广益之效。[1]

可见，张之洞不仅密切关注新兴的工商业，同时立足中国传统经济支柱，将有关"种植、畜牧"等的农书视为"治国养民之术""安攘"之本，为译介的必备项；"为未通洋文者，收集思广益之效"说明其赞助译书的目的不再局限于开官智与绅智，而是更广范围的民智。《劝学篇·外篇》首篇即为《益智第一》，阐述了提升民智的重要性，同时驳斥中国历代帝王愚民之说，以缓解官民之间的矛盾。

1908年6月18日，张之洞再次致电时任德国公使许景澄，请代译洋书：

> 现拟译西书切要数种，以示书院、官民广学识。
> 壬甲丙三次铁路会书祈访寄。

---

[1] 张之洞：《札蔡锡勇等改定自强学堂章程》（光绪二十二年六月二十七日），苑书义、孙华峰、李秉新主编：《张之洞全集》第五册，第3291页。

又，如水师专报及陆军农务、商务、矿务暨地学、天文会之切近者，均祈按次寄。其他切中国实用者，不拘何门请裁酌饬金楷理选购备译。此目前极紧要事，拟将陆续寄到者随时刊布，有一卷即译一卷，译一卷即刊一卷。[1]

这一次张之洞明确以"切要""实用"为选择译书的原则，目标群体标明为学生与"官民"，随着中国铁路修筑和采矿业的迅速发展，相关讯息和书籍成为新的"切要"翻译选材。

1905年1月11日，张之洞为自强学堂撰《学堂歌》，其中第五段曰：

学英文，用处广，英国商务遍华洋。
学日文，近我邦，转译西书供采访。
学法文，各国尚，条约公牍须磋商。
学德文，武备详，专门字义皆确当。
学俄文，交界长，教习虽难也须讲。
腊丁文，古义藏，随意学习不勉强。[2]

歌词大致总结他赞助翻译西学时侧重的语种和题材，显示了其对各国文化优长的清晰认识：从英国引进商学，从法国引进外交知识，从德国引进军事科技，从日文转译西学，鉴于中俄接壤，为防强邻也需留意，拉丁文曾是西方通用语言，但

[1] 张之洞：《致柏林许钦差》（光绪二十三年五月二十二日），苑书义、孙华峰、李秉新主编：《张之洞全集》第九册，第7332页。

[2] 张之洞：《札学务处发学歌、军歌》（光绪三十年十二月初六日），苑书义、孙华峰、李秉新主编：《张之洞全集》第六册，第4262页。

远离时局，故无迫切需要。

张之洞赞助译书译报，虽题材广泛，但整体呈现出两个特点。

第一，详于译介西艺西技而略于西政。1896年刑部左侍郎李端棻上《请推广学校以励人才折》，指出制造局、同文馆所译之书"详于术艺，而略于政事，于彼中治国之本末、时局之变迁，言之未尽"，奏请在京师设译书馆，以兴学养才，广译"西书之言政治者、论时局者"[1]。对此，张之洞提出异议，称对西人报例"时务之报译者尚多，艺学之报译者寥寥，而为用甚广"[2]，主张学堂应多选译艺学之报，以传播新知。他声称"大抵救时之计、谋国之方，政尤急于艺"[3]，"择西学之可以补吾阙者用之、西政之可以起吾疾者取之"[4]；1901年筹议新政时又称"今日欲采取各国之法，自宜多译外国政术学术之书"[5]，似乎在强调译介西政之重要与急迫，然而他赞助译介的西政仅限于实用性较强的矿律、路律、商律、交涉、刑律等具体法规，丝毫不会触及清王朝的根本政治制度。在他看来，"古来世运之明晦、人才之盛衰，其表在政，其里在学"[6]，认为自强归根结底应借引进西学发力，"在张之洞文化思想'开新'

---

[1] 转引自苑书义、孙华峰、李秉新主编：《张之洞全集》第五册，第3324页。

[2] 张之洞：《咨北抚院总署咨议覆李瑞棻奏〈请推广学校以励人才折〉》（光绪二十二年七月二十六日），苑书义、孙华峰、李秉新主编：《张之洞全集》第五册，第3320页。

[3] 张之洞：《劝学篇·外篇·设学第三》，苑书义、孙华峰、李秉新主编：《张之洞全集》第十二册，第9740页。

[4] 张之洞：《劝学篇·内篇·循序第七》，同上，第9725页。

[5] 张之洞：《遵旨筹议变法谨拟采用西法十一条折》（光绪二十七年六月初五日），苑书义、孙华峰、李秉新主编：《张之洞全集》第二册，第1449页。

[6] 张之洞：《劝学篇·序》，苑书义、孙华峰、李秉新主编：《张之洞全集》第十二册，第9704页。

与'卫道'的二重变奏中，'卫道'自始至终是高声部、主旋律。"[1] 他重视武备、农工商矿、教材和律例等实用文本的翻译，究其原因，一是为了维护晚清政局和纲常名教，避免引入西政过程中出现触及大清专制体制与核心文化观念的政治风险；二是基于其一贯的古文经学、反对空谈心性的学术立场。

第二，建立农工商兼顾的翻译选材体系。他常将三者或其中两者相提并论，阐述其内在的相互促进、相互牵制的关系：

> 富国之本，耕农与工艺并重。……劝农惠工，并为养民根本。[2]
>
> 工者，农、商之枢纽也。内兴农利，外增商业，皆非工不为功。
>
> ……
>
> 商学之要如何？曰：通工艺。……外国工、商两业相因而成，工有成器，然后商有贩运，是工为体、商为用也，此易知者也。其精于商术者，则商先谋之，工后作之，……商为主，工为使也，此罕知者也。[3]
>
> 富国之道不外农、工、商三事，而农务尤为中国之根本。[4]

---

[1] 冯天瑜：《张之洞评传》，第355页。

[2] 张之洞：《札发农务、工艺学堂学生报名听候定期开学告示》（光绪二十四年闰三月十六日），苑书义、孙华峰、李秉新主编：《张之洞全集》第五册，第3605—3606页。

[3] 张之洞：《劝学篇·农工商学第九》，苑书义、孙华峰、李秉新主编：《张之洞全集》第十二册，第9756页。

[4] 张之洞：《设立农务工艺学堂暨劝工劝商公所折》（光绪二十四年三月二十六日），苑书义、孙华峰、李秉新主编：《张之洞全集》第二册，第1285页。

利民之事以农为本，以工为用，中国养民急务无过于此。[1]

实业学，农工商，谋生有术国力强。[2]

今日中国救贫之计，惟有振兴农工商实业，劝导民间仿用机器制造，以外塞漏卮，内开民智，尚是一线生机。[3]

张之洞在鄂期间坐言起行，广种植、兴制造、办实业，逐渐形成了一个农工商矿一体化的"超越中古的产业结构观与产业功能观"[4]，力促各业协同发展，以开风气、广利源、惠养民生。清末官方输送的出洋学生，多集中在海陆武备与语言文字两个领域，其他专业鲜有涉及。张之洞明察于此，除派送学生入武备学堂深造，又分批次派送学生赴日本农、工、商、矿等学堂学习，学成归国后入各类学堂，培养实业人才，张之洞视之为"强本利用之根基"[5]。他在湖北各学堂指派华洋教习择要编译兵书和农书，以资广益，重视商报、农报等实业报纸编译。

在农工商三者中，张之洞坚持以农为本，重视开农智、尽

[1] 张之洞：《筹定学堂规模次第兴办折》（光绪二十八年十月初一日），苑书义、孙华峰、李秉新主编：《张之洞全集》第二册，第1493页。

[2] 张之洞：《学堂歌》（光绪三十年十二月初六日），苑书义、孙华峰、李秉新主编：《张之洞全集》第六册，第4262页。

[3] 张之洞：《致瞿子玖》（光绪二十九年闰五月二十七日），苑书义、孙华峰、李秉新主编：《张之洞全集》第十二册，第10285—10286页。

[4] 何晓明：《张之洞经济思想论析》，《中国社会经济史研究》1994年第3期，第79页。

[5] 张之洞：《遵旨覆陈折》（光绪二十五年九月十一日），苑书义、孙华峰、李秉新主编：《张之洞全集》第五册，第3912页。

地利。为此，他在武昌创设湖北农务学堂，聘请美国农学教习讲授种植畜牧之法，委任汪凤瀛偕洋教习赴大冶等处查看农务，后任命其为农务学堂坐办。同时，积极购买美国棉花等国外优质农业品种在湖北试种，试行新的农业器械和耕作法。1896年，得知国际农学会在柏林召开，立即致电驻德大使许景澄，请其搜集有关农业资料并选购适宜中国的农书寄回湖北翻译。他还要求湖北农务局将翻译出的关于新式耕作法、农具制造与使用、优良农作物品种等的材料汇编成册，在全省推广[1]。

五、定公译之例

Gideon Toury 将翻译规范分为"译前规范"（preliminary norms）和"操作规范"（operational norms）："译前规范"包括翻译政策（决定特定时空背景下对待译文本的选择）和翻译的直接程度（直译还是转译）；"操作规范"指在翻译过程中影响译者做出抉择的因素，体现为译者使用的翻译策略[2]。张之洞作为清末官方翻译重要赞助人，立足当时中国外语水平状况，制定了一系列翻译规范，主要包括翻译方式、译文质量审订及译文语言风格，力图既能通过翻译快速实现自强，又不至于在引入异域文化资源过程中危及大清的统治根本。

---

[1]　时赟、杨小朋、李爱民：《张之洞农业教育思想与实践》，《河北师范大学学报（教育科学版）》2011年第11期，第57页。

[2]　Gideon Toury, *Descriptive Translation Studies and Beyond*, Shanghai：Shanghai Foreign Language Education Press, 2001. pp.82—85.

（一）倡导翻译东文为主

不同于曾国藩、李鸿章等赞助翻译西文西籍办洋务，戊戌变法前后张之洞提倡翻译东文东籍或经东文转译西学，这一主张基于多种原因。

首先，张之洞通过比较外语学习的耗时长短与难易程度，提出东文速成论：

> 各种西学书之要者，日本皆已译之，我取径于东洋，力省效速，则东文之用多。
>
> ……
>
> 学西文者效迟而用博，为少年未仕者计也。译西书者功近而效速，为中年已仕者计也。若学东洋文、译东洋书，则速而又速者也。是故从洋师不如通洋文，译西书不如译东书。[1]
>
> 东瀛风土文字皆与中国相近，华人侨寓者亦多，翻译易得，便于游览询问，受益较速，回华较早。[2]

张之洞认为，中日为邻国，收集翻译资料较容易，咨询与反馈便捷，留学还可省资费；两国同文同种同教，具有语言亲缘关系和文化共通性，国情民风接近，因此学日文、师法东学或经由日文转译西学较之学西文、直译西籍省时省力，收效

---

[1] 张之洞:《劝学篇·广译第五》，苑书义、孙华峰、李秉新主编:《张之洞全集》第十二册，第9744—9745页。

[2] 张之洞:《遵旨筹议变法谨拟采用西法十一条折》（光绪二十七年六月初五日），苑书义、孙华峰、李秉新主编:《张之洞全集》第二册，第1431页。

神速。这种以东学为主要新知来源的观点在甲午之后的知识分子中较为普遍，如梁启超在《大同译书局叙例》宣称该局译书"以东文为主，而辅以西文"[1]。

需要指出的是，东文速成论背后暗含翻译消亡论。张之洞认为，译本较之原本终究有遗失或偏离，只要具备外语能力，掌握西学毫不困难，因此翻译只是外语未普及、外语人才缺乏时的权宜之计，是手段而不是目的，培养外语人才的最终目的是要消灭翻译。1903年初，他在论及三江师范学堂培训教员之法时称"练习华洋教习语言文字一节，最为开学要诀"[2]。由于当时尚未正式招生，所谓"开学"便是中日教习"互换知识"，相互提高。他希望日本教习向中国教习学习汉语及经学，而中国教习向日本教习学习日语与理化、图画学。他憧憬着一年期满后，日本教习可用华语授业解惑，"再招学生而教之，不烦翻译，事半功倍"[3]，"不必尽借翻译传达，可免虚费时刻，误会语气诸弊，收效尤速"[4]。然而，一年之后两国教习能熟通对方语言而不借助翻译的构想并没有实现：一方面，传统知识和思想需要重新语境化才能充分焕发生命力，"年轻的现代日本人，拒绝坐下来谈论过时的儒家和中国圣贤"[5]；另

[1]　梁启超:《大同译书局叙例》,《饮冰室合集·文集之二》,上海：中华书局，1936年，第58页。

[2]　张之洞:《致苏州恩抚台、陆番藩台》(光绪二十九年正月初五日),苑书义、孙华峰、李秉新主编:《张之洞全集》第十一册，第8999页。

[3]　同上。

[4]　张之洞:《创建三江师范学堂折》(光绪二十九年正月初八日),苑书义、孙华峰、李秉新主编:《张之洞全集》第三册，第1528页。

[5]　［美］任达著，李仲贤译:《新政革命与日本——中国，1898—1912》,南京：江苏人民出版社，2010年，第95页。

一方面，他低估了外语学习的难度和时长，语言速成论脱离了语言习得的客观规律。尽管如此，借助翻译并最终跨越、消解翻译是他翻译赞助思想的独特处之一。

其次，日本在译介西学过程中已经做了本土化处理和政治过滤。张之洞认为，西书繁多，日本在翻译过程中已经结合国情做了筛选：

> 凡西学不切要者，东人已删节而酌改之。中东情势风俗相似，易仿形，事半功倍，无过于此。[1]
>
> 日本诸事虽仿西法，然多有参酌本国情形，斟酌改易者，亦有熟察近日利病删减变通者，与中国采用尤为相宜。[2]

张之洞认为，俄国采纳和翻译法国含有民主思想的教材，导致学生屡次滋事，日本为避免重蹈覆辙，仅翻译了西方自然科学等切要书籍，凡外来文本中有涉及宗教伦常等具有颠覆性潜能者则节略筛选，既然中日两国政教相近，可效仿之。显然，张之洞不只将东文当成西学速成的工具，"更希望发挥其想象中'东文''东学'的保守因素，幻想其成为异端思想的过滤器"[3]。

第三，日方主动接洽。甲午一战证明，日本明治维新卓有成效，日本的现代化经验遂成为中国政治和思想精英学习和模仿的

---

[1] 张之洞：《劝学篇·游学第二》，苑书义、孙华峰、李秉新主编：《张之洞全集》第十二册，第9738页。

[2] 张之洞：《遵旨筹议变法谨拟采用西法十一条折》（光绪二十七年六月初五日），苑书义、孙华峰、李秉新主编：《张之洞全集》第二册，第1431页。

[3] 陆胤：《从"同文"到"国文"——戊戌前后张之洞系统对日本经验的迎拒》，《史林》2012年第6期，第121页。

对象。同时，基于"扩张乃至凌霸亚洲邻国"[1] 的野心，神尾光臣、东亚同文会等日本官方和半官方团体与个人频繁与张之洞幕府接触，畅谈兵制改革与练兵，参与中国新政。张之洞亦多次派遣鄂省官员、学生、武弁、工匠赴日学习，同时聘请日本军官和文员来鄂省学堂、工厂、军队、报馆任教习与翻译。在交流与合作过程中，日语自然成为中介语言，日汉翻译急剧增多。

（二）重视交涉之书的翻译质量

张之洞吸取了自《南京条约》签订以来外事交涉中因中方翻译缺席而造成外交被动、国权受损的历史教训：

> 中外照会、条约、合同，华洋文义不尽符合，动为所欺，贻害无底。……其于交涉之际，失机误事者多矣。[2]

由于国书、条约和章程等交涉之书事关国家主权和利益，也是处理涉外纠纷的法律依据，张之洞常亲自审核这类文书的原文与译文，阐明翻译要求，字斟句酌，再三再四，确保华文与洋文处处相符，通过忠实传译实现中外双方信息对等，维护中方各项权益，务期取益防损。

甲午战争后各国兴起瓜分中国的狂潮，对于列强欲在华扩大其租界，张之洞十分忧心，认为此将流弊丛生。1895年

---

[1] 陆胤:《从"同文"到"国文"——戊戌前后张之洞系对日本经验的迎拒》，第126页。

[2] 张之洞:《劝学篇·广译第五》，苑书义、孙华峰、李秉新主编:《张之洞全集》第十二册，第9744页。

10月22日，他在致电总署时从土地让与和司法管辖权等角度细致区分了"租界"对应的两个英文单词"concession"和"settlement"，特别提醒官方在议定商约时若要表述"租界"切勿写作"concession"，防止外方以此为借口索要土地出让。1902年8月27日，张之洞阅览《小轮章程》时发现第五节有"如有内地水道之英轮，愿将轮船转归华人公司"一语，对照英文原文后得知应为"愿转卖与中国"，他认为"归"与"卖"所指意义和情况迥异，且"转"已含"卖"之义，洋轮不卖则不能"归"，据此令将"转归"照洋文改译为"转卖与"[1]。

1903年外务部与日本内田公使议商约，张之洞担心日本译员不可信，将商约汉文及其英语、日语译文交由伍廷芳与幕僚译员梁敦彦、辜鸿铭反复校正、比对，再交外务部核示，做到有中方自己提供的原文和译文，不致仅凭日方译文。对于商约的汉语原文，张之洞反复斟酌，除北京开埠、国币、度量衡等几款外，大致与英、美两国条约相同，并将逐款措辞增删更改。汉文定稿后，他促请商约大臣与内田核办英文与日文，与英、美两国条约相同的条款则言明分别按照英、美原约翻译，若不同则由内田言明在上海翻译，彼此校对。由于日约以英约为准，因此他先派人将日语和英语版本相互核对，再将英、日译文回译，查照汉文仔细复核[2]。为防止日后争议，张之洞在第十二款特地注明："如将来汉文与日本文有参差不符，以英

---

[1] 张之洞：《致外务部，上海吕大臣、盛大臣，江宁刘制台》（光绪二十八年七月二十四日），苑书义、孙华峰、李秉新主编：《张之洞全集》第十一册，第8915页。

[2] 张之洞：《致外务部，上海吕大臣、盛大臣，天津袁宫保》（光绪二十九年八月十三日），同上，第9089—9090页；张之洞：《致商约大臣》（光绪二十九年八月初十日），苑书义、孙华峰、李秉新主编：《张之洞全集》第十二册，第10319页。

文为准。"[1] 对于第一款关于加税问题中"以抵因全行裁厘所绌之款几分，日本国政府允认"中"几分"一语，张之洞在致外务部、伍廷芳、吕景澄、盛宣怀和袁世凯的电文中反复考量与解释：首先，"几分"系从英约第八款第八节译出，英约此款对应汉文用"酌补"二字，与"几分"义同，英约原文言明加税十二五，正抵免厘几分也。其次，日约第一款有言"俟将来日本与中国共同商定加税之率"，为防止日方日后据此反悔，必须迫使日约言明税数。鉴于英约第八款第八节已言明"十二五仅抵几分"，如果英美等国抽税十二五，而日本抽十，则日后难以与各国再商议，因此敦促内田删去"几分"，"将加税十二五之意，另用照会声明"，此举遭内田拒绝。最终，经张之洞等力争，日方同意删除"几分"二字，改为"另添加税，以酌补全行裁厘所绌之款"，且"酌补"应照英约第八款第八节译为"to compensate in a measure"。此外，中方将"按照与中国有约各国共同商定加税之率"改为"按照中国与有约各国共同随定之税率"，表明日本必须遵守各国允许加收的税率，无权另议加税额度，同时也将以后议税率权掌握在中方手中。第三，日方认为"加税不足抵裁厘全数，仅抵裁厘所绌款之几分"，这里"几分"即日文"几成"之意，依据日方观点，"几分"在此证明加税不足抵免全厘，正可为下文提出中方征收出产、销场等税提供依据。商约第四款涉及中日两国国民合股经营之事，而译文传达的信息被扭曲为日本人开设公司而华人仅为附股。为维护中方投资者权益，张之洞叮嘱伍廷芳务必

---

[1] 张之洞：《致外务部，天津袁宫保，上海吕大臣、盛大臣》（光绪二十九年八月十三日），苑书义、孙华峰、李秉新主编：《张之洞全集》第十一册，第9093页。

更正。在"管辖经理"一句中，张之洞认为中文"管辖"包含中央对地方行使权力之意，不妥，断不能以"掌管""料理"翻译，而且英文"maintain"有修养之意，若用其翻译"管辖"，可能造成中方修路养桥，而日方拒纳捐税的后果。因此他建议采纳梁敦彦此前在英约中译"管辖""经理"时分别所用的词"jurisdiction"和"control"，如内田不同意，则"经理"改译为"management"[1]。

（三）提倡译文简要易晓

张之洞赞助翻译时不仅选材切济实用，紧贴国计民生，语言也要求简洁易懂，这与其偏好诚笃、厌恶浮华的文风以及兴办实业、广开民智的翻译初衷密不可分。他最不喜六朝骈体辞藻华丽，讲求句式声韵，称"以纤仄拗涩字句强凑成篇者，必黜之"[2]，又批评黄庭坚的诗句"多槎牙，吐语无平直；三反信难晓，读之鲠胸臆"[3]。1898年，张之洞写成《劝学篇》，集中阐述其教育、政治和文化思想，也是解读其翻译赞助思想的重要文献。全文共24篇：内篇9篇阐明"中学为体"，"皆求仁之事也"；而外篇15篇述说"西学为用"，"皆求智求勇之事也"，第一则即为"益智"：

自强生于力，力生于智，智生于学。

---

[1] 关于与日方签订商约过程中张之洞与相关官员就翻译与措辞展开的通信，参见苑书义、孙华峰、李秉新主编：《张之洞全集》第十一册，第9097—9111页。

[2] 张之洞：《抱冰堂弟子记》，参见《张之洞全集》第十二册，第10631页。

[3] 张之洞：《忆蜀游十一首·摩围阁》，同上，第10515页。

......

> 夫政刑兵食，国势邦交，士之智也；种宜土化，
> 农具、粪料，农之智也；机器之用，物化之学，工之
> 智也；访新地，创新货，察人国之好恶，较各国之息
> 耗，商之智也；船械营垒，测绘工程，兵之智也。此
> 教养富强之实政也，非所谓奇技淫巧也。[1]

张之洞译书投放的对象不仅有军事或知识精英，还包括一些
长期处于社会边缘的农工商兵，构成了一个完整的"五民"社会
结构，每个阶层和群落均在考量范围，其法洋学而安邦国的赞助
目的清晰可见。虑及当时社会各阶层与行业的语言和知识水平，
张之洞希望能提供给他们了解西学之机会，而只有译文让读者明
白易懂，借翻译传播西学才能收到实效。因此，在赞助翻译开启
民智的各类书籍时，张之洞秉持译笔简要易晓的原则：

> 选译农工商矿各书删繁举要，使人人易于通晓
> 也。……西书文多繁复，其不切要者，不妨篇删其句，
> 句删其字，或稍润色之，务使人人易知易行，一览了
> 然。日本人于西学书多加删节而酌改之，得其要领，
> 使适己用，应请饬下南北洋大臣、鄂省督抚、各出使
> 大臣，派员翻译有用之书，或聘高材教习，如徐建寅、
> 华蘅芳、金楷理、傅兰雅之流，择其于中国土宜物力
> 简当可行者，撷其精要，删其繁芜，圈点明白，刊刻

---

[1] 张之洞：《劝学篇·益智第一》，苑书义、孙华峰、李秉新主编：《张之洞全集》
第十二册，第9734—9735页。

颁行，使中人之资，可以家喻户晓，使农与农处，工与工处，商与商处，风气大开，惩劝互用，是与列邦之设博物院、劝工场无以异，十年之后效可睹已。[1]

1904年1月13日清廷开始实施张之洞与张百熙、荣庆共同拟订的《奏定学堂章程学务纲要》，史称"癸卯学制"，以"端正趋向，造就通才"为宗旨，张之洞办学也经历了从精英培养向国民教育和实业教育的转变。提及教科书翻译时，他认为译其大意即可，以此将通才与专才培养区分开来："专门之书，求博求精，无有底止，能者为之，不必人人为之也。学堂之书但贵举要切用，有限有程，人人能解，且限定人人必解者也。"[2] 同时，要求教科书译者"当润色之使明白条畅合于中国古今文法语气，不当用直译之本多诘曲支冗之词是也"[3]。严复同样力倡"开民智"，并呕心沥血译出八部社会科学译著，却使用雅致文言，将强国的希望最终寄托在阅读和使用雅言的文化和政治精英身上。与之相比，张之洞走出书斋，长期兴办实业与教育，跨越语言藩篱，更彻底地践行着"开民智"的初衷。

诚然，张之洞提倡译文切要简洁也是基于"开官智"所需。

---

[1] 张之洞:《咨呈总署遵旨选派学生入日本农工商等学堂肄业》（光绪二十五年十一月十二日），苑书义、孙华峰、李秉新主编:《张之洞全集》第五册，第3913—3914页。

[2] 张之洞:《劝学篇守约第八》，苑书义、孙华峰、李秉新主编:《张之洞全集》第十二册，第9727页。

[3] 张之洞:《筹定学堂规模次第兴办折》（光绪二十八年十月初一日），苑书义、孙华峰、李秉新主编:《张之洞全集》第二册，第1497页。

他认为，"今日急欲开发新知者，首在居官任事之人"[1]，这些政治和文化精英多在中年以上，事繁暇少，因此译书译报的文字排版需略大，不可密行细字，耗费其目力。出于节省官员时间成本的考虑，所译信息也应择其要者，语言俭省，他言及商约翻译时就强调"约文删繁就简，较省枝节"[2]。

六、结语

张之洞是晚清译书重要的官方赞助人。他本着"中体西用"的原则，广泛募集译员，大力赞助翻译西方和日本的实用型文本。他注重翻译实效，亲自参与翻译选材、制定翻译规范、审核译文质量，以期"师夷制夷"，推进其整军经武、劝农惠商、建厂修路、兴学储才的洋务大业，成为中国农业、工业、商业、交通、军事和教育现代化的重要推动者。

---

[1] 张之洞：《劝学篇·广译第五》，苑书义、孙华峰、李秉新主编：《张之洞全集》第十二册，第9745页。

[2] 张之洞：《致商约大臣》（光绪二十九年八月初十日），苑书义、孙华峰、李秉新主编：《张之洞全集》第十二册，第10318页。

文学翻译与跨文化研究

"创造性叛逆": 一个被误读和误译的概念

——"创造性叛逆"的历史语义和翻译文学的归属 *

范若恩 **

纵观国内过去30余年的翻译研究,法国社会学家埃斯卡皮提出的"创造性叛逆"[1]一语无疑为最具影响力的概念之一。

---

* 本文作者已经在《中国社会科学评价》2020年第1期和《人文杂志》2021年第4期分别刊载论文《从"创造性偏离"到"创作性偏离"——读译埃斯卡皮〈文学读解的关键词:创作性偏离〉杂感》和《偏离叛逆/传播传承——"创造性叛逆"的历史语义和翻译文学的归属》。特受《复旦谈译录》邀请,将两篇论文进行深度融合,从不同侧面讨论并拨正"创造性叛逆"这一译学核心概念及其重要推论。此外,埃斯卡皮专门阐述"creative treason"的"Creative Treason as a Key to Literature"一文对理解"创造性叛逆"至关重要,但其几乎不为国内学界熟知,特将其译为中文《文学读解的关键词:创作性偏离》放入附录中,供读者参阅。本文中所引埃斯卡皮的论述,如无特别提及,均出自此译文。

** 范若恩,复旦大学中文系博士,中山大学国际翻译学院副教授,研究生导师,复旦大学文学翻译研究中心兼职研究员。研究方向为比较文学、中英双语创作和翻译。发表比较文学和翻译研究核心期刊论文多篇,英语文学创作和翻译刊载在 *POUi*(2016年卷重点作家)、*Metamorphoses* 等著名期刊。

[1] 本文认为,"创造性叛逆"这一中文译名未能充分表达埃斯卡皮的"creative treason"概念的深层含义,并以"创作性偏离"代之。由于"创造性叛逆"一语已经为译学界广为接受,本文为行文方便,在导言至第二部分仍使用"创造性叛逆"指代"creative treason"。

当代中国最著名的译学理论家之一谢天振先生甚至在2019年总结其译学思想发展时反复强调埃斯卡皮的"创造性叛逆"为其译介学"理论基石"。[1]《译介学》正是从"创造性叛逆"这一概念产生"译者的创造性叛逆，译文与原文间必然存在的距离，决定了译作绝不可能等同于原作"，"（译作）具有了相对独立的价值"等一系列论述，并总结出一个对比较文学、翻译研究和文学史建构产生重要影响的推论："既然翻译文学是文学作品的一种独立的存在形式，既然它不是外国文学，那么它就应该是民族文学或国别文学的一部分。"[2]据刘小刚博士2014年统计，从21世纪开始研究者对这一概念的讨论呈逐年飞速递增之势。大量的解读、阐发和就其对翻译实践产生的客观误导性的争论，均推动了学界对这一概念的深入思考。[3]而最近五年中，随着王向远先生译文学的推出和译文学与译介学对"创造性叛逆"这一译学核心概念的商榷，它又一次走入当下国内翻译研究最前沿并激发了研究者的关注。[4]

国内译学界讨论埃斯卡皮的"创造性叛逆"时，往往集中在讨论他《文学社会学》1987年中文版（最早为1958年法文版，中文版根据1978年法文版翻译）的第七章某段：

---

[1] 谢天振：《"创造性叛逆"：本意与误释》，《中国社会科学评价》2019年第2期。亦参见谢天振：《译介学：理念创新与学术前景》，《外语学刊》2019年第4期。

[2] 谢天振：《译介学》，上海：上海外语教育出版社，1999年，第233—234、239页；亦参见谢天振：《"创造性叛逆"：本意与误释》，《中国社会科学评价》2019年第2期。

[3] 刘小刚：《翻译中的创造性叛逆与跨文化交际》，天津：南开大学出版社，2014年，第17页。

[4] 王向远：《译文学》，北京：中央编译出版社，2018年，第154—188页。

这里，的确有一种背叛的情况，但这是一种创造性的背叛。如果大家愿意接受翻译总是一种创造性的背叛这一说法的话，那么，翻译这个带刺激性的问题也许能获得解决。说翻译是背叛，那是因为它把作品置于一个完全没有预料到的参照体系里（指语言），说翻译是创造性的，那是因为它赋予作品一个崭新的面貌，使之能与更广泛的读者进行一次崭新的文学交流，还因为它不仅延长了作品的生命，而且又赋予它第二次生命。

在这段中文译文后，有一段注释为：

俄国形式主义者提出一种表面上类似的观点。鲍里斯·托马舍夫斯基于1928年写道："翻译文学应当作为每个民族文学的组成要素来研究。在法国的贝朗瑞和德国的海涅旁边，还有一个符合俄国的贝朗瑞，俄国的海涅；他们无疑跟西方的原型相距甚远。"见俄国新文学史流派主办的《斯拉夫研究评论》，1928年第8期第226—240页。这种极端的立场并不是我们的立场；我们认为：法国的贝朗瑞跟俄国的贝朗瑞共同构成一个历史的、文学的贝朗瑞，（无意识地）蕴藏在贝朗瑞的作品里。——原注 [1]

---

[1] ［法］埃斯卡皮著，王美华、于沛译：《文学社会学》，合肥：安徽文艺出版社，1987年，第137—138页。

埃斯卡皮的《文学社会学》是一本本科教材，并非专门讨论翻译。然而遗憾的是，国内各方研究似乎都仅仅止于埃斯卡皮在此书中对"创造性叛逆"一带而过的这一段话。甚至未曾有人注意埃斯卡皮在这一段话后的注释中明确反对将翻译文学纳入译入语民族文学——"这种极端的立场并不是我们的立场"，以至译介学从埃斯卡皮的"创造性叛逆"出发，认为翻译文学应是译入语民族或国别文学的一部分。

我们当然可以将埃斯卡皮的观点仅当作一家之言不予接受。翻译文学是否为译入语民族或国别文学的一部分？正方和反方均以"创造性叛逆"为基础展开。这就意味着，解答这一命题首先要对"创造性叛逆"这个根本性的概念有一个深入的认识。让人惊讶的是，几乎无人注意埃斯卡皮早在1961年专门在著名的比较文学期刊《比较和总体文学年刊》以"创造性叛逆"为主题曾撰文"Creative Treason as a Key to Literature"，系统论述过这一日后引发翻译研究界热议的重要概念。[1] 埃斯卡皮在此文中对创造性叛逆的原意似乎和国内学界普遍理解存在相当差异，而且埃斯卡皮在此又一次反对简单地将翻译文学纳入译入语民族文学：

> 某些俄苏形式主义者，如托马舍夫斯基，已经准备了解答，他们认为任何翻译都是一种全新的创作，必须被当作接受端国别文学的一部分。实际上，事情没那么简单……实际上，正如我们理解的，创作性

---

[1] Robert Escarpit, "Creative Treason as a Key to Literature", *Yearbook of Comparative and General Literature*, vol. X, 1961.

偏离（创造性叛逆）并未为作品增添什么。它只是价值的转移和诗学模式的重组。它不再是书本写就时的形态。但假定它是另外一个事物，对原初的创作而言完全异国陌生的事物，这是荒谬的……它并非一幅大手笔的雕刻，而是满足于无限的微妙变化和细微的转移，它们合力而致原作整个发生变形却保留原作的独特个性。

恰逢2019年，以谢天振教授和王向远两位教授为中心的研究者就译介学和译文学展开一系列热烈而礼貌客观的争鸣。唐人云"王谢风流满晋书"，这一系列争鸣，堪称当代王谢风流！其中的一个焦点就是"创造性叛逆"各方面的深层含义。这也无疑为本文的探索提供了一个绝佳契机——通过解读埃斯卡皮这一重要文章，并以中立立场分析探讨近年译介学和译文学就这一概念的各方面争论，我们或许会更深入地理解"创造性叛逆"的内涵和外延。

此外，令人遗憾的是，国内的讨论基本围绕着埃斯卡皮《文学社会学》1987年的中译本展开，但经过细读埃斯卡皮法文原文和英译本，《文学社会学》译本中的关键词汇存在误译，这也无形中在某种程度误导了之后的研究者对"创造性叛逆"进行片面甚至不恰当的解读和过度阐发。因此，有必要进行辨析以消其偏误。

有感于此，本文将分三部分探讨国内译学界对埃斯卡皮的误读和误译，并就已经产生的结论和影响进行分析和讨论。

一、"创造性叛逆"、"创作性偏离"、创作中的"守经达权": 从相关争鸣谈起

(一)从"创造性叛逆"到"创作性偏离"

谢天振教授和王向远教授最近就译介学和译文学的思想争鸣,就如20年前《译介学》一书横空出世一样,推动了近年略为沉静的译学界更深入思考翻译。两位教授和其他研究者们就翻译的本质等问题,对以"创造性叛逆"为代表的译学众核心概念的内涵、外延和翻译研究的路径与意义等进行了大量的探讨。可以想象,这一争鸣产生的文章雅集,必将为中国翻译研究史书写浓墨重彩的一章。毋庸讳言,双方争鸣是广泛而丰富的,本文无力一一进行思考。就双方争鸣的焦点之一——"创造性叛逆"这一译学核心概念而言,它是颇值得进一步深入探索的。但是,这样一种核心概念的探讨不仅需要我们对既有资料进行更细致入微的分析,也需要我们尽量多地占有被忽略的核心研究资料进行全面的提取。

综合而言,译介学将"创造性叛逆"视为本身的"理论基础",它直接指出其继承国内1987年出版的埃斯卡皮《文学社会学》中文版一书的第七章最后部分段落并从中生发,[1]译介学和译文学就"创造性叛逆"的争论亦围绕着这部分段落和其他章节中零散论述的解读展开。然而,埃斯卡皮并非在该书中——而是在1961年《比较和总体文学年刊》刊载的"Creative

---

[1] 谢天振:《"创造性叛逆":本意与误释——兼与王向远教授商榷》,《中国社会科学评价》2019年第2期。亦参见谢天振:《译介学:理念创新与学术前景》,《外语学刊》2019年第4期。

Treason as a Key to Literature" 一文中系统论述其 "创造性叛逆" 观；[1] 后者除系统论述 "创造性叛逆" 外，另以大篇幅探讨其与文学创作、传播、翻译和阅读的关联。早在1999年，《译介学》已经简要提及这篇论文开篇第三、四段中作者和读者心目中 "紫色" 一词唤起的视觉意象或许毫无关联这个例子，[2] 可惜并未深入其详细分析界定 "创造性叛逆" 的主体部分。[3] 而《文学社会学》由于篇幅所限和整体旨趣并非探讨 "创造性叛逆" 和翻译，相关部分只是埃斯卡皮思想的压缩和精简，中译本中甚至还存在一些翻译错误。[4] 正是压缩和精简使得后者中的论述缺乏系统连贯性，甚至某些部分语焉不详，致使国内学者在研究中不得不花一番功夫对其进行推导补充。例如，译介学对埃斯卡皮在其专著中认为 "创造性叛逆" 发生在 "语言环

[1]　Robert Escarpit, "Creative Treason as a Key to Literature," *Yearbook of Comparative and General Literature*, vol.10, 1961.

[2]　谢天振：《译介学》，第95—96页。

[3]　埃斯卡皮在此论文中的行文风格为 "先反后正"：在论述某个观点时，先举一个反例，然后对它进行否定并进而提出其正面观点。具体请参阅《文学读解的关键词：创作性偏离》。作者和读者心目中的 "紫色" 形象或许并无关联这一例子即为某个反例，因为埃斯卡皮紧接着就指出："然而，我们不应夸大这类困境的重要性。毕竟通过一番努力，调整 '群体语言' 即普遍使用的词汇去适应个体经验的需求乃文学创作的本质。" 这里对夸大认知差异的否定也是和后文中提出 "假定它（创作性偏离）是另外一个事物，对原初的创作而言完全异国陌生的事物，这是荒谬的" 以及认为创作性偏离主要并非激剧改变，"而是满足于无限的微妙变化和细微的转移，它们合力而致原作整个发生变形却保留原作的独特个性" 等论述相一致。《译介学》所提及的这个例子在埃斯卡皮论述中很难代表其 "创作性偏离" 观的主旨。此外，《译介学》提出的埃斯卡皮在此文中认为，"'叛逆' 给原作注入新的生命" 一语似乎与埃斯卡皮原本论述略为不符，埃斯卡皮认为 "叛逆" 给予作者或其作品 "new lease on life"，它为英语固定短语，意为延长其本身生命，并非让其获得新生命。

[4]　［法］埃斯卡皮著，王美华、于沛译：《文学社会学》，合肥：安徽文艺出版社，1987年。"创造性叛逆" 部分的论述中关键词存在翻译错误，夸大了 "创造性叛逆" 的意义并误导读者。详见后文。

境"颇为不满，极富洞见地提出需扩充至文化环境。[1]但埃氏在其文中主体部分就提出过包括语言、诗学、美学、政治、经济、科技背景在内的接受环境。如果当时对埃斯卡皮的专著和文章均进行充分研读，就不必花费那么多时间精力进行这样的研究。

这也导致译介学和译文学在"创造性叛逆"的内涵和外延等重大方面产生全方位争论并各执一端。然而，一旦深入阅读埃斯卡皮的论文主体部分，我们将会发现埃斯卡皮早就对"创造性叛逆"进行了富有学理的严格界定和阐述，这也将使译介学和译文学的大部分争论得以迎刃而解，而大家对"创造性叛逆"概念本身亦会有某种更全面和深刻的认识——历史条件的局限使译介学在理论基础建构和推论方面均存在着一定的先天不足，而译文学恰恰是其极为有益的补充。

译介学和译文学就"创造性叛逆"的争论，主要有以下四个方面：

1. "创造性叛逆"是否为一个具有严格学理定义的概念？

2. 是否一切误译、错译都在"创造性叛逆"的研究之中？是否存在"破坏性叛逆"？

3. 谁是"创造性叛逆"的主体？

4. "创造性叛逆"中是否存在增加价值？

这四方面其实基本涵盖了"创造性叛逆"的内涵和外延。其中，第一方面为其内涵的争论，最为重要；其他三方面为其适用性等外延的争论。客观分析这四方面的争论将有助于研究者对"创造性叛逆"产生更加全面的认识。本文将在1至4

---

[1] 谢天振：《译介学：理念创新与学术前景》，《外语学刊》2019年第4期。

方面结合埃斯卡皮的论述进行讨论。以此为基础，本文希望能进一步探讨一个更具根本性的话题：

5. 作为一个译名，"创造性叛逆"是否充分表达了"creative treason"的深层含义？它是否是一个恰当的翻译？

1. 具有严格学理定义的"创造性叛逆"

令人略为遗憾的是，虽然译介学将"创造性叛逆"视为本身理论基础，译介学和译文学尽管产生争论，但都不认为埃斯卡皮提出的"创造性叛逆"是一个有着严格定义的学术概念，仅个别译介学研究者认为"创造性叛逆""已经具备概念的雏形，只是未及展开论述"，可以"生发"。[1] 双方争论围绕着导言中提及的埃斯卡皮《文学社会学》第七章《读者》中那段话展开。

如果从《文学社会学》一书这一简单提及看，确实如此。然而，在埃斯卡皮的"Creative Treason as a Key to Literature"一文中，埃斯卡皮对"创造性叛逆"有清晰、严格、细致的学理定义。他首先追溯文学、诗学、美学等一系列概念的词源以定义何为"创作"。埃斯卡皮定义的"创作"并非广义的创作。他秉承亚里士多德《诗学》中对创作的定义，通过严格的词源探讨，认为"文学和写作不可分离"，文学分"诗学的"和"美学的"两个维度："诗学的"古希腊语词源意为"创作"，"美学的"古希腊语词源意为"感知"，作者的文学创作不可和读者对文学创作的美学感知混为一谈。文学创作的属性只能是诗学

---

[1] 刘小刚：《创造性叛逆：挪用还是生发？——与王向远教授商榷》，《中国社会科学评价》2019年第2期。

的，这就意味着"文学创作"并非创作者随心所欲的写作，而是必然以一个特定语境中的诗学模式为指导：

> 将跟艺术感知有关的称之为"美学的"完全合理；然而，当我们谈及文学创作时，我们应该更谨慎，"诗学的"一词源出古希腊语，意为创作，"诗学的"而非"美学的"，才是对应文学创作的词语。艺术家根据某种诗学模式进行创作，公众根据某种美学模式对创作进行感知。

而具体到"创造性叛逆"，埃斯卡皮专门强调：

> 我们称它（创造性叛逆）为创作性的，并非因为它以新作取代旧作，而是因为它是一个连续不绝的创作过程中的一环。

可见，"创造性叛逆"可以归为埃斯卡皮定义的"创作"一类，它的特殊性在于脱离原有语境而遵循另一语境中的诗学模式进行创作。换言之，正如埃斯卡皮反复提及：一个文本在某个语境中诞生，一旦读者开始在另一个时空或文化语境阅读它，"后者的诗学和前者的美学之间的分歧此时难以克服，理解或感知或许最终和原先的意图无任何关联"。这个时候，"创造性叛逆"就会发生，"任何书本不被故意改编以适应新环境的美学的话，人们都很难期待它们能向之后时代的和原初环境、社会共同体和国家之外的读者传递作者的意义"；或者，"于是乎，唯一的解决出路就是故意错误地理解那本书，也就是说，用一种作者做梦都没有想过的方式使用它"。可见：

（1）"创造性叛逆"为明知原意为何而对原文故意进行的误读；

（2）它依然是某种"创作"，它必然遵循另一个语境中的诗学模式；

（3）它的目的是为使文本被另一个语境中的读者接受，必然有意识地适应那个语境中的读者的美学感知。

就内涵而言，"创造性叛逆"是一个具有严格学理脉络的概念，它并非一个"别无深意"或者"可以生发"的概念。理解这一概念，对于探讨后面的"创造性叛逆"的外延争论有着根本性意义。

2. "创造性叛逆"和"破坏性叛逆"："创造性叛逆"的适用范围

在其适用范围方面，《译介学》将"创造性叛逆"分为"有意识的创造性叛逆"和"无意识的创造性叛逆"，进而认为"创造性叛逆"既包括"绝妙佳译"，又包括"误译、错译、漏译、节译、编译乃至胡译乱译"：

> "创造性叛逆"一语是英文术语 creative treason 的迻译，它是个中性词，是对译文与原文之间必然存在的某种"背离""偏离"现象的一个客观描述。这种"背离""偏离"的结果有可能表现为"绝妙佳译"，如"可口可乐"的翻译以及诸多优秀的译作就是如此；但也可能表现为误译、错译、漏译、节译、编译乃至胡译乱译。甚至还有一些现象，如我在《译介学》中

提到的把某吉普车的牌子"钢星"译成英语中的"Gang Star"、把某电池的牌子"白象"翻译成英语"White Elephant"，它们倒也不是什么胡译乱译，但其翻译的结果造成事与愿违，像这样的现象也属于"创造性叛逆"。[1]

而译文学认为"创造性叛逆"存在其反面"破坏性叛逆"，即"消极面或负面"。并非所有叛逆都存在创造性，某些叛逆会带给原作破坏性。它尤其反对将误译归为"创造性叛逆"，认为其属于"破坏性叛逆"：

> 在"破坏性叛逆"中，"误译"是最常见的。然而"叛逆派"的一些论者却明确地将"误译"列入了"创造性叛逆的形式"，从论述到举出的例子，都无视"误译"的"破坏性"。实际上，误译，无论是自觉的误译还是不自觉的误译，是有意识地误译还是无意识的误译，对原作而言，都构成了损伤、扭曲、变形，属"破坏性的叛逆"。诚然，正如叛逆派的一些论者所言，误译，特别是有意识的误译，有时候会造成出乎意外的创造性的效果，其接受美学上的效果也是正面的。但是，这种情况多是偶然的，是很有限度的。事实上，误译在大多数情况下，是由译者的水平不足、用心不够造成的……不能将出于无知、疏忽等翻译水

---

[1] 谢天振：《"创造性叛逆"：本意与误释——兼与王向远教授商榷》，《中国社会科学评价》2019年第2期。

平与翻译态度上引发的误译，称之为"创造性叛逆"。[1]

张载认为："有象斯有对，对必反其为。"依此来看，存在"创造性叛逆"，当然就存在"非创造性叛逆"或者"破坏性叛逆"。译介学认为，无论有意识和无意识的叛逆都是"创造性叛逆"，或者绝妙翻译和各种编译乃至误译都是"创造性叛逆"。这无疑将一切叛逆均认为是"创造性叛逆"，在逻辑上是行不通的。先不进行纯形而上的推论，且返至埃斯卡皮对"创造性叛逆"的描述。正如上文讨论过的，埃斯卡皮认为，"创造性叛逆"为明知原意为何而"故意误读"并"有意识地"适应另一个语境中的读者美学感知，可见并不存在"无意识的创造性叛逆"，只能存在"有意识的创造性叛逆"；即使在"有意识的创造性叛逆"中，那些不遵循译入语诗学原则也不顾读者美学感知的胡译、乱译之类当然不能被归入"创造性叛逆"。埃斯卡皮认为，"创作"是遵循某个语境中的诗学模式进行的创作，受其制约，这种"创作"并非绝对自由洒脱的天才创造，更非漫无目的的胡编乱创。"创造性叛逆"既然为"某种连续不断的创作中一环"，它依然是某种"创作"，必然遵循另一个语境中的诗学模式，并"被故意改编""故意地错误理解"，以适应那个语境中的读者的美学感知。以埃斯卡皮的描述为观照，不难看出：译介学将包括"误译、错译、漏译、节译、编译乃至胡译乱译"都归为"创造性叛逆"，未免略为随意。不可否认，如果是出于对译入语语境写作习惯和读者接受的有意

---

[1] 王向远：《"创造性叛逆"还是"破坏性叛逆"？——近年来译学界"叛逆派"、"忠实派"之争的偏颇与问题》，《广东社会科学》2014年第3期。

识的考量，而不是胡乱肢解，节译、编译等，当然为"创造性叛逆"。"可口可乐"等与原意相去甚远，但此类脍炙人口的绝妙佳译当然为"创造性叛逆"，因为可口可乐既是标准的中文词语搭配，又充分考虑了中文语境中读者或消费者喜爱可口且能产生愉悦的美食的期待。但是，可口可乐1927年的中文译名"蝌蝌啃蜡"导致该饮料销售奇差。它既不是正常中文词组，又误让人有蝌蚪和蜡等不好的联想，不顾20世纪初相对保守的中国消费者基本感受，只是译者水平不够的胡译、乱译而已，根本不是任何意义的"创造性叛逆"。说句笑话，如果将"可口可乐"和"百事可乐"翻译为"苦口苦了""拍死苦了"，它是否能为"创造性叛逆"？答案当然是否定的：以埃斯卡皮的观点观之，其既非流畅的中文，更未适应中文语境中读者的美学感知！

由此，"钢星"吉普车译成英语中的"Gang Star"，把某电池的牌子"白象"翻译成英语"White Elephant"，当然并非"创造性叛逆"，它们只能为"破坏性叛逆"。谢天振教授在《译介学》中专门指出，"Gang Star"翻译当年只图中方听着铿锵有力，完全未考虑美国消费者感受，使美国订购方产生"黑社会帮派之星""流氓团伙之星"之类联想，美方大惊失色，拒签合同。[1]"Gang Star"，在美国英语中确有使用，但是为某一血腥暴力游戏名字和街头嘻哈舞唱片名字（Gang Starr）的同音词；而它作为一个或多或少象征着使用者身份地位的汽车品牌，则很难走向市场。笔者专门咨询一位美国高校毕业的博士，他指出，作为一个吉普车商标，除少部分追求极端刺

---

[1] 谢天振：《译介学》，第162—163页。

激的人群，大部分中产及以上主流消费群体都不会对此感兴趣。相反，他提供一系列美国畅销吉普品牌，如"Cherokee"（原意为某善于跋山涉水的印第安部落）、"Safari""Wrangler""Expeditor""Explorer"等，无一不是既带有冒险气质但又含有正面积极意义。"White Elephant"的翻译符合英语语法，但无意中和英语固有短语"white elephant"（昂贵而无用之物）"撞车"，也没有考虑英语语境中读者和消费者的美学感知。甚至还可以举出一个翻译中更著名的笑话：曾经一位译者将中国生产的"金鸡"牌闹钟翻译为"Golden Cock"，结果销量惨淡——因为"cock"一词在英语俚语中指男性性器官，让外国消费者非常尴尬。一言以蔽之，这种不考虑译入语语境读者的美学感知的误译、错译和胡译乱译，不可能属于"创造性叛逆"，其只是译者语言水平和跨文化能力不够而已，只能属于"破坏性叛逆"。

文学翻译更是如此。译介学认为"绝大多数的误译与漏译属于无意识型创造性叛逆"，并举出英译陶渊明《责子》中"阿舒已二八"为例，认为译者不懂汉语中"二八"为"十六"，自作聪明以为是"一八"，遂将诗句译为"阿舒已十八岁"。[1] 这当然没有违背英语表达习惯或读者美学感知，但从埃斯卡皮"故意改编以适应新环境的美学"的论述出发，这并非译者有任何故意改编适应英语环境美学感知的企图，而只是其中文语言水平欠缺，无意中的一个错误而已——读者读十六或十八，恐怕不会产生什么巨大的美学感知落差。它是误译，是"叛逆"，但并非"创造性叛逆"。

---

[1] 谢天振：《译介学》，第150—151、196—198页。

霍克思译《红楼梦》，为英语读者接受考虑，偶尔会将部分隐含着蓬勃生命力之意的"红"译为"绿"，这当然是"创造性叛逆"。但在译林黛玉和薛宝钗的判词时，霍克思误将"玉带林中挂"的"林"译为"greenwood"（郁郁葱葱的树木）：

> 可叹停机德，堪怜咏絮才。
> 玉带林中挂，金钗雪里埋。
>
> One was a pattern of female virtue,
> One a wit who made other wits seem slow.
> The jade belt in the greenwood hangs,
> The gold pin is buried beneath the snow.

这一误译，完全无视判词中写的"头一页上画着是两株枯木，木上悬着一围玉带；地下又有一堆雪，雪中一股金簪"。判词中"枯木""雪"等萧条肃杀的意象是一致的，暗示着钗、黛两位女主人公最后的悲剧性命运。"枯木"如果翻译为"dead wood"，不会让任何英文读者反感，只会让他们充分感受这一悲凉意境。"greenwood"并非译者故意改编以适应英语读者的任何美学感知，也没有产生另类的美感：它破坏了原作中统一的悲剧氛围，和象征着冬天和寒冷的"雪"相冲突，让读者不知所云。它只是译者未能结合上下文、粗心大意的一个错误而已。

当然，译文学局部的观点值得进一步修订。依埃斯卡皮的观点，那种有意识且适应译入语语境美学的误译，当然可以归入"创造性叛逆"。例如，冯唐将泰戈尔"大自然褪去面纱"译为解裤裆，一味追求色情，引起大部分中文读者的反感，当然为"破坏性叛逆"；而郑振铎译本中"生如夏花之绚烂，死如秋叶之静美"一句，虽和原文有一定差距，但符合中文读者美学感知，当属"创造性叛逆"。这一点，译介学已经进行丰富且合理论述，就不展开。但无论如何，"破坏性叛逆"作为"创造性叛逆"的对立面，它是存在的。不可在翻译研究中将任何误译乃至胡乱翻译都归进"创造性叛逆"；更不可以在翻译实践中以"创造性叛逆"之名，为那种既不顾原作又不顾译入语读者感知的误译和胡乱翻译提供护身符。当然，后者为另外一些研究者随意引申，并非译介学倡导者希望看见的。

3."创造性叛逆"的主体

界定"创造性叛逆"的主体和"创造性叛逆"是否"增值"，则决定着如何恰当地认识译者和译作的地位和价值。译文学认为"创造性叛逆"的主体"翻译"应指翻译书籍和读者，"翻译总是一种创造性叛逆"用以描绘译本状态，译本延长原作生命，并认为译介学将"创造性叛逆"的主体理解为"译者总是一种创造性叛逆"，可能会被误解在翻译层面倡导叛逆原作，违背翻译基本原则。[1] 译介学则提出相反意见，认为"翻译总是一种创造性叛逆"一句，其主体不可能为翻译书籍，而为读者和隐含着译者的翻译行为，它赋予原作新的面貌。[2]

两者在读者为"创造性叛逆"的主体这一点并无分歧，分歧主要为译文学认为翻译书籍而非译者可以为另一主体，而译

---

[1]　王向远：《"创造性叛逆"的原意、语境与适用性——并论译介学对"创造性叛逆"的挪用与转换》，《人文杂志》2017年第10期。

[2]　谢天振：《"创造性叛逆"：本意与误释——兼与王向远教授商榷》，《中国社会科学评价》2019年第2期。亦参见刘小刚：《创造性叛逆：挪用还是生发？——与王向远教授商榷》，《中国社会科学评价》2019年第2期。

介学对此持相反意见。本文认为，两者并非存在根本矛盾，译文学将翻译书籍即译作作为"创造性叛逆"的主体提出，恰恰是译介学有关论述极为有益的补充，使之更加符合埃斯卡皮的原意。更为重要的是，明确书籍作为"创造性叛逆"主体能够防止研究中将译者地位过度夸大，并唤起研究者对译文本身的重视。在埃斯卡皮相关论述中，书籍恰恰作为"创造性叛逆"的主体被频繁提及：

> 其结果就是一本书写出之后至少在表面无法更改。但是，与之相对的则是，任何书本不被故意改编以适应新环境的美学的话，人们都很难期待它们能向之后时代的和原初环境、社会共同体和国家之外的读者传递作者的意义。
>
> 一本书一旦从诞生它的诗学和第一次拥抱它进入文学世界的美学中分离开去，也就是说从两者断奶，一旦它被移植进一个全新的环境，其间新的行为方式和观看事物的方式使它改变外表和意义并生长出从未想象过的花果，我们能够说它还是同一本书，展现出自身未曾设想过的潜力，还是称它整个就是另一本书？
>
> 正如我们已经提及的，翻译和改编只是一个远为广阔的现实中的特殊例子而已。属于极端移植类型的书本，相对而言只是少数。在大多数例子中，书本自身不变，必须不借助翻译者或改编者那危险的帮助而寻觅存活之路。换而言之，我们可以从反方向说，一个属于某个既定社会群体的读者，阅读属于另一个有着迥异的知识习惯、价值、"条件反射"和政治、经济、

科技背景的群体（社会共同体、国家、历史阶段）的书，他会面临一个难题——当没有工具，且不知是否会喜欢骨髓时，如何从坚硬异常的骨头中提取骨髓？

不难发现，埃斯卡皮的论述有新批评和读者反映论的影子，它是将包括译作在内的作品和读者视为可以脱离创作者意图控制，相对独立地产生意义的主体。埃斯卡皮在另一篇文章中非常明确地谈及：

> 文学作品的"背叛能力"，即它在历史上的任何时刻完全改变其在过去的另一个时刻明显地表现出来的形象的能力。文学总是在阅读的一系列自由行为中寻找一种无法完美的完美，所以全部是一种偶然性。每一本书本身就是出版社的一项新事业，同样，每一个读者本身就是一部新的文学史。[1]

在埃斯卡皮"Creative Treason as a Key to Literature"的论述中，作品遵循的诗学和读者美学感知的矛盾随着历史的演进不断加深：一方面，随着物质生产和法律手段的不断进步，作品原初诗学形式即作者意图不断被固化；另一方面，读者的美学感知随着时代的变化和地域与文化的变化而不断变化。那么，包括翻译、改编在内的为适应新环境美学而进行的有意识误读即"创造性叛逆"就会出现。于是，在埃斯卡皮的论述

---

[1] ［法］罗贝尔·埃斯卡皮著，于沛选编：《文学社会学——罗·埃斯卡皮文论选》，杭州：浙江人民出版社，1987年，第170页。

中，"创造性叛逆"会通过两个路径产生：一种是不借助翻译，书籍走向读者，这包括大多数例子；另一种借助翻译，只是少数例子而已。

大部分"创造性叛逆"是书籍不经由翻译而走向不同读者群，对它们而言，不借助翻译产生"创造性叛逆"，也就不会让隐含译者的翻译行为作为它们的主体。书本"表面无法更改，自身不变"，而"寻觅存活之路"，从反方向说，即书本走向读者，让后者对它们进行误读以完成"创造性叛逆"。如后世中国读者以鲁迅所谓"经学家看见《易》，道学家看见淫，才子看见缠绵，革命家看见排满，流言家看见宫闱秘事"等方式阅读清代的《红楼梦》，这也就无须译者作为"创造性叛逆"主体。

少数"创造性叛逆"行为借助翻译进行，过程略为复杂。"隐含着译者的翻译行为"只是发起"创造性叛逆"的起点，而非终点或全部。它只是"创造性叛逆"的发起者，需要以译本作为物质载体走向另一个文化语境的读者，由译本在后者那里获得生命的延伸，完成"创造性叛逆"这一过程。还看"可口可乐"和"Gang Star"的例子，译者只是进行翻译行为，将它们放入另一个文化语境，具体能否被接受并完成"创造性叛逆"这一过程，就需要译作和读者的交流。其结果大家都知道，"可口可乐"被接受，"Gang Star"尽管已经完成翻译行为，但不被英语语境读者接受，根本不能算"创造性叛逆"。而且，"创造性叛逆"这一过程还存在另一种变体，则更不能只以隐含着译者的翻译行为为"创造性叛逆"主体。大冢幸男在《比较文学原理》中从埃斯卡皮的"翻译是创造性叛逆"出发，进一步认为甚至译文还会在译语读者那里既偏离作者原意又偏离译者原意，产生另一种"创造性叛逆"：

> "创造性叛逆"，换言之，即"创造性误解"（瓦莱里语）。诚如适才所说，原作因读者、译作因译者的关系被"创造性叛逆"地接受。这样，译作对读者来说，就存在着双重的"创造性叛逆"。就是说，不管多么正确的译文，它们都以译者与作者想象不到的方式被人们阅读着。[1]

这样一种"创造性叛逆"已和译者或者翻译行为无太大关联，它只在译本和译语读者之间产生，已经远非隐含着译者的翻译行为所能概括。

4."创造性叛逆"是否"增值"？

译文学认为，译介学"创造性叛逆"关注文学翻译反映的不同文化"阻滞、碰撞、误解、扭曲"等问题，那么此类"创造性叛逆"主要不是增值，而是变异、变形。[2] 译介学认为，译介学突出文学翻译产生第二次生命，本身就暗示某种丰富性。[3]

---

[1] ［日］大冢幸男著，陈秋峰、杨国华译：《比较文学原理》，西安：陕西人民出版社，1985年，第106页。

[2] 王向远：《"创造性叛逆"的原意、语境与适用性——并论译介学对"创造性叛逆"的挪用与转换》，《人文杂志》2017年第10期。

[3] 谢天振：《"创造性叛逆"：本意与误释——兼与王向远教授商榷》，《中国社会科学评价》2019年第2期。亦参见刘小刚：《创造性叛逆：挪用还是生发？——与王向远教授商榷》，《中国社会科学评价》2019年第2期。

而埃斯卡皮在"Creative Treason as a Key to Literature"一文中直接否认了那种对原作进行剧烈改变的"创造性叛逆"具有"增值性",并认为它只是一种转移和重组。他讲述一家机构将富有18世纪启蒙哲学意蕴的墨西哥名著《癫皮鹦鹉》大幅度删减,仅保留其流浪汉小说框架后请他翻译的亲身经历,认为"创造性叛逆"虽然能够延长作品生命,但它本身不具备"增值性":

> 这就是我所称的"创作性偏离"(创造性叛逆)。这一行为当然背叛了作者,但这一背叛延长了他或者更精确地说他的作品的生命。如果知识和道德的考虑让我们踌躇未决,那么就让我们说不让一部名著永远地枯萎而让它为饥渴的人性产生更多的乐趣、更多的智慧,这并非罪过或唐突。实际上,正如我们理解的,创作性偏离并未为作品增添什么。它只是价值的转移和诗学模式的重组。它不再是书本写就时的形态。但假定它是另外一个事物,对原初的创作而言完全是异国陌生的事物,这是荒谬的。从一部上乘之作中,你可以产生无穷的高质量解读,它们会大大出乎作者想象。而一部低劣作品,不管怎么裁切肢解,都无法从中编辑出可供阅读的东西。

埃斯卡皮在此提及的"创造性叛逆"主要接续《癫皮鹦鹉》被大幅度删减的例子,主要谈及那种进行剧烈改变的翻译只是原作的变异。它本身并未添加任何价值,仅改变缩减作品的价值关注(以流浪汉故事为框架讲述的启蒙哲学变为单一的流浪汉历险），仅以一种译语文化语境诗学取代原作文化语境诗学。布鲁姆认为，莎士比亚的丰富性在于：你不管用什么途径解读他，"他总是在观念上和意象上超过你"[1]。《红楼梦》中的《易》"淫""缠绵""排满""宫闱秘事"原本蕴含在"红楼梦"中，埃斯卡皮本人曾非常幽默地用"骨头"和"骨髓"形容"创造性叛逆"和原作的关系。他认为"创造性叛逆"就如"吃下骨头，丢掉骨髓"，将笛福和斯威夫特的作品剪裁为儿童文学，"压制了作者心目中的精华部分，而将本为更严肃的情节发展做铺垫的水手奇谈保留为兴趣核心"。然而，不管是"骨髓"或者笛福、斯威夫特等人的思想精华，还是"骨头"或"创造性叛逆"保存的浅层意义，都是原作的一部分。换而言之，"创造性叛逆"没有增加任何价值，只是展现了原作部分意义，甚至是肤浅的表层意义而已。任何一个路径的解读并未"增值"，只是更好地展示其蕴意的一部分。

当然，这只是埃斯卡皮的一家之言。对于译语文化而言，个别天才译者进行的"创造性叛逆"还是会产生价值。例如路德翻译《圣经》为德语立法、庞德对中国古诗的翻译，对于原作而言，当然未"增值"；但对译语文化而言，就很难说它是"非增值"的。但即使如此，绝大多数文学翻译中的"创造性叛逆"，包括一流的翻译家的译作在内，都只能说是改变，很难说是"增值"。例如，西方翻译家在翻译中国文学时，为迎合西方读者市场任意改写的行为在中国颇受追捧，中国现当代文学研究者如陈思和教授等对其颇有微词，认为其删改式的翻

---

[1]〔美〕哈罗德·布鲁姆著，江宁康译：《西方正典》，南京：江苏人民出版社，2005年，第17页。

译极大降低了莫言等中国作家作品的丰富性。[1]它虽成功地将莫言等中国作家带进外国语境，也延长其生命，但"增值"与否，也就不言而喻。

明确"创造性叛逆"主体并非译者且"创造性叛逆"本身并不"增值"，对于翻译研究具有重要意义：可以防止以"创造性叛逆"为名，单方面过度夸大译者和译文——特别是误译行为的重要性，译者和译文的地位应该被尊重，但不应该被拔高。"戴着镣铐跳舞"是一种更艰辛但更美妙的艺术。只有看到其受限状态下的舞蹈，而非仅仅将其看作普通舞蹈，才能领悟这种艺术的复杂之美。只有深入原作母体和译作内部，才能充分体悟各种力量制约下的偏离度，而非简单以叛逆一言概之。

5."创造性叛逆"，还是"创作性偏离"？

"创造性叛逆"能否作为"creative treason"恰当的中文译名，颇值得探讨。本文在此发起"creative treason"译名的讨论是基于两个层面的思考：首先，从字面意义看，"创造性叛逆"当然为"creative treason"的对应译名。但通过上文的讨论，不难看出，埃斯卡皮的"creative treason"并非随意之语，它有着迥异于字面意义的严格而清晰的学理内涵和外延，"创造性叛逆"一语似乎并未充分予以体现。如何寻找一个较能反映其深层含义的译名，这是本文着重思考的。其次，尽管翻译研究者并未鼓动任何译者在翻译中随意进行"创造性

---

[1]　陈思和：《对中国文学外译的几点看法》，《复旦谈译录》第一辑，上海：上海三联书店，2017年，第13—14页。

叛逆"，但正如王向远教授提出的，中文"创造性叛逆"一词似乎过于刺激，太具有鼓动性，引起部分读者乃至译者望文生义，产生不恰当的联想甚至实践行为。寻找一个既符合埃斯卡皮原意而又不具有鼓动性的译名对其"降温"，也就具有了独特的意义。

先谈埃斯卡皮文中的"creative"是否能翻译为"创造性"。"create"在英语中有"创造"和"创作"两个含义，而且"创造"和"创作"在《新华字典》中被归为近义词，似乎可以互换。但"创造"另一层定义为"制造前所未有的事物"。那么两者的区分就在于，少数极富有想象力的人可以不受约束进行"创造"，而一般人只能在某种原则指导下进行"创作"。我们一般说"某某伟人创造出一个新的时代"，我们一般也说"他以浪漫主义为指导，创作出某某作品"，但很少说"他以浪漫主义为指导，创造出某某作品"。

正如上文已经探讨的，在埃斯卡皮的研究中，"诗学的"古希腊语词源意为"创作"，"文学创作"并非创作者随心所欲的写作，而是"遵循一个特定语境中的诗学模式进行"。"creative treason"则为"某种连续不断的创作中一环"，它依然是某种创作，不能任意挥洒；而必然遵循另一个语境中的诗学模式，并"被故意改编"，"故意地错误理解"，以适应那个语境中的读者的美学感知。而且，埃斯卡皮认为"creative treason"不存在"增值"："正如我们理解的，创作性偏离（创造性叛逆）并未为作品增添什么"，"我们称它为创作性的，并非因为它以新作取代旧作"。由此，可以认为"create"并非天才自由无拘束的"创造"，更非造物主创造出前所未有的世界或创造出新的价值，只能是遵循一定原则的"创作"。

"create"指受到书写语境中的诗学制约的书写，"create"也就不带有中文"创造性"那种强烈赞美的意味，而仅仅是一个中性的修饰语——"创作层面的"或者"创作性（的）"。

再谈"treason"是否能翻译为"叛逆"。如上所述，埃斯卡皮认为"creative treason"并未为作品添加什么或以新作取代原作，包括译作在内的"creative treason"和原作密切相连；它是原作的延伸，两者都是"某种连续不断的创作中的一环"。而且，他专门指出：除少数对原作进行剧烈改变的"creative treason"之外，"创作性偏离并非总是笛福、斯威夫特和利萨尔迪的例子中的激剧行为。它并非一幅大手笔的雕刻，而是满足于无限的微妙变化和细微的转移，它们合力而到原作整个发生变形却保留其独特个性。"可见，"creative treason"大部分是细微、小幅度和渐进的变化，并非180度的转变。《新华字典》中"叛逆"意为背叛，投靠敌对方之意。如果说译作是原作的"叛逆"，也就意味着译作完全走向原作的对立或敌对面，对原作进行了180度的转变，这一翻译无形中将大部分"creative treason"摒弃在外。王向远教授认为"叛逆"在此或可为"转化"取代，[1] 这无疑是翻译研究认识中的一个重大突破；但"转化"在普遍意义上当然指任何程度的变化，而在哲学意义隐含着矛盾双方向相反方向转变，或者变为一个完全独立的存在的意义，如势能转化为动能，似未合埃斯卡皮连续不断的、创作中的细微渐变之意。其实，《译介学》中谢天振教授经常以"背离""偏离"解释"creative treason"，无形

---

[1] 王向远：《"创造性叛逆"的原意、语境与适用性——并论译介学对"创造性叛逆"的挪用与转换》，《人文杂志》2017年第10期。

中已然为解决它的翻译提供了一个绝佳词语。"背离"隐含有反叛、完全违背之意，不太可取；但"偏离"可以统摄两者，它既包括细微、小幅度和渐进的变化，又包括剧烈的、大幅度的乃至180度的变化，或可为译名的一种选择。

综上，**"创作性偏离"** 或许较能反映埃斯卡皮的 "creative treason" 这一概念的深层含义，而且它并未具有"创造性叛逆"那种客观存在的鼓动性。当然，"创作性偏离"取代"创造性叛逆"亦仅为一家之言。这一译名读着略为拗口，而且从大冢幸男《比较文学原理》中文版1985年面世至今，"创造性叛逆"已经在中国学界广为使用34年。但即使在专业研究中接着使用"创造性叛逆"这一词语，我们也应以专业的精神首先明晓其深层意义，然后进行谨慎使用。

（二）从"创作性偏离"到创作中的变通

由于历史条件的局限性，特别是埃斯卡皮《文学读解的关键词：创作性偏离》一文迟迟未能走入中国学者的研究视野，中国译学界对埃斯卡皮 "creative treason" 这一概念从内涵到外延存在一定的误读性。我在2020年7月应邀在中山大学国际翻译学院就此进行一次在线讲座，校内外多位老师在讲座后的交流中给予了宝贵的进一步修订建议，他们使我得以在更深一层对 "creative treason" 进行理解和翻译。

有学者提出疑问，埃斯卡皮既然强调 "creative treason" 更多为细微的偏离，为什么他不径直以 "creative deviation" 呼之，而偏偏选择一个容易产生误解的 "creative treason"？另有学者则提出，既然埃斯卡皮从 "create" 的词源入手界定

"creative treason"，赋予其迥异于字面意义的内涵，我们可以进一步研究 "treason" 的词源，或许能够更好地理解 "creative treason"。[1] 这一建议导向了某个极为激动人心的发现——在《牛津英语词典》中，"treason" 就其词源而言有两个对立统一的含义：背叛、出卖（betray）、透露和传播、传承！其近义词 "betray" 和表达传承传统意义的 "tradition" 等词的词源也展现了这种关联。换而言之，翻译不仅仅是对原作的简单"背叛"或"偏离"，真正优秀的翻译一方面会在另一个语境中根据需要"偏离"甚至违背原作；另一方面，它依然传播、传承原作意蕴，甚至不断"出卖"原作中原本隐而不昭的秘密，透露隐藏其中连作者都未曾想过的丰富意义，甚至和原作一起构成某个以原作为起点并由各类译作变体不断丰富的文学传统！这，难道不就是翻译的本质属性吗？

埃斯卡皮是否遵循古义？尽管埃斯卡皮并未像对 "create" 那样，将 "treason" 进行一番词源训诂，但他的论述无一不体现着 "treason" 既为偏离背叛又有传承之意——他认为"（创造性叛逆）使原作整个发生变形却保留其独特个性……它是一个连续不绝的创作过程中的一环……他（《麦克白》导演）依然可以在莎翁的艺术那里寻找一种莎翁未曾设想的方式使用她们（女巫）"，（创造性叛逆）使原作"展现出自身未曾设想过的潜力"。由此，埃斯卡皮在《文学社会学》中总结出："读者在作品中能够找到想找的东西，但这种东西并非作者原本急切想写进去的，或者也许他根本就没有想到过。当文学作品被不同的读者出于不同的需要而加以利用时，其真正的面目就被

---

[1] 本文特别感谢澳门大学龚刚教授和中山大学周星月博士在此的启发。

发掘、改造、曲解。"[1]

这也就回答了第一类疑问。埃斯卡皮提出英文概念 "creative treason" 是合适的，他是想表达误读和翻译永远是在偏离背叛和传播传承交织的张力中运行，绝非中文意义的"叛逆"那么简单。

如上文所述，"创作性偏离"一语略微拗口。是否能在中国传统思想中进一步探讨 "creative treason" 更为自然的中文译名或对应术语？另有学者指出：佛家"破"为破解，消除空妄，探求本源；既然 "treason" 既为偏离违背又暗含传播传承之意，或可用以翻译 "treason"。但"破"也有破坏之意，很容易被人误解为翻译是对原作的破坏，很难作为译名。他进而建议，可以考虑儒家"反经行权"之说，即暂违常规，权宜变通，反而维护正统。孟子称赞大臣伊尹囚昏乱的商王，却为等他恢复正常释放他，维护商朝正统，已经有此类思想萌芽。[2]《公羊传》中记载郑国相祭仲为宋人胁迫，替换太子，这当然大逆不道，但却为"国可以存易亡"，维护郑国国祚，故"权者反于经，然后有善者也"。《史记》称赞周勃"反经合于权"，以非常手段诛杀诸吕，似乎违法，却维护汉朝，亦是此意。"反"字在现代汉语中意味着绝对的对立。如上文已讨论，它未能充分表达 "treason" 的含义。我以另一相近的成语"守经达权"替代。那么，结合前文的讨论，creative treason 可以理解为"创作中的守经达权"——翻译不断顺应新的语境的诗学原则和美学期待，灵活变化，但在违背偏离中从根本维护、传

---

[1] ［法］埃斯卡皮著，王美华、于沛译：《文学社会学》，第139页。

[2] 本文特别感谢中国科学院大学魏建武博士在此的启发。

播乃至丰富原文的意义。或者现代汉语中，"变通"一词为不违背原则的灵活变化，可以表述为"创作中的变通"。

当然，什么是"creative treason"最简洁恰当的翻译，还可以做进一步讨论。但无论"创作性偏离"还是"创作中的守经达权"或"创作中的变通"，都意味着过去对"creative treason"存在着误读，它绝非"创造性叛逆"那么简单。

二、埃斯卡皮《文学社会学》中译本中的误译

但是，如果埃斯卡皮在《文学读解的关键词：创作性偏离》中认为："它（创作性偏离）不再是书本写就时的形态。但假定它是另外一个事物，对原初的创作而言完全异国陌生的事物，这是荒谬的。它（并非）以新作取代旧作。"那么，为何他在《文学社会学》中会认为翻译可以和原作并存，并赋予原作"崭新的面貌"和"第二次生命"呢？这样，无疑夸大了译作的独立性。我们通过阅读埃斯卡皮的法文原版并参考英译本，很遗憾地发现：**《文学社会学》中译本的部分关键词存在一定的误译或者歧义，它进一步加深了读者对"创造性叛逆"的误读。** 这些误译主要集中在两个关键段落：

Il ne faut pas confondre cette ampleur variable
du succès originel avec les récupérations ou les
résurrections qui permettent à l'œuvre de trouver, au-
delà des barrières sociales, spatiales ou temporelles,
des succès de remplacement auprès d'autres groupes

étrangers au public gropre de l'écrivain. Nous avons vu que les publics extérieurs n'ont pas un accès direct à l'œuvre. Ce qu'ils lui demandent n'est pas ce que l'auteur a voulu y exprimer. Il n'y a pas coïncidence, convergence entre leurs intentions et celles de l'auteur, mais il peut y avoir compatabilité. C'est-à-dire qu'ils peuveut trouver dans l'œuvre ce qu'ils désirent alors que l'auteur n'a pas voulu expressément l'y mettre ou peut-être même n'y a jamais songé.

Il y a là une trahison, certes, mais une trahison créatrice. On résoudrait peut-être l'irritant problème de la traduction si l'on voulait bien admettre qu'elle est toujours une trahison créatrice. Trahison parce qu'elle place l'œuvre dans un système de références (en l'occurrence linguistique) pour lequel elle n'a pas été conçue, créatrice parce qu'elle donne une nouvelle réalité à l'œuvre en lui fournissant la possibilité d'un nouvel échange littéraire avec un public plus vaste, parce qu'elle l'enrichit non simplement d'une survie, mais d'une deuxième existence. On peut dire que, pratiquement, la totalité de la littérature antique et médiévale ne vit pour nous que par une trahison créatrice dont les origines remontent au xvi siècle mais qui s'est plusieurs fois renouvelée depuis cette époque.[1]

---

[1] Robert Escarpit : *Sociologie de la littérature*, P.U.F, 1978, pp.112—113.

（不能把作品最初成功的可变幅度，跟使它能超越社会，空间与时间障碍，在不同于作家原有读者的其它集团里取得替换性成功反馈回来的影响混淆在一起。我们看到，国外读者不是直接理解作品的，他们要求从作品中得到的并非是作者原本想表现的东西。在作者的意图跟读者的意图之间，谈不上什么相互吻合或一致性，可能只有并存性，就是说，读者在作品中能够找到想找的东西，但这种东西并非作者原本急切想写进去的，或者也许他根本就没有想到过。

这里，的确有一种背叛的情况，但这是一种创造性的背叛。如果大家愿意接受翻译总是一种创造性的背叛这一说法的话，那么，翻译这个带刺激性的问题也许能获得解决。说翻译是背叛，那是因为它把作品置于一个完全没有预料到的参照体系里［指语言］，说翻译是创造性的，那是因为它赋予作品一个崭新的面貌，使之能与更广泛的读者进行一次崭新的文学交流，还因为它不仅延长了作品的生命，而且又赋予它第二次生命。可以说，全部古代及中世纪的文学在今天还有生命力，实际上都经过一种创造性的背叛，这种背叛的渊源可追溯到16世纪，此后又经过多次变动。）[1]

令人遗憾的是，译者翻译上述两段时语言流畅，但个别关键地方过于随意发挥，这并不适合社科类文本翻译。如第一段第一句中"复活"一语被省略。埃斯卡皮原本强调，另一个

---

[1] ［法］埃斯卡皮著，王美华、于沛译：《文学社会学》，第137—138页。

语境中的读者对某个作品的解读是该作品在那个语境中的"复活",却被翻译为"在不同于作家原有读者的其它集团里取得替换性成功反馈回来的影响"。此外,译文认为:"作者的意图跟读者的意图之间,谈不上什么相互吻合或一致性,可能只有并存性。""并存"可以指不同事物以任何关系(敌对的、矛盾的、和谐的)共同存在。译文无形中让读者以为,原作和读者解读可以以任何关系共存,甚至是敌对矛盾的。法文"compatabilité"或英文"compatible"中并非广义的并存性,而专指"和谐共处"。埃斯卡皮在此指读者意图和作者意图并不一致,但并不和后者发生冲突,而是和谐共存在作品中。

第二段中,翻译是否赋予作品一个"崭新的面貌"和"第二次生命"?"崭新的面貌"意味着翻译对原作进行极大改变,甚至让原作面目全非;但法文"réalité"或英文"reality"均指"现实"或"现实状况"。翻译并非总是对原作进行叛逆、篡改或改头换面,大部分的翻译完全有可能对原作忠实;但客观将它移植进一个全新的环境,也就是一个它无论愿意与否都必须面对的崭新"现实"环境。"第二次生命"意味着翻译产生一个独立于原作之外的个体;但"existence"并非指"生命",而是指"存在"或者"生存",这也就意味着翻译不仅延长原作生命,还赋予它(在另一个崭新的现实环境中)新的生存方式。

不难看出,翻译并不止和原作并存,它和原作是一种和谐共存的关系。翻译并未赋予原作一个"崭新的面貌"和"第二次生命",它只是将原作带进一个后者必须面对的陌生现实环境。为让原作存活下去,翻译或译入语读者必须对原作进行某种变通,从而赋予原作一种适应新环境的新生存方式。让翻译显得"叛逆性"十足,这似乎更多是《文学社会学》中译本误译部分关键词产生的。美国著名比较文学家韦斯坦因在其《比较文学和文学理论》中讨论"创造性叛逆"时曾提及上述两个段落，刘象愚教授的译文除将"second existence"译为"第二生命"外，其他部分基本跟本文解读一致，值得参考：

> 他（埃斯卡皮）还说：我们看到，外国的读者大众与一作品没有直接接触。他们在此作品中发现的并不是作者要表达的。在他们的意图与作者的意图之间并没有偶然的巧合与会聚，却能和谐共存。这就是说，有些东西作者原来并没有打算要放入作品中，甚至没有想到它的存在。
>
> 从文学被接受的角度看，字对字的翻译在任何情况下（特别是在翻译抒情诗时）都不是无懈可击的。把一首诗从一种语言转换成另一种语言，只有当它能投合新的听众（读者）的趣味时才能站得住脚。这样，"由于使作品与广大听众有可能进行新的文学交流而赋予作品一种新的现实，使作品在下述意义上更为丰富，即它不仅产生了效果，而且获得了第二生命"。[1]

三、翻译文学是译入语民族文学的一部分吗？

正如第一部分总结的，埃斯卡皮《文学读解的关键词：创

---

[1] ［美］韦斯坦因，刘象愚译：《比较文学与文学理论》，沈阳：辽宁人民出版社，1987年，第35—36页。

作性偏离》对理解"创作性偏离"和翻译具有较为重要的意义。它表明，翻译永远在对原作的传承和偏离的张力中进行。通过阅读这篇尘封已久的文章，不难看出它在比较文学和翻译研究学科史中的意义。此文实质为翻译研究中"文化学派"的先驱，它先于勒菲弗尔的"意识形态""诗学""赞助人"的操纵三要素，更早于丹穆若什在《什么是世界文学》中提出的接受语境对翻译的制约。同样，这篇文章有助于我们思考翻译文学是否为民族文学的一部分。在《文学社会学》中，埃斯卡皮径直否认翻译文学是接受语民族文学的一部分。而在这篇文章中，埃斯卡皮不仅再次否定这一观点，还详细地进行论述。或许，仔细阅读这一论述和疏通厘清其内在的学理脉络，将有助独立思考翻译文学、民族文学、世界文学三者的关系和可能的翻译文学史书写原则。

我们往往认为翻译文学是外国文学，谢天振教授将翻译文学纳入民族文学之中，无疑是对其的一种纠偏——英国人当然认为莎剧是其民族文学的一部分，当然不会认为某位中国翻译家的中文译本是英国文学。但这也无形中产生另一个问题——例如，在过去短短的一百年中，莎剧《麦克白》有16个中文译本，其情节、人物、场景、语言等大同小异，难道我们能够说在一百年间中国文学就诞生出16部《麦克白》？这显然有悖常识。这提示着我们：能否进而超越"外国/民族"非此即彼的二元两分思维，在两者之上的另一更高层面重新定位翻译文学？

学者们也试图进行修订，提出翻译文学为接受语民族文学的"一个特殊的组成部分"，试图区别于本土作家的创作。[1] 或

---

[1] 王向远：《翻译文学导论》，北京：北京师范大学出版社，2004年，第15—16页。

许我们可以从埃斯卡皮那里获得某种启发。如第一部分所探讨的，埃斯卡皮的"创作性偏离"实则兼具"偏离背叛／传播传承"既相反又相辅的双重含义。然而在此词源意义外，"创作性偏离"另有其更深层次的思想谱系。埃斯卡皮是从古希腊—中世纪口头文学时代的作品作者观出发论述创作性偏离的，我们可以从这一历史谱系中窥见埃斯卡皮对翻译文学的定位。

我们今日习以为常的某部文学作品的作者即为某个具体人物的观念，是一种相当晚近的观念。文学的起源形式为口头文学，某部文学作品没有完全固定的内容，也并不存在一个具体的作者，因为它是历代集体口头创作、传承、发展的产物，只是被归于某个著名代表性人物名下而已。当代古典学者罗德认为，在古希腊时期，荷马史诗《伊利亚特》《奥德赛》和赫西俄德的《神谱》等早在荷马和赫希俄德之前就已出现，包括荷马和赫西俄德在内的历代吟游诗人漫游至古希腊各个城邦，不断对其吟诵并加工润色，这些作品只是被后世归为荷马或赫西俄德所作。[1]纳吉进一步指出，这些口头作品的传承和传播有一个非常值得注意的特性，即：吟游诗人漫游至某个城邦后，在保持基本内容时，会根据那个城邦的具体文化语境和听众需求，不断在吟诵时适度调整其部分内容以取悦听众。[2]学者在研究玛雅口头文学时，也得出这一结论。[3]我们甚至在宋元时期话本表演以及当代的表演艺术中还可以看见这一传统的余

---

[1] Andrew Benet, *The Author*, Routledge, 205, p.2, 32.

[2] ［美］格里高利·纳吉，范若恩译：《赫西俄德和泛希腊主义诗学》，《文学》2014年秋冬卷，上海：上海文艺出版社，2014年。

[3] Denis Tedlock, "Toward a Poetics of Polyphony and Translatability", *Close Listening: Poetry and Performed Words*, Oxford University Press, 1998, pp.178—199.

韵，如戏曲、戏剧或相声演出中，演出者会临时根据具体的场合或观众反应临场即兴发挥进行逗乐。[1]但是，任何一次表演都只是基于某一部口头文学作品的适度变通而不离其大义，罗德对两者的关系给出一个非常妥帖的描述："每次演出都是独特的，但又在传统中。"[2]

不难看出，口头文学不断通过变异变通得以传承传播，这也是"创作性偏离"的源头。苏珊·巴斯奈特甚至认为，口头文学时代创作和翻译分界模糊。[3]埃斯卡皮正是在这一谱系脉络中展开了对"创作性偏离"的讨论。他已经敏锐地注意到，从古代直至中世纪，文学的传承大部分为口头形式，存在偏离和传承交织的特性：

> 在口头"文学"方面，诗学要素和美学要素存在差异的可能性甚微。一个进行创作的艺术家直接跟听众接触。他和听众一起形成一个具有活力的共同体。他进行自我表述的模式很可能按当地当时的听众感知他的模式进行调节。他的独白是一种戏剧性的独白，伴随着一组静默但确实存在的主角；他甚至可能会根据那一瞬间的刺激而做出必要的调节。任何一个有经验的讲座者都明白念给听众听的讲座和从笔记中即兴发挥的讲座的差异。前者有书面即文学的形式，后者

---

[1] 胡士莹：《话本小说概论》，北京：商务印书馆，2017年，第170—171页。

[2] Denis Tedlock, "Toward a Poetics of Polyphony and Translatability", *Close Listening: Poetry and Performed Words*, Oxford University Press, 1998, pp.178—199.

[3] Susan Basnet, *Translation*, Routledge, 2014, p.11.

实际为一场对话，根据听众反应调节，并产生意想不到的变化。

如果进行创作的艺术家不在场，这也是任何经口头传统传播的艺术品的情形，他的原本意图和未知的听众提出的新需求间的差异就会凸显。但这一问题的答案简单至极，进行传播的艺术家，不受任何书面文本和固定形式的束缚，做出新环境要求的改变。他无须为此受指责，他只是向一个持续的、集体的创作中增加进他本人具有创作性质的细微点滴。在《英国文学史的兴起》一书中，韦勒克指出中世纪文学很大程度是"共产主义性质的"和匿名的。究其就里，则由于它是口头性的，或者保存了大量非书面创作的特点和习惯。

中世纪结束后，口头文学逐渐式微；随着书面文学的出现，尤其是随着现代印刷技术的进步、文本研究能力的提高和法律意识的强化，某个作者和某部作品的原意是可以固定的。然而，口头文学固有的、偏离和传承交织的特性却并未断绝——"创作性偏离"，尤其是翻译，就是现代的吟游诗人，不断将某个作品从一个国家带去另一个国家，并根据新的语境不断在局部变通调节其内容！

翻译在这层意义上接续了口头文学的"偏离／传承"这一特性。而正是将翻译纳入这一谱系后，埃斯卡皮得以在《文学读解的关键词：创作性偏离》和《文学社会学》中一再否定托马舍夫斯基的"译本是接受语民族文学的一部分"的观点。既然"每次演出都是独特的，但又在传统中"，无论曾有多少位吟游诗人改编、表演过荷马史诗，也无论每一次改编发生在哪个城邦，荷马史诗只有一部，每次的表演只是它的延伸，而非"叛逆"。同样，埃斯卡皮也一再提出："译作和原作是同一本书，只是展现出原作自身未曾设想过的潜力……它们（创作性偏离）合力而使原作整个发生变形却保留原作的独特个性。我们称它为创作性的，并非因为它以新作取代旧作，而是因为它是一个连续不绝的创作过程中的一环。"——翻译并未"背叛"原作而产生独立个体；相反，它和原作紧密相连，为后者的变体，既是对后者的偏离，又是对后者的传承。

如果说埃斯卡皮的"创作性偏离"和古希腊—中世纪口头文学时代的作品作者观一脉相承，那么翻译文学如何定位，甚至翻译文学史如何书写也就呼之欲出；**我们应该超越民族文学的畦封，将翻译文学视为世界文学的一部分**。丹穆若什在《什么是世界文学》中认为，世界文学"包容所有在其原有文化之外流通的作品，它们或凭借翻译，或凭借原先的语言而进入流通"[1]。我们不妨以古希腊为喻：古希腊众邦林立而合为一个世界，今日众国林立的世界或可被视为一个大的古希腊。文学史中并不存在雅典的荷马史诗或斯巴达的荷马史诗，而是只存在希腊的荷马史诗。既然古希腊时代，历代吟游诗人在各个城邦创作的作品可以在希腊文学层面归入某一个诗人名下，我们不妨也可将一个书面语作品和它的各类改写本在世界文学层面都归入一人名下。埃斯卡皮的行文中

---

[1] ［美］大卫·丹穆若什，查明建、宋明炜等译：《什么是世界文学？》，北京：北京大学出版社，2014年，第5页。

已然初步提及这一可能性。他在反对俄国形式主义者将法国的贝朗瑞和俄国的贝朗瑞译本截然两分时，提出"法国的贝朗瑞跟俄国的贝朗瑞共同构成一个历史的、文学的贝朗瑞"[1]。所谓"历史的、文学的贝朗瑞"即非某个具体的人物，而是和古代的荷马一样，是一个超越国界的历史的集合。如果我们承认，将荷马身前身后文本跨越古希腊各城邦疆界而归入荷马名下是一种行之有效的文学作品归类和文学史书写原则，我们也可以在世界文学层面将贝朗瑞的法语作品和它在各个时代、地域、文化语境中的诸多译作都视为其变体而归入贝朗瑞名下进行探讨。

这只是一种大致原则的确立，而非墨守成规。古代吟游诗人大多已然湮没无闻，以荷马或赫希俄德之名通称历代的累积创作或为无奈之举。而书面文学时代的作者、译者大多留有其名。葛达德提出译者是合作者，[2] 尤其是在当代，我们必须尊重译者的劳动和法律赋予其的版权和署名权。那么，在世界文学层面如何书写翻译文学史？以莎士比亚为例，莎士比亚戏剧没有一本是莎翁完全独立构想而出，每一部都是对欧洲历史和其他欧洲文学作品的改写。我们可以设想：在世界文学层面探讨莎士比亚时，可以在莎士比亚一章中，既探讨莎剧的源头文本和莎剧本身，又探讨莎剧在世界各地不同语境中的译本以及产生这一译本的合作者——后者将会包括18世纪英国的兰姆姐弟等英语世界的改写，也包括18—21世纪的外国译者，如18世纪至今的那些著名的欧洲和亚洲译者以及中国的林纾、

---

[1] ［法］埃斯卡皮著，王美华、于沛译：《文学社会学》，第138页。

[2] Babara Godard, "Language and Sexual Difference : the Case of Translation", *Atkinson Review of Canadian Studies*, vol.2, No.1, 1984.

朱生豪、卞之琳、田汉、梁实秋、方平等的杰出翻译。本雅明《译者的任务》中有一个广为流传的比喻：译作和原作都是某个花瓶的碎片。[1]埃斯卡皮认为，译作和原作"是一本书"，"我们现已知晓存在着某种由进行创作的艺术家发起但并非终结于他的演变进程"，包括绝大多数翻译在内的"创作性偏离""是一个连续不绝的创作过程中的一环"。埃斯卡皮译作和原作关系的讨论，无疑有着本雅明的影子。我们不妨亦以福柯的谱系树[2]为喻：一个作品就如一棵不断生长的树，永远在被创作和发展。源文本为根须，原作如基本不变的主干，译作如各个方向不断冒出不断生长的枝叶。只有当我们既看见根须和主干又看见不断散开的枝叶时，才能跨越法国的贝朗瑞和俄国的贝朗瑞，欣赏整棵树永不停息的勃勃生长之态——欣赏一个历史的，一个永远构建发展中的贝朗瑞。

当然，这只是一种总体设想，它的细节——特别是书写实践还存在一定疑点。如忠实的译本当然可以归入某个作者名下，但不忠实甚至是大幅度的改写本是否应给予区分？正如杨绛先生提出的"翻译度"，怎么定量至一个度，才能将某些改写归入翻译，而将另一些改写归入创作？[3]这有待更加量化的研究。但无论如何，从埃斯卡皮的理念那里，我们可以确定这样一个原则：它要求我们重视翻译的偏离背叛和传播传承双重属性，既尊重它的相对独特价值又尊重它和原作天然的从属

---

[1] Walter Benjamin, "The Task of the Translator", Lawrence Venuti, ed., *The Translation Studies Reader*, Routledge, 20, p.81.

[2] ［法］米歇尔·福柯，谢强、马月译：《知识考古学》，北京：生活·读书·新知三联书店，1998年，第102页。

[3] 王向远：《译文学》，北京：中央编译出版社，2018年，第193—194、191页。

关系，从而超越国别或民族文学的局限性，在世界文学层面给予它一个恰当的定位。

四、结语

本文借助分析译介学和译文学的争论，讨论了埃斯卡皮提出的"creative treason"一语的历史语义，并进行了翻译文学的定位。"creative treason"在深层意义兼具"背叛偏离/传播传承"既相反又相辅的双重含义，其义为"创作性偏离"或创作中的变通，这表明中文译名"创造性叛逆"是一个值得商榷的概念；而翻译文学并未对原作产生"背叛"，它既无法被纳入外国文学，也无法被充分纳入译入语民族文学，其更为合适的归属当为世界文学。

这并非只是对一个概念和其推论的讨论，它也对翻译研究和比较文学具有一定的学科意义。毕竟，从20世纪末至今，"创造性叛逆"及其推论——"翻译文学是译入语民族文学或国别文学的一部分"，在中国学界被广为接受，在各大主流比较文学教材中的翻译研究部分均有专门章节对此进行阐述。而在文学史建构中，以"创造性叛逆"和"翻译文学是译入语民族文学或国别文学的一部分"为指导原则，已经诞生了如《中国现代翻译文学史》等大量具有影响力的著作。

在这一颇值得商榷的概念及其推论指导下，部分研究过于单方面强调突出译者和译作的地位，忽略了在翻译这一跨文本、跨语言和跨文化的特殊活动中，作者、原作、译者、译作存在天然的复杂联系。特别是作者、原作和译者，原作和译作，存在天然的从属关系——译者并非原作者或原作的奴仆，但也非独立的创造者，他是原作者的合作者；译文并非"叛逆"原作而具有独立地位，它是原作的变体延伸。翻译研究，应该充分回归作者、原作—译者、原作—译作的关系研究，而非夸大任何一方的地位。

进而，本文希望在翻译的伦理意义上产生一定的贡献。中文译名"创造性叛逆"以及由此产生的种种解读，对翻译研究和翻译实践已经产生了非常广泛的影响：一方面，它将翻译研究从传统的"等值"等语言学路径提升至文化研究层面；另一方面，包括翻译研究在内的当代阐释学中"有一个倾向，不是要原谅误读，而是要赞扬误读，这种倾向集中在'创造性误读'名下"[1]，在部分译学研究者乃至翻译实践活动中出现唯"叛逆"为尊的倾向，产生"翻译理论上的一些混乱，颠覆了'翻译应是跨语言文化的忠实转换'这一翻译的根本属性与最高伦理。有不少文章甚至对'忠实'大加嘲讽，把误译等叛逆原作、不忠实原作、糊弄读者的种种行为，都加以赞赏……产生诱导性暗示……岂不是拿'叛逆'的标准去挑战古今中外负责任的翻译家都奉行的准则吗？"[2]通过以上讨论，希望译学界能充分重视"creative treason"的深层意义，既对各种特定文化历史语境中翻译活动的变异抱有充分的同情之理解，又要重视翻译传播传承原作的根本功能，推动翻译重返忠实这一根本原则。

---

[1]　陈嘉映：《谈谈阐释学中的几个常用概念》，《哲学研究》2020年第4期。

[2]　王向远：《译文学》，第193—194、191页。

附录

"CREATIVE TREASON" AS A KEY TO LITERATURE[1]

Robert Escarpit

The facts behind the well-known motto "*traduttore, traditore*" have certainly often proved a blessing to comparatists. Without those facts some of their jobs would be gone. If all translators in the course of centuries had been both faithful and accurate the transmission of literary influences from one country to another would be less worth studying. Comparative Literature as a field of investigation owes its existence, in part, to more or less deliberate misinterpretations or distortions which are likely to occur while forms, ideas, or trends are carried from on environment to another.

Translation being the passage from one linguistic environment

---

[1]　原载 *Yearbook of Comparative and General Literature*, Vol X, 1961。

to another, it is liable to the most spectacular kind of errors, factual errors, but it is by no means the only way to literary treason.

One could almost say that any conception is betrayed as soon as it is expressed, as soon as it is conveyed. That is particularly true of literary creation since its tool is the accepted language of a community, that is to say a set of symbols to which conventional values have been assigned and which cannot be guaranteed to express the living reality of each creative mind. When a poet for instance utters or writes the word "purple" he cannot be sure that the visual image aroused in the mind of every individual reader has anything to do with his own perception. Indeed it is perfectly clear that in some cases it cannot have.

One must not, however, exaggerate the importance of such difficulties. After all the fight to adjust "*les mots de la tribu,*" the common stock of words, to the demands of an individual experience is the essence of literary creation. If communication between conscience and understanding were immediate, total and instantaneous, art might be meaningless.

The problem is notably different when one passes from the field of art in general to that of literature proper, that is to say as soon as the creation is committed to the written word. Indeed if we bear in mind the original sense of the word literature (i.e. writing) we are bound to admit that the notion of literature is inseparable from that of writing. Both the Latin and Chinese languages chose to express the concept of literature by roots which meant letter, character, a fact which seems to uphold the often stated opinion that no such thing as an oral literature can exist.

Yet the expression "oral literature" is often used and Raymond Queneau who called the first chapter of his *Histoire des Littératures* (Pléiade, N. R. F., Paris, 1955) "Littérature orale" (by Mircea Eliade) took care of defending himself against possible objections: "Si, en effect, il y a abus de language à employer le mot *littérature* en oubliant son étymologie, il n'est pas moins vrai qu'il existe un usage esthétique du langage oral (et senti comme tel) qui permet d'étendre l'application du mot incriminé" (Vol. I, Preface, p. x).

There would be much to say about this statement. Let us be content with remarking that Queneau claims the right of extending the terminology of the written work of art to the spoken work of art not on account of their specific nature as creations, but on account of the *use* which is made of them. Such an attitude implies that the "user" of literature, i.e. the public, plays a part in its definition and consequently that literature is primarily defined as a social phenomenon.

It is also an aesthetic phenomenon. Much time would be saved in the discussion on the nature of literature if one bore in mind that the word "aesthetic" is derived from the Greek verb aisthanomai, which means "to feel." While it is perfectly legitimate to call "aesthetic" what relates to artistic *perception*, we should be more careful when we speak of literary *creation*. "Poetic, " from the Greek verb poiein (to create), not "aesthetic, " is the right word for literary creation. The artist creates according to a poetic pattern; the public perceives the creation according to an aesthetic pattern.

In the cases of oral "literature, " the chances of a discrepancy between the poetic and aesthetic elements are very few. The creative artist is in direct contact with his audience; he forms with it a living community, so that the patterns along which he expresses himself are likely to be naturally adapted to the patterns by which his creation is perceived there and then. His monologue being a dramatic monologue, with an actual although silent set of protagonists, he may even make the necessary adaptations on the spur of the moment. Any experienced lecturer knows the difference between a lecture which is read to an audience, and a lecture which is improvised from notes; while the former has a *ne varietur* (written, hence literary) form, the latter, being really a dialogue, will unpredictably change according to the audience.

If the creative artist is not present, which is the case in any work of art transmitted by oral tradition, discrepancies are bound to arise between his original intentions and the new demands of an unsuspected audience, but the answer to the problem is extremely simple; the transmitting artist who is not bound by any written text, by any fixed form, makes the changes demanded by the new situation. He cannot be blamed for it. He simply adds his creative mite to a continuous, collective creation. In *The Rise of English Literary History*, René Wellek points out that medieval literature was largely "communistic" and anonymous; the reason is that it was largely oral or at least kept many of the characteristics and habits of unwritten creation.

Such a pliability of the work of art is impossible as soon as the creation is frozen into a written symbol which remains unchanged long after the creator has disappeared. Any occasional reader, however far in space or time, is able to reanimate a poem even if he cannot have any physical or intellectual contact with the creator. The gap between the poetics of the latter and the aesthetics of the former cannot then be bridged and what is understood or felt may ultimately have nothing in common with what was originally meant. The freezing up of the creation into a fixed form, which is the main effect of writing, seems to be the basic condition for any literature. Of course no definition of literature is really satisfactory and, as far as research work is concerned, we must agree with Hermann Paul when he writes in his *Grundriss Der germanischen Philogie* (¶31) that we cannot exclude from the field of literary history such productions as have received a linguistic expression even if it was not written, or did not consist in a simple narrative or dramatic pattern. The fact remains, however, that such productions would be deprived of any historical link with the main body of written literature if their expression or pattern were not in some way compelling and did not retain some of the poetic intentions of the original creator.

On the other hand, what we now call literature has arisen in the course of centuries from more and more drastic fixations of the original poetic form. Writing was nothing but an initial stage and did not differ basically from learning by rote; instead of being recorded in the nervous cells of the bard's or storyteller's brain, the work was recorded on a more durable and reliable material. But multiplication or transmission of the document posed the same problems. When the copyist intervened he has very likely to modify what he did not understand or at least to "clarify" it by grossly misleading scholia or glosses.

Printing was evidently a much more drastic and effective way of freezing up the written word. This technical device introduces a new element of rigidity and inflexibility into the work of art. The artist retains the whole of his paternal *potestas*; he can no longer be anonymous; even if his name is not revealed he is defined as the author of such and such a book.

Yet in the first centuries of printed literature little was done to prevent "cuckoo-writers" from laying their eggs in other people's books or pirate printers from taking liberties with the original edition. Printed books like *Amadis* or Spanish picaresque novels were shamelessly modified or enlarged, others were disastrously adapted or edited. The final blow was dealt to such practices not by means of artistic or technical devices (like writing or printing) but thanks to the evolution of minds and institutions. Law and science combined to guarantee to the author the fullness of his *potestas* far beyond the borders of time and space. The more or less strict enforcement of the laws on intellectual property and the patient puzzle-work of the philologist and historians to restore the texts to their pristine purity gradually gave to literature what are now its two main characteristics; an overwhelming respect for the letter of creative poetics and a diffident contempt for the demands of perceptive aesthetics.

The result is that a book cannot change after it has been written, at least outwardly. But the counterpart of this is that hardly any book can be expected to convey its author's meaning to readers after its time and outside its original environment, social community or nation, unless it is deliberately adapted to the aesthetics of its new environment. The fact is from time to time publicized by some scandalous case. Translations and film adaptations provide splendid opportunities for such polemics. In late years we had two in France, one about a translation of Shakespeare published by a well-known book-club, another about a film adaptation of *Les Liaisons dangereuses*. In both cases the argument was the same. The stage or film specialists said; If we listen to scholars, we may have the work as it was conceived and written by the author, but we shall be unable to play it. The university people answered; If you do not, you may be able to play it but you will have no right to keep the original title and mention the author's name. It will be another book, another play, another production.

The discussion was at a dead end and was bound to remain so. Yet it posed a very grave problem, in fact an insoluble problem, about the nature of the literary work of art. Once a book has been separated, weaned so to speak, from the poetics which gave birth to it and from the aesthetic which first welcomed it into the literary world, once it has been transplanted into a fresh environment where new ways of doing and seeing things make it change its appearance and significance and sprout into unimaginable blossoms and fruits, can we say it is the same book revealing in itself unsuspected potentialities or altogether another book? Some Russian formalists, like Tomachevsky, had an answer ready and insisted that any translation is a fresh creation and must be considered as forming part of the "receiving" national literature.

Indeed things are not as simple as that. As we have mentioned, translation and adaptation are only special cases of a much wider fact. The number of books which are submitted to those rather drastic kinds of transplantations is comparatively small. In most cases the book is left to itself and has to find its way to survival without the dangerous help of a translator or of an adaptor. Or rather the statement should be made the other way round. A reader belonging to a given social group and reading a book from another group (social community, nation, historical period) with different intellectual habits, different sets of values, different "conditioned reflexes, " different political, economical, technical, scientific backgrounds, is confronted with the problem of extracting a *substantifique moelle* from a particularly tough bone while he has none of the instruments necessary to crack the bone and does not even know if he is going to like the marrow.

If the "directions for use" have been handed down to him along with the book, that is to say if he is a cultured, learned man, aware of the state of things in other countries or by-gone centuries, he may be able to reconstruct the aesthetics of the public for which the book was originally intended and enjoy its reading as a connoisseur. But such a process of reconstruction is much too difficult to be applied to all books and to be applied from all readers.

The only solution is then deliberately to misunderstand the book, that is to say to use it in a way the author had never dreamt of. Although we may not be conscious of it that is a thing we do every day. Our way to solve the case of the marrow-bone is often to eat the bone and throw the marrow away. DeFoe's *Robinson Crusoe* and Swift's *Gulliver's Travels* are well-kwon examples of such an operation. Both books currently belong to juvenile literature, a fact which would certainly have surprised DeFoe and infuriated Swift. Most of their content (language as well as ideas) being now either unintelligible or uninteresting (and sometimes unacceptable) to the pampered common reader of our time, they have been adapted to childish reading thanks to a number of cuts whose effect was to suppress most of what was essential to the authors' eyes and to preserve as centers of interest the hackneyed sailor-yarns which were only pretext for more serious developments. At best the content has been modified in order to meet up-to-date preoccupations and we must not be surprised to discover Gulliver as a champion of the Communist ideal or to find the "Robinsonade" used as a means of celebrating the American way of life!

Recently I was asked by a very learned organisation to translate into French Lizardi's *Periquillo Sarniento*, the masterpiece of Mexican enlightened literature at the end of the eighteenth century. I agreed wholeheartedly because that book, in which Lizardi uses a plot and structural outline of the so-called picaresque type as a pretext to popularize among his readers the new philosophy of the age, seemed to me a very important landmark in the history of ideas on the American continent. I was warned, however, that the book would undergo a number of cuts in order to make it more palatable to the French readers of the twentieth century. When the text arrived, I found that only the picked and blanched skeleton of the picaresque plot remained standing. Of course I strongly protested, and as a scholar I was right. But as a promoter of literature, as the translator responsible for the survival of Lizards I was wrong. If the *Periquillo Sarniento* cannot survive but as a picaresque novel, of course by all means let it be a picaresque novel.

This is exactly what I call "creative treason." The author is certainly betrayed by such a practice, but the betrayal gives him or rather his work a new lease on life. If we are hampered by intellectual or moral scruples, let it be said that it certainly cannot be an offense or a sin to allow a masterpiece to yield some more joy, some more wisdom to a thirsting humanity instead of going dry forever. In fact "creative treason" as we understand it does not really add anything to the work of art. It is simply a shifting of values, a rearrangement of the poetic pattern. It is no longer the book as it was written, but it would be absurd to pretend that it is something else, something entirely foreign to the original creation. You can conjure no end of good reading out of a good book, much beyond what the author could imagine, but no amount of slashing, slicing or butchering will ever edit something readable out of a bad book.

In fact "creative treason" is not always such a drastic operation as in the cases of DeFoe, Swift or Lizard. Instead of being a spectacular piece of carving, it is almost always content with being an infinity of subtle warpings and minute shiftings which add up to a complete metamorphosis of the original work but still preserve its individuality. We call it creative not because it substitutes a new creation for the old one but because it is part of a continuous process or creation.

Obviously *Macbeth's* witches cannot have the same aesthetic value for us who do not believe in witches, as they had for Shakespeare's contemporaries who did believe in them. What was then a terrifying reality is now felt by us as a striking and darkly beautiful fiction. Any director who nowadays makes use of the witches as Shakespeare intended to do would be bound to fail, but still he would owe it to Shakespeare's art to find another way of using them which Shakespeare never suspected. Molière's Tartuffe is generally felt in France to be the caricature of a Jesuit, although some people question whether Molière himself felt it to be so. Still Tartuffe is undoubtedly a Roman Catholic and a hypocrite. When the book was translated into English in 1670, the English who had had their fill of anticatholicism during the commonwealth substituted their own brand of hypocrisy and the title of the play became; *Tartuffe or The French Purtian*! We are still moved in our time by the character of Andromache as we find her in Homer or in Racine. She symbolizes for us the charm and the glory of wedded love; she is the eternal wife. And yet a wife in contemporary France is hardly what she was in Louis XIV's time and not at all what she was in Hector's time. Only a historian can reconstruct the true relationship of a Trojan married couple, but not really feel it as it actually existed. In fact the present French aesthetics include an image of Homeric society which was practically invented by Giraudoux and which is a very deliberate and conscious treason of the original Homer. Yet a whole generation of Frenchmen relished the *Iliad* "à la sauce Giraudoux" as their father had relished the *Odyssey* "à la sauce Victor Bérard."

It would be easy to give many more examples. Indeed the fact is so common that it is generally overlooked, and it might be worthwhile to give it special attention. Such a study cannot of course reveal to us the secret of literary creation, but it may clarify whatever idea we have of it by systematically charting and plotting out what we now know to be an evolutionary process initiated by the creative artist but not terminated by him. Vigny compared the poem which the artist launches into the world to the bottle which the shipwrecked sailor throws into the sea. Indeed the poet loses all power over his production as soon as it is published and committed to the currents and counter-currents of literary life. There would not be any point in throwing the bottle if he did not believe somebody was going to read the message inside, but he cannot be sure the message is going to be understood. As Kipling once wrote, all he can hope is that it will serve to awake some unimagined joy and arouse some unsuspected enthusiasm.

Let no book be called good or bad until there is no longer anybody to misunderstand it—which is the way books die.

University of Bordeaux

文学读解的关键词："创作性偏离"

罗伯特·埃斯卡皮 / 著

范若恩 / 译

"译者即叛逆者"这一名言广为流传，其背后的事实对于比较文学学者而言经常不啻于某种福音。没有那些事实，部分比较文学学者恐怕会失业。如果过往的世代里所有翻译家既忠实又准确，文学影响从一个国家至另一个国家的传播就不会那么值得研究。比较文学作为一个研究领域，其存在部分地取决于故意而为之的误释和扭曲；当形式、观念和潮流从一个环境中被带往另一个环境中时，误释和扭曲就有可能发生。

翻译是从一个语言环境通往另一个语言环境的渠道，它容易产生最惊人的一类错误，即事实性错误。但它并非通往文学性偏离的唯一途径。

人们几乎可以说任何观念一经表述一经传递就会遭遇背叛。文学创作尤其如此，因为它的工具是一个共同体所接受的语言，换而言之，那种语言即为一组符号，它附带着传统价值并且不能保证能表述每个富有创意的头脑的鲜活状况。例如，一个诗人说出或写出"紫色"一词，他不能肯定每个个体读者头脑中唤起的视觉意象和他本人的感知是否有关联。毫无疑间，在某些情形中，两者毫无关联。

然而，我们不应夸大这类困境的重要性。毕竟通过一番努力，调整"群体语言"即普遍使用的词汇去适应个体经验的需求乃文学创作的本质。如果正确与否的判断和理解的交流是直接的、整体的和瞬间即达的，那么艺术可能会毫无意义。

当人们从广义的艺术领域进入专门的文学领域时，即一旦创作仅专注于书面文字，问题则变得迥异。实际上，如果我们谨记文学（写作）一词的原本意义，我们就必须承认文学观和写作观不可分离。拉丁文和中文表达文学这一概念时，采用的词根部首等都意为字母或文字，这一事实似乎高举着一种常被言之的观念，即口头文学之类不可能存在。

然而，雷蒙德·昆尼奥经常使用口头文学这一称谓。他就将他的《文学史》第一章（米尔西亚·艾里阿德撰写）命名为《口头文学》，对可能存在的反对观点做出小心翼翼的声辩："如果说使用'文学'一词而忽视其词源有滥用之嫌，那么对口语的美学使用却使这个受褒贬的词的应用得到扩展。"

我们可以就这一主张大谈一番。让我们且满足于认为昆尼奥并非以书面作品和口头作品作为创作品的特性为理由，而是以对它们的使用为理由，声称有权将书面作品的术语延伸至口头作品。这一态度表明文学的使用者，即公众，在文学的定义中起某种作用，其结果就是文学首先被定义为一种社会现象。

它也是一种美学的现象。假如我们记得"美学的"一词从古希腊语"感觉"一词中衍生而出，我们就不会在讨论文学本性方面虚耗时间。将跟艺术感知有关的称之为"美学的"完全合理；然而，当我们谈及文学创作时，我们应该更谨慎，"诗学的"一词源出古希腊语，意为创作，"诗学的"而非"美学的",才是对应文学创作的词。艺术家根据某种诗学模式进行创作,公众根据某种美学模式对创作进行感知。

在口头"文学"方面,诗学要素和美学要素存在差异的可能性甚微。一个进行创作的艺术家直接跟听众接触。他和听众一起形成一个具有活力的共同体。他进行自我表述的模式很可能按当地当时的听众感知他的模式进行调节。他的独白是一种戏剧性的独白,伴随着一组静默但确实存在的主角;他甚至可能会根据那一瞬间的刺激而做出必要的调节。任何一个有经验的讲座者都知晓念给听众听的讲座和从笔记中即兴发挥的讲座的差异。前者有一个书面,即文学的形式,后者实际为一场对话,根据听众而产生意想不到的变化。

如果进行创作的艺术家不在场,这也是任何经口头传统传播的艺术品的情形,他的原本意图和未曾设想的听众提出的新需求间的差异就会凸显。但这一问题的答案简单之至,进行传播的艺术家,不受任何书面文本和固定形式的束缚,做出新环境要求的改变。他无须为此受指责,他只是向一个持续的、集体的创作中增加进他本人具有创作性质的细微点滴。在《英国文学史的兴起》一书中,韦勒克指出中世纪文学很大程度是"共产主义性质的"和匿名的。究其就里,则是它是口头性的,或者保存了大量非书面创作的特点和习惯。

一旦创作被固化为某种创作者消失多年后依然不变的符号,艺术品的这样一种易受影响性就可能不再存在。任何一个偶然的读者,纵然时空遥隔,在身体和知识方面和创作者无任何接触,都可以使一首诗重获生机。后者的诗学和前者的美学之间的分歧此时难以克服,理解或感知或许最终和原先的意图无任何关联。将创作彻底固化为某种固定形式,是写作的主要效果，它似乎是任何文学的基本状况。当然，文学的定义都不让人满意，而且我们必须同意赫尔曼·保罗写的，我们不能从文学史领域中排除掉已经由语言表达的作品，就算它过去并非以书面形式存在或并非以某种简单的叙事或戏剧模式为基础。然而，实际却是，这一类作品得以保留和主要书面文学的历史关联，就在于其要么表达方式引人入胜，要么保留原初创作者的某些创作意图。

另一方面，原初的诗学形式强烈固化日甚一日，我们今日所称之文学在过往的世代中即从中产生。写作在过去仅为初级阶段，和死记硬背并无根本区别，无非由更可靠和耐耗的物质取代由诗人或讲故事者的脑神经细胞记录而已。但文本的复制和传播提出了同样的问题。当抄写员介入其中，他很可能修改他不懂的，或者至少通过总体误导性的评注进行解释。

印刷在过去显而易见是一种更显著和有效的方式将书面词语固化。这种技术手段将一种新的严格性和不可改变性带进艺术品中。艺术家保留了他全部的专利权。即使他的名字并未显现，但他会被称为这本书或那本书的作者。

然而，印刷文学最初的世代中，人们很少去阻止某些作者在他人书中借巢产卵或者盗版印刷者对原版为所欲为。《阿玛迪斯》或西班牙流浪汉小说被肆意修改或扩充，其它作品被灾难性地改编或编辑。给那种行为最终一击的并非艺术手段或技术手段，而是智力和体制的演化。法律和科学结合，保障作者不受时空束缚享受他权力的完整性。法律或多或少严格保护知识产权，语文学家和历史学家孜孜不倦地破解文字奥义，以求重塑文本原初的纯洁性，这些都慢慢赋予文学现在拥有的两大特性：对创作性诗学的文字一边倒的尊重，对感知性美学缺乏信心和轻视。

其结果就是一本书写出之后至少在表面无法更改。但是，与之相对的则是，任何书本不被故意改编以适应新环境的美学的话，人们都很难期待它们能向之后时代的和原初环境、社会共同体和国家之外的读者传递作者的意义。这一事实一再经某种惹人非议的例子而广为人知。翻译和电影改编为此类争论提供了精彩的契机。最近法国即有两例，一个是关于一家著名书友会出版的莎士比亚译本，一个是关于小说《危险关系》的电影改编。两个例子都是一个争论。舞台或电影专业人士说："如果听我们听学者的，我们可能会有一部作者理解和写出的作品，但我们将难以将其演出。"大学人士回应道："如果你不听，你可以将其演出，但你无权保留原书名，无权提及作者名字。它将为另外一本书，另外一场演出，另外一个产品。"

这一讨论步入了死胡同，以后亦必定如此。然而，它提出了一个严峻的问题，一个无解的问题，它关乎文学作品的本性。一本书一旦从诞生它的诗学和第一次拥抱它进入文学世界的美学中分离开去，也就是说从两者断奶，一旦它被移植进一个全新的环境，其间新的行为方式和观看事物的方式使它改变外表和意义并生长出从未想象过的花果，我们能够说它还是同一本书，展现出自身未曾设想过的潜力，还是称它整个就是另一本书？某些俄苏形式主义者，如托马舍夫斯基，已经准备了解答，他们认为任何翻译都是一种全新的创作，必须被当作接受端国别文学的一部分。

实际上，事情没那么简单。正如我们已经提及的，翻译和改编只是一个远为广阔的现实中的特殊例子而已。属于极端移植类型的书本，相对而言只是少数。在大多数例子中，书本自身不变，必须不借助翻译者或改编者那危险的帮助而寻觅存活之路。换而言之，我们可以从反方向说，一个属于某个既定社会群体的读者，阅读属于另一个有着迥异的知识习惯、价值、"条件反射"和政治、经济、科技背景的群体（社会共同体、国家、历史阶段）的书，他会面临一个难题——当没有工具，且不知是否会喜欢骨髓时，如何从坚硬异常的骨头中提取骨髓？

如果将《使用指南》和那本书一起送给他，也就是说，如果他是一个有文化有学养的人，知晓异国和过往时代中事物的状况，他或许能够重构那本书原本试图迎合的大众美学并作为一个鉴赏家享受阅读之趣。但对每一部书都进行重构，指望每一个读者都进行重构，这一过程太过艰难。

于是乎，唯一的解决出路就是故意错误地理解那本书，也就是说，用一种作者做梦都没有想过的方式使用它。虽然我们并未意识到这一点，它却是我们每天都在做的。我们解决骨髓－骨头这一命题的方式是吃下骨头，丢掉骨髓。笛福的《鲁滨逊漂流记》和斯威夫特的《格列佛游记》即为这一行径的两个知名例子。两本书现在都属于少儿文学，这一事实会让笛福大吃一惊，让斯威夫特暴跳如雷。他们的内容（语言和观念）对我们这个时代养尊处优的普通读者而言，要么难以理解，要么无甚趣味；它们被改编以适应孩子气的解读，这都借助于大量剪裁工作，后者压制了作者心目中的精华部分，而将本为更严肃的情节发展做铺垫的水手奇谈保留为兴趣核心。内容充其量也就是经修饰而迎合当下观念。发现格列佛为共产主义理想的支持者或鲁滨逊式行为颂扬着美式生活都不会让人大惊小怪。

最近，我应一个学术组织之邀，将18世纪末墨西哥启蒙文学名著利萨尔迪的《癞皮鹦鹉》译为法文。这部书作者使用所谓流浪汉小说类型情节和结构向读者推广那个时代的新哲学，我认为它是关于美洲大陆的观念史中一座重要里程碑，也就欣然允诺翻译。然而，该机构却提醒说该书会被大量剪裁以取悦20世纪的法文读者。当文本抵达时，我只看见被选出的苍白无力的流浪汉小说的情节部分。我当然进行过强烈抗议。作为学者，我是对的。但是，作为文学推广者和为利萨尔迪存活下去负责的译者，我是错的。如果《癞皮鹦鹉》只能作为一部流浪汉小说存活下去，当然不管怎样就让它变为一部流浪汉小说。

这就是我所称的"创作性偏离"。这一行为当然背叛了作者，但这一背叛延长了他或者更精确地说他的作品的生命。如果知识和道德的考虑让我们踌躇未决，那么就让我们说不要让一部名著永远地枯萎而应让它为饥渴的人性产生更多的乐趣、更多的智慧，这并非罪过或唐突。实际上，正如我们理解的，创作性偏离并未为作品增添什么。它只是价值的转移和诗学模式的重组。它不再是书本写就时的形态。但假定它是另外一个事物，对原初的创作而言完全异国陌生的事物，这是荒谬的。从一部上乘之作中，你可以产生无穷的高质量解读，它们会大大出乎作者想象。而一部低劣作品，不管怎么裁切肢解，都无法从中编辑出可供阅读的东西。

实际上，创作性偏离并非总是笛福、斯威夫特和利萨尔迪的例子中的激剧行为。它并非一幅大手笔的雕刻，而是满足于无限的微妙变化和细微的转移，它们合力而致原作整个发生变形却保留原作的独特个性。我们称它为创作性的，并非因为它以新作取代旧作，而是因为它是一个连续不绝的创作过程中的一环。

我们不信女巫，而莎士比亚时代的人却对其深信不疑；很明显，《麦克白》中女巫的美学价值对两个时代的人而言不可相提并论。当时她们被当成令人惊恐的现实，而今却被感知为令人惊奇且具阴暗之美的虚构。任何试图以莎翁原意在剧中使用女巫的导演都注定会失败，但他依然可以在莎翁的艺术那里寻找一种莎翁未曾设想的方式使用她们。莫里哀的《塔图》（《伪君子》）在法国被认为是丑化某个耶稣会士，尽管有人质疑莫里哀本人是否如此认为。毫无疑问，塔图是一个罗马天主教徒，也是一个伪君子。当1670年该剧被译为英文时，已然厌倦共和国时期反天主教浪潮的英国人，以他们心目中的虚伪性取而代之，那部剧的名字就变为《塔图——法国清教徒》。我们阅读荷马或拉辛笔下的安德洛玛刻，依然会在我们这个时代为她的品性感动不已。对于我们而言，她象征着夫妇之爱；她是一个永恒的妻子。但是，一位当代法国的已婚妇女已很难说就是路易十四时代的已婚妇女，和赫克托尔时代的已婚妇女毫不相干。仅仅历史学家才能重构一对特洛伊夫妇的实际关系，但他并不会以它存在的方式去感受它。实际上，当下法国美学包含着某一个荷马作品中的社会形象，而它是吉罗杜创构的，是对原初的荷马极为刻意和有意识的偏离。然而，一代法国人品玩过"吉罗杜调过味的"《伊里亚特》，正如他们的父辈品玩过"维克多·伯拉德调过味的"《奥德赛》。

很容易举更多例子。实际上这一事实如此普通，以致常被忽视，因此有必要给予其特别关注。它或许不能向我们昭显文学创作的秘密。但我们现已知晓存在着某种由进行创作的艺术家发起但并非终结于他的演变进程，将其系统勾勒出或可表明我们对此的任何理解。维格尼将艺术家带给世间的诗比拟为沉船水手投入大海的漂流瓶。实际上，作品一经发表并献身于文学生活正反激荡的潮流，诗人就已然失去对它的权力。他认为有人会阅读瓶中信息才会将瓶扔入大海，但他不能确定信息是否会被理解。吉卜林曾写过，他唯一能期望的就是它能唤起某种未曾想象的快乐和激情。

　　无人误读，是书本消亡的途径。在那之前，先别说任何一本书是好是坏。

纪伯伦在中国的传播现象研究

——译介与研究的反差及其反思 *

甘丽娟　苗学华 **

黎巴嫩旅美诗人纪伯伦·哈利勒·纪伯伦（1883—1931）是第一位被译介到中国的阿拉伯作家，其作品在中国的阿拉伯文学译介中数量仅次于《一千零一夜》。

纪伯伦作品在中国的传播首先是以译本的出版与发行为中心，其次是围绕译本进行研究的学者与译者的共同推进，以及以网络文化为中介的媒体宣传。简要来说，所谓"传播"，一是指纪伯伦作品在中国翻译或称译介的情况，一是指中国学界对其创作进行评论和研究的情况。

关于纪伯伦作品在中国的译介与研究，目前国内多有学者在文章或著作中涉及。但是，其论述或简单而片面，或论及时间过短而不系且多带有综述性质，不仅遗漏颇多，而且有些错误至今仍在学界影响不断，甚至有以讹传讹的倾向。如比较

---

* 本文系国家社科基金项目"纪伯伦在中国的传播与影响研究"（11BWW021）结项部分成果。

** 甘丽娟，天津师范大学文学院教授，硕士生导师，研究方向：东方文学与比较文学；苗学华，哈尔滨师范大学外国语学院副教授，硕士生导师，研究方向：西方文学与比较文学。

典型的一个例子是，中国学界大多都认为中国的第一部纪伯伦全译本是由新月书店1931年出版的冰心译本《先知》[1]，这种观点其实是不正确的。

如果仅就《先知》的翻译而言，冰心是将纪伯伦的诗集《先知》译介到中国的第一人。但是，如果说真正意义上的第一部纪伯伦作品全译本，则是由北新书局1929年12月出版的刘廷芳之译作《疯人》[2]，其译者刘廷芳不仅是将纪伯伦作品完整译介到中国的第一人，也是20世纪20—30年代中国译介纪伯伦作品数量最多的一个译者。

之所以会出现上述的误读现象，主要是由于刘廷芳作为20—30年代中国基督教界的主要领袖，把大多精力都投放在燕京大学的行政事务和中国的基督教活动上，因此在当时中国文坛上的名气不如冰心大；其次是他所翻译的三部诗集《疯人》《先驱者》[3]和《人之子》[4]的译文都是最先发表在燕京大学宗教学院最重要刊物《真理与生命》上，三部译著中只有《疯人》是公开出版的，《先驱者》是译者自费出版且印数只有100册，主要是赠给好友亲朋，其流通范围有限，而《人之子》却从未结集出版过；此外，这三部著作都是纪伯伦创作中宗教感较强且与"圣经文体"形式相近的散文诗集，理解难度较大，所谓曲高必然和寡，再加上其译作受发行量和发行范围的

---

[1] 《先知》是纪伯伦散文诗集的代表作，1923年在纽约出版。

[2] 《疯人》是纪伯伦的第一部英语散文诗集，1918年在美国纽约出版。

[3] 原译名为《先驱者——他的寓言和诗歌》，是纪伯伦的第二部英语散文诗集，现译为《先驱者》。1920年在美国纽约出版，

[4] 原译名为《人之子——他的言语与行为——照着当时认识他的人所记载与转述》，现译为《人子耶稣》。这部散文诗集被称作"纪伯伦福音书"，1928年在美国纽约出版。

限制，以及当时中国译坛对外国文学名家名作的译介正处在轰轰烈烈的上升时期，就使得刘廷芳所译介的纪伯伦作品对一般读者或作家而言产生的影响不是很大。客观地说，纪伯伦为中国读者所熟悉，主要还是从现代著名作家冰心译出其代表作《先知》开始。

另外，学界关于纪伯伦作品译介的研究只局限于中国大陆，而对台湾和香港地区却鲜有涉及，这就使得所谓纪伯伦在中国显得不够全面，名与实也不相符。有鉴于此，笔者力图全面梳理和考察纪伯伦作品在中国的译介研究等接受的情况，真实呈现纪伯伦作品中国之行的主要脉络，从而进一步探寻中国的译坛及学术界在翻译研究这位旅居美国的阿拉伯作家作品的过程中，是如何随着不同时期中国国情的变化而呈现出不同的译介与研究特点。

解读纪伯伦的创作，并对其作品进行全面深入的研究，了解其作品的译介史就成为必须和首要的前提，这也是对纪伯伦在中国传播情况展开研究的基础。所以，梳理纪伯伦作品在中国的译介过程，实际上就是展示其作品在中国传播的基本路径。

一、以译者为主体、以译本为中心的传播历程

纪伯伦作品在中国的传播历程主要是通过作为传播主体的译者的辛勤耕作和译本的出版发行来进行的，这一历程自20世纪20年代开始至今近百年，共分为三个阶段：20世纪20—40年代，20世纪70—80年代，20世纪80年代后期至今。

（一）纪伯伦在现代中国的传播

　　20世纪20—40年代是纪伯伦及其作品在中国译介的初始阶段，也是纪伯伦在中国的传播时期，主要译者茅盾[1]、张闻天[2]、沈泽民[3]、赵景深[4]、刘廷芳和冰心等不仅都是活跃于当时文坛的作家与翻译家，而且每人几乎都是身兼数职，如茅盾曾兼任《小说月报》的主编，赵景深兼任开明书店编辑和《文学周报》主编，沈泽民、张闻天是文学家和革命家，刘廷芳、冰心则是教授兼文学翻译家等。他们对纪伯伦作品的译介是出于一种自发的热爱之情，其译作或是发表于当时一些著名的文学刊物如《文学周报》和宗教刊物如《真理与生命》，或是由当时著名的出版社如北新书局、上海书店印行。经过他们的努力，纪伯伦作品在中国逐渐由单篇的零散译介开始转向对整部作品的译介，《疯人》《前驱者》《人子耶稣》和《先知》等都是纪伯伦散文诗创作特点较为显著的作品，基本上能够代表诗人创作后期的主要成就。

　　茅盾是纪伯伦作品在中国译介和引进的先驱者。刘廷芳是将纪伯伦作品完整译介到中国的第一人，其译本《疯人》开创

---

[1]　茅盾是第一位热心翻译纪伯伦作品的译者。他于1923年6月在《努力周报》第57期发表《诗人》等3篇译文，在《文学周报》第86和88期发表《圣的愚者》《批评家》等5篇。上述8篇译文均出自纪伯伦的第二部英语散文诗集《先驱者》。

[2]　张闻天译《波斯诗人Gibran的散文诗》3篇，分别是《狂人》《我的朋友》《新年的快乐》，发表于1923年10月28日《创造周报》第25期。译文取自纪伯伦第一部英文诗集《疯人》。

[3]　沈泽民译诗3首《诗人》《一知半解》和《愚虔者》发表于1923年12月《中国青年》第10、11期和1924年《文学周报》第105期。译文均取自纪伯伦的第二部散文诗集《先驱者》。

[4]　赵景深翻译《吉伯兰寓言选译》，发表于1927年8月《文学周报》第279期。

了中国译介纪伯伦作品的先河。他不仅是对纪伯伦的创作概况了解和介绍最多的一位学者，也是译介纪伯伦作品数量最多的一个译者。冰心的译本《先知》则成为中国译介纪伯伦作品的经典文本。

但是"当三十年代初冰心先生打开纪伯伦译介和研究的大门时，本该有一批人'跟进'。但奇怪的是，自那时起竟出现了长达半个世纪的'空白期'，除了《先知》曾经重印过一两次外，几乎没有任何新译出现！应该说，这是我国外国文学翻译界和研究界的一大失误……"[1] 的确，自《先知》译本出版后，纪伯伦作品在中国的译介出现了长达十几年的空白时期，这固然与当时译坛对西方文学名家名作的大量译介有关，也与纪伯伦自1931年4月10日病逝后从美国文坛上消失、没有继续出版引人注目的文学作品有关。当然，更重要的是与当时中国连续遭遇的战争灾难有关。

（二）纪伯伦在港台地区的传播

20世纪50年代中期中国大陆译坛多是通过俄译本转译纪伯伦早期的阿拉伯语作品[2]。但是随着20世纪60年代初期中国与苏联关系的中断，特别是1966年开始的"文革"，中国大陆译坛出现了万马齐喑的局面；而同一时期香港和台湾地区的纪伯伦作品译介却取得了较为可观的成就，其中20世纪70—80年代台湾地区的成就更为突出。

---

[1] 伊宏编：《纪伯伦散文诗全集》，杭州：浙江文艺出版社，1993年，序第2页。

[2] 苏龄、哲渠在1957—1959自俄文分别转译过《虚荣的紫罗兰》等8首诗；水鸥在1960年自俄文转译过《来自巴罗的玛尔塔》和《瓦尔达·阿里·哈妮》。

香港地区对纪伯伦作品的关注开始于20世纪50年代后期丘向山对《先知》的译介[1]，20世纪70年代中期杜渐集中译介了纪伯伦的小说[2]，但这种单人独译的局面没有引起多大的注意与反响；而台湾地区却成果丰硕，成为这个时期中国译介纪伯伦作品的中心。

揭开台湾纪伯伦作品翻译序幕的是1970年王季庆《先知》译本的问世[3]。此后，各种纪伯伦作品的中译本不断出现：从《疯人》《人子耶稣》等被翻译出版，到《流浪者》[4]《破翼》[5]等首次在中国译坛的出现，还有第一个中英对照本的《纪伯伦全集》[6]，使台湾的纪伯伦作品译介在短期内出现了这样一个热潮：同一作品不断出自不同译者和不同出版社，且同一个译本不断再版，如《先知》在三年时间里就出现了四个不同的译本[7]，甚至同一年竟有两个译本同时出现[8]，《流浪者》在两年的时间里先后出现了三个不同的译本[9]，《疯人》的译介也

---

[1] 《先知》译本1958年由香港友联出版社出版。

[2] 纪伯伦的短篇小说7篇都用阿拉伯语写作，杜渐翻译了其中的5篇，皆由英文转译。

[3] 《先知》译本1970年由台北纯文学出版社印行。

[4] 《流浪者》是纪伯伦生前完成的最后一部英语诗集，出版于诗人去世后的1932年。

[5] 《破翼》是纪伯伦用阿拉伯语写的第一部中篇小说，1911年在黎巴嫩发表，也译为《折断的翅膀》。

[6] ［黎巴嫩］纪伯伦著，杨姗姗译：《纪伯伦全集》，台北：林白出版社，1973年。这部只有一卷的英汉对照本，不可能展示纪伯伦创作的全貌，将其称为"全集"有些勉强，称其为"作品集"可能更为妥当。

[7] 四个译本分别是1970年台北纯文学出版社的王季庆译本、台北水牛出版社的叶松发译本、台南新世纪出版社的卓洛琳译本，1971年大行出版社的林芙蓉译本。

[8] 1970年8月台北水牛出版社的叶松发译本和台南新世纪出版社的卓洛琳译本。

[9] 1971年台北水牛出版社出版蒋伯川的初译本和台南新世纪出版社发行的卓洛琳的译述本；1972年台北正文出版社的陈君懿的英汉对照本。

是如此 [1]。

尽管20世纪70年代初期台湾的纪伯伦作品译介出现了第一个高峰，但因为无计划的整理翻译，且不能由一家出版商全盘主理，很容易出现重复且有因袭充数之嫌。上述局面很快因1973年水牛出版社出版郭祖欣翻译的《纪伯伦评传——此人来自黎巴嫩》得到扭转：这是由美国女作家巴巴拉·杨在纪伯伦于1931年去世不久写成的一部传记，它在增进人们对纪伯伦生平与创作的了解、推动台湾学者进一步译介纪伯伦作品的热情方面起到了不小的作用。

其后的纪伯伦译介工作开始转向以前译介较少或没有译介的作品，如《先知花园》《沙与泡沫》《大地之神》《泪与笑》《纪伯伦书简》《纪伯伦情书全集》《人子耶稣》等都开辟了台湾乃至中国首译的先例。台湾的纪伯伦译介在20世纪70年代后期出现了第二次高峰。尤其值得提及的是，这个时期还改变了此前纪伯伦诗集单部译介的局面，出现了以一人之力独译多部作品的局面。闻璟是20世纪70年代上半期台湾的纪伯伦作品译介中，成就较为突出且译本也颇有特色的译者。他独自翻译了《先知花园》[2]《沙与泡沫》[3]《大地之神》[4]《泪与笑》[5]等多部散文诗集。

----

[1] 1972年台北正文出版社的陈君懿译本和天人出版社的林冠美译本。

[2] 《先知花园》被称作《先知》的姊妹篇，在纪伯伦去世两年后的1933年出版，中译本于1972年由台北志文出版社出版。

[3] 《沙与泡沫》发表于1926年，此前冰心曾于20世纪60年代发表译文，但到20世纪80年代初期才结集出版。闻璟译本于1974年由台北巨人出版社出版。

[4] 《大地之神》问世于1931年纪伯伦去世前几天，是诗人生前出版的最后一部作品。

[5] 《泪与笑》是纪伯伦用阿拉伯语创作，并于1914年结集出版的第一部诗集。

当然，在所有纪伯伦作品的译者中功绩最为卓著者当属岑佳卓。他一人用10年时间独自翻译纪伯伦的几乎所有作品，自费印行数字达百万的中国第一套《吉布兰全集》[1]五卷于1980年面世。这既是台湾20多年来纪伯伦作品译介工作的总结，也是中国第一次将纪伯伦作品全部结集出版。

如果说，岑佳卓是众多译者中的佼佼者的话，那么《先知》则是台湾译坛的领军译本：在10年的时间里，台湾先后竟有十几个不同的《先知》译本出版。该译本的出版也带动了纪伯伦其他作品的译介和出版。

总体上看，这个时期纪伯伦作品在中国逐渐进入了全面译介阶段，中国译坛的格局也开始发生变化：逐渐由前一时期内地（大陆）一枝独秀转向香港和台湾地区的全面开花。

（三）纪伯伦在当代中国的传播

20世纪80年代之后，台湾的纪伯伦译介工作渐趋降温，直至整个20世纪90年代几乎处于停顿时期[2]；但此时的大陆译坛却随着改革开放的步伐，在整个外国文学译坛的译介热潮中迎来了对阿拉伯文学的关注和对纪伯伦作品的全面译介，在20世纪80年代中期以后进入蓬勃发展并取得显著成绩的时

---

[1]　译者岑佳卓于1980年自费印行的《吉布兰全集》经过修订后共14卷，分为上下两辑，于1989年再次自费印行。

[2]　原因一是纪伯伦作品在上一阶段基本译介完毕，二是与新著作权法的颁布实施有关。新著作权法使台湾地区的外国文学译介与出版受到了某种程度的限制，作为外国作家之一的纪伯伦及其作品的译介也因此受到"株连"。可见，纪伯伦作品在台湾译介的降温和停顿，同在大陆的译介中断和缺席一样，都与客观环境的影响密切相关。

期，译坛开始出现专业的阿拉伯语翻译家[1]。

进入20世纪90年代，纪伯伦作品的译介在大陆呈现持续升温的局面。1991年，中国阿拉伯文学研究会在北京举行第三次阿拉伯文学学术研讨会，以纪伯伦文学艺术创作研究作为中心议题，将如何提升和深入研究纪伯伦的文学创作作为推动纪伯伦作品在中国进一步译介和出版的强大动力，以"纪伯伦诗文集"为副标题的《先知的使命》[2]和《纪伯伦散文诗全集》[3]等纪伯伦作品选译本纷纷问世。

上述译本所选入的虽然都是纪伯伦前期创作的作品，但其具有纪念意义的出版却显示：专业的阿拉伯文学译者的出现，改变了过去由英语文本译介纪伯伦作品的单一局面，促使大陆开始大量引进并译介纪伯伦作品的热潮，也为用阿拉伯语和英语共同翻译纪伯伦作品的双语时代到来奠定了基础。

1993年是纪伯伦诞辰110周年，把出版《纪伯伦全集》作为最好的纪念，成为诸家出版社和众多的读者与研究者的共识。因此，大陆有多家出版社都计划出版纪氏文集。1994年，甘肃人民出版社与河北教育出版社几乎同时推出了两套不同版本《纪伯伦全集》。

第三套《纪伯伦全集》（五卷本）是2000年人民文学出版社组织多位英语专家和阿拉伯语学者，经过10多年的艰苦

[1]　1980年《世界文学》第3期集中刊载的译文如《沃丽黛·哈妮》等5篇，选自纪伯伦用阿拉伯语创作并于1914年出版的诗集《泪与笑》；1983年《译林》登载南京大学阿拉伯语博士生郭黎翻译（朱威烈校译）的中篇小说《折断的翅膀》。

[2]　李琛编选，冰心等译：《先知的使命——纪伯伦诗文集》，北京：中国工人出版社，1992年。

[3]　伊宏编：《纪伯伦散文诗集》，杭州：浙江文艺出版社，1992年。

努力和共同劳动而得以面世的，它几乎收集了纪伯伦的全部小说、诗歌、散文和绘画作品（除1931年写的《皇帝和牧人的对话》未收入），基本上是按作品出版顺序编排，且都是从原文直接翻译。黎巴嫩驻华大使法里德·萨玛赫为《全集》撰写了序言。《全集》中还配有大量的插图和照片，有助于增加读者对纪伯伦作品的理解。

上述三部《纪伯伦全集》的出版说明，纪伯伦作品在中国的传播已经全面开花，要想译介出新作恐怕还有待于对纪伯伦作品的进一步发掘，但这并没有阻止纪伯伦译介工作的终止；相反的是，对纪伯伦作品的热爱不仅使更多新的译者加入到译介行列中来，而且也激励了阿拉伯语言和文学的教授学者各显神通，花大力气重译、改译、补译纪伯伦的作品，形成了一个竞争的局面。

进入21世纪，中国大陆译者对纪伯伦作品的译介热情依然没有降温。薛庆国翻译的《纪伯伦爱情书简》[1] 收录了纪伯伦写给玛丽·哈斯凯尔和梅娅·齐娅黛两位女性的情书共209封，这是中国大陆单独结集出版的第一部纪伯伦书信集。其后，几乎每年都有新译本问世，尤其是《先知》的译者行列中不仅仅是又增加了几个新手；而且，一人多译也成为新世纪译界中的一种现象。

该时期纪伯伦作品的译介持续升温，除前期译介的纪伯伦作品不断重印和再版外，译介趋势发生了较大的变化，即对纪伯伦作品的译介逐渐由过去的多元向一元方向发展，主要表现

---

[1] ［黎巴嫩］纪伯伦著，薛庆国译：《纪伯伦爱情书简》，石家庄：河北教育出版社，2001年。

在《先知》多个中译本的出现以及以一人之力翻译出版多种纪伯伦作品和《纪伯伦全集》的局面。当然，纪伯伦情书的译介与其他单行本的出版，也是其中较为亮丽的一道风景线。

阿拉伯语言文学专家李唯中举一人之力独自翻译《纪伯伦全集》[1]，成为新世纪纪伯伦作品译介者中的佼佼者，其成就可与台湾译者岑佳卓媲美。

在新世纪的纪伯伦作品翻译者的行列中增加了许多新译者，他们与老译者一起共同为纪伯伦在中国的译介和传播做出了贡献。尽管他们的理解不同，翻译风格各异，但可以肯定的是："纪伯伦作品的新老译者，态度都是严肃认真的，译品也是各有千秋的。各种译本都有其存在的理由和价值，是不能也不必互相取代的。其实许多细心的读者，有时极愿看到名家名作的多种译本，因为读到的译本越多，愈能接近原作的精神。而不同的译本，体现了不同的翻译主张和理论，对译者们提高翻译水平大有好处。"[2]

译本是翻译工作者的最终劳动成果，其本身就凝聚着译者的心血，是一种创造性劳动的结晶，在传播过程中其媒介作用是非常重要的，尤其是在纸质印刷的时代。即使是在多媒体网络文化背景下其作用也不可忽视。

总之，纪伯伦作品译介热的出现及持续升温首先是与中国译坛和文坛的需求相一致，其次是与近年来市场经济繁荣条件下中国文学经典通俗化时代的经典普及，普通读者大众对经典文化的审美心理需求相一致，当然，更与和平诗人纪伯伦在

---

[1] ［黎巴嫩］纪伯伦著，李唯中译：《纪伯伦全集》，南昌：百花洲文艺出版社，2007年。

[2] 伊宏主编：《纪伯伦全集》（下），兰州：甘肃人民出版社，1994年，第482页。

《先知》中对"爱""婚姻""孩子""教授""施与"等内容的论述与商业化时代人们对真理与真情的渴望有关。

二、兼有传播与影响特质的学界研究

纪伯伦在中国的研究是中国学术领域的重要收获,是随着中国译坛对其作品全面译介的完成而不断展开并逐步走向深入的。

研究纪伯伦的学术主体由外国语言文学和中国语言文学两部分人员组成:前者多以纪伯伦作品的译介者为主,他们大多是在国家科研机构和高等院校从事研究和教学的专家和学者,其中既有阿拉伯语言文学方面的,也有英语言文学方面的,这正与纪伯伦双语创作的特色相吻合。作为翻译主体的译者既是以阅读者的身份参与了对纪伯伦作品的译介和评述,同时又在中国的纪伯伦研究方面起到了开拓者或领军者的作用。而后者多是在高等院校从事中国语言文学教学的专家与学者,他们作为译本的接受者和读者则是借助翻译文本,采用文本细读等方式,从文化传播与交流的角度解读纪伯伦的文学创作,从理论层面进行深入的分析研究。可以说,学界研究既是纪伯伦在中国传播的继续和深入,也是纪伯伦在中国产生影响的组成部分或者实际证明,总之是介于传播与影响之间的一座桥梁。

目前,中国关于纪伯伦的译介与研究已经取得了不少成就,但缺少系统的梳理与研究。尽管这一研究多集中于资料的收集整理,属于基础性的研究工作,但又是理论性研究工作必不可少的保证。

纪伯伦的作品自20世纪20年代被译介到中国后，对作家及其作品的研究首先表现在译介者的译文或译本"前言""译者序"或"译者后记"的文字表述中，这一现象基本贯穿于纪伯伦作品在中国传播的始终；其次是以学术刊物为阵地发表的研究论文，其中也包括在中国知网发表的有关硕博士论文；再次是以出版社为中心出版的有关学术论著。

（一）20世纪前的研究概况

纪伯伦作品被引介到中国的早期，几乎所有译者都是以见诸报端后记和附白或者是译本序等形式，并以简短文字介绍作者国籍与创作概况，20世纪60—80年代港台的纪伯伦作品的研究相对来说显得较为冷清，除了一些译者在译本的前言和后记中有介绍外，只有林锡嘉在1975年公开发表《纪伯伦及其〈破碎的翅膀〉》[1]和《纪伯伦的精神世界》[2]等两篇研究性文章，1979年香港学者穆川发表《关于纪伯伦的小说，诗与画》[3]。

大陆学者对纪伯伦的研究始于1983年，该年度为纪念纪伯伦诞辰100周年，有六位阿拉伯学者撰文回应。此后每年都有文章见诸报端。从发表角度来看，《阿拉伯世界》《国外文学》以及《文艺报》等高层次的专业报刊成为学者们发表学术见解的主要阵地。伊宏、朱威烈、林丰民、马瑞渝等人在纪伯伦评

---

[1] 台湾《新文艺》，1975年第227期。

[2] 台湾《台肥月刊》，1975年第1期。

[3] 香港《开卷》（月刊），1979年1月号。

论和研究中做出了较大的贡献。

（二）21世纪初期的研究概况

全球化文学时代的到来，提供给世界各民族通过文学与文化的交流与沟通找到平等对话的平台，受此影响的中国纪伯伦研究开始打破以往对纪伯伦东方身份的关注和强调以及东西方文学二元格局的对立模式，将目光转向全球化视野中的世界文学研究。20世纪90年代中国对纪伯伦文学作品引介过程的基本完成以及前期研究成果的发表，为新世纪的纪伯伦研究奠定了扎实的文本与研究基础。因此进入新世纪后，开始出现系统性的纪伯伦研究成果。

通过梳理可以发现，2000—2016年的17年间，共有7部专著出版、约50多篇在各类刊物上发表的论文，20篇硕博士论文，与上一时期即20世纪80—90年代相比，可以说这是纪伯伦研究走向繁荣并逐渐深化的时期。专著的作者李琛、郅溥浩等不仅成为中国学界纪伯伦研究的引领者，而且其专著多以理论和个案探讨为特点，是迄今为止关于纪伯伦研究中系统深入且具有学术个性的成果，在纪伯伦研究中具有创新性，对读者重新认识和理解纪伯伦也有所助益。

硕博士论文的大量出现，是纪伯伦研究中的一个新亮点。与前一时期只有1篇硕士论文相比，不仅数量上呈现出直线飙升的态势，且研究选题也逐渐向专题化方向拓展。运用新的理论和方法如形象学、传播学、译介学等进一步开拓了纪伯伦研究的空间，显示出学院派特点的研究具有较强的发展势头，也具有较大的学术潜力。

17年间公开发表的50余篇论文，作者多是在高校从事外国文学教学和研究的人员，说明有越来越多的人已经关注和研究纪伯伦，文章的选题较前一阶段有所提升和拓展。

　　从发表文章的层次与级别来看，《中国翻译》《阿拉伯世界》《国外文学》仍然是主要的专业刊物，但大多数文章都是发表在一般师范院校或专科学院的学报上，还有一些刊物似乎与专业无任何关系，其中有近一半的文章以赏析为主，研究程度较弱。

　　通过以上分析可以看出，中国的纪伯伦研究随着其作品在中国全面译介的完成，取得了一些成就并逐渐向深度发展。但就广度来讲，与纪伯伦作品在中国的译介相比，其评论和研究不仅有些滞后，甚至稍显冷落。

　　以《先知》的译介与研究为例：译本在20世纪60—70年代的台湾就有近30个，大陆自冰心1931年的《先知》译本之后，至今出现的新译本也不下20个，另外还有香港地区的丘向山译本。如果不算重译本和复译本，只是初译本加起来至少也有50个。但是，自20世纪90年代至今围绕《先知》发表的文章大约有30多篇，而较有学术含量的文章却寥寥无几；以赏析为主的文章多是选取《先知》中的一首或两首散文诗进行鉴赏，难以达到全面或深刻的程度。

　　而围绕《先知》译本出现的9篇研究翻译方面的文章，多是研究冰心与《先知》的关系。虽然冰心之后有更多译者加入到《先知》的译介行列中来，但就目前笔者所掌握的资料，只有一篇是研究钱满素对《先知》的翻译。可见，对《先知》的评论和研究的相对冷清，与《先知》译介和出版的热情局面不仅形成鲜明对照，甚至可以说颇为滞后。

三、反差的原因探寻与反思

纪伯伦作品在中国译介出版的热情和数量与纪伯伦在中国的研究和影响的冷清形成了强烈的反差，其现象正如中国著名的阿拉伯文学翻译家和学者仲跻昆所指出的："我国读者热爱纪伯伦。但这种爱多是出自感性的，还缺乏理性的分析、指导；纪伯伦作品出的不少，但有关纪伯伦及其作品的研究者仍是凤毛麟角，远远不够的。纪伯伦是用阿拉伯语与英语双语写作的作家，我们对纪伯伦的研究也应是全面的、多方位的。"[1]

那么，如何更好地理解纪伯伦的作品？如何全面展开对纪伯伦的研究？笔者认为，如果说解读纪伯伦创作的多元文化背景[2]是问题的关键所在，是构成纪伯伦在中国研究与影响的重要内部因素外的话，那么，不可否认的外部因素则是纪伯伦作品在中国译介与出版多样化过程中的不足。

纪伯伦作品在中国译介的持续升温并没有完全促成纪伯伦研究与影响的全面展开，究其外部原因，主要表现在两个方面：一是译本多样化中的不足，二是纪伯伦传记译介与创作的薄弱和缺失。

---

[1]　马征：《文化间性视野下的纪伯伦研究·序一》，北京：中国社会科学出版社，2010年。

[2]　纪伯伦一生历经多种文化环境。其祖国黎巴嫩特殊的地理位置与历史变迁，与其他阿拉伯国家的文化有差异，作为一位信仰基督教的阿拉伯人，他又与西方国家的基督教信仰文化不同；阿拉伯文化虽然兼容并蓄，但迥异于中国、印度等其他东方国家的文化；纪伯伦虽然受到欧洲和美洲文化的熏陶，但又不完全认同西方文化。

（一）译本多样化中的不足

目前纪伯伦的作品虽然基本上被全部译介到中国，他的每部作品几乎都不止于五个译本，如《先驱者》《疯人》《人子耶稣》《流浪者》以及《折断的翅膀》等。当然，纪伯伦诗集中被翻译最多且出版单行本也最多的是《先知》，除此之外，还有多种多样的《纪伯伦散文诗选集》《纪伯伦散文诗全集》以及五套《纪伯伦全集》和各种版本的《纪伯伦情书全集》《纪伯伦书简》等。

上述译作中既有从英语和其他语种转译的，也有从英语和阿拉伯语直译过来的，但是由于译者众多且其所处的语言文化背景与时代不同，译者本身所具有的文化知识与文学修养不同，故对纪伯伦作品的理解与阐释也不同。尤其是作为翻译主体的译者所采用的翻译方法不同，如在处理人名、地名等的翻译时，有的采用音译，有的采取意译，因而呈现于读者面前的译作，即使是同一部作品在某些内容的翻译上会有不同的甚至是相反的表述。如在人名翻译方面，有的将英国玄学家布朗（1778—1820）错译成意大利的布鲁诺，把德国诗人歌德错译成英国诗人戈蒂耶；把阿拉伯著名哲学家安萨里（1058—1111）音译为加扎利。再如关于印度教女神，有的译为"时母"，有的则译为"伽利"，而在中国的《东方文学史》或《印度文学史》中一般则写为"迦梨"，她是印度神话中掌管知识的智慧女神。印度古代著名戏剧家迦梨陀娑的名字即是"迦梨女神的奴仆"的意思。上述所举之例只是为了说明：由于译本众多，译法不同，容易让本来就不是很了解文学和文化知识的读者感到无所适从。

译本的多样化固然说明了我国译坛与出版事业的繁荣，但是伴随急功近利的商业化炒作所带来的鱼龙混杂，使读者面对良莠不齐的译本，有束手无策之感，经常在网络上看到有读者发问，究竟哪个《先知》译本更好？更适合阅读？更具有参考价值？除《先知》外，《纪伯伦全集》目前虽然已出版过至少不下5套，但某些作品的译本却很少出版单行本，尤其是《人子耶稣》。自20世纪30年代至今，尽管有不少译者翻译过该诗集，但在大陆竟没有出现过一个单行本。大部头多卷本的译作可能为研究提供了较为方便的文本，但对一般读者的阅读来说，却是既不经济也不方便的。

（二）传记译介的薄弱与撰写的缺失

众多被译介到中国的外国文学名家如海明威、卡夫卡等，其传记作品往往多达几十本甚至上百本，即使是由中国学者撰写和译介过来的也不会少于10本。据笔者目前所掌握的资料可知，自纪伯伦1931年去世到21世纪20年代，由中外作家和学者撰写的纪伯伦传记共有8部，分别是：《东方冲击波——纪伯伦传记》[1]、*This Man from Lebanon：A Study of Kahlil Gibran*（《此人来自黎巴嫩——纪伯伦研究》）、*The Biography of Giran*（《纪伯伦传》）、*Kahlil Giran：His Life and World*（《哈利勒·纪伯伦：他的生活与世界》、*The Messiah：Commentaries by Bhagwan Shree Rajneesh on Kahlil Giran's "The Prophet"*（《弥赛亚：哈利勒纪伯伦〈先知〉解读》）、*Kahlil*

---

[1]　伊宏：《东方冲击波——纪伯伦传记》，海口：海南出版社，1993年。

Giran : A Prophet in the Making（《哈利勒·纪伯伦：成长中的先知》）、*Kahlil Giran : Man and Poet*（《哈利勒·纪伯伦：人与诗人》）、*The Life and Times of Kahlil Giran*（《哈利勒·纪伯伦的生活与时代》）。其中，由中国学者撰写的只有一部。

中国在2000年前共翻译出版过两部有关纪伯伦的传记，一部是台湾在1972年出版的郭祖欣自英语翻译的《纪伯伦评传——此人来自黎巴嫩》[1]，一部是大陆在1986年出版的程静芬自阿拉伯语翻译的《纪伯伦传》[2]。这两部传记的作者分别是美国人巴巴拉·杨和阿拉伯人努埃曼。两位作者都曾与纪伯伦的关系非常密切。但是，台湾译介的《纪伯伦传记》只在1975年再版过一次，且没有传到大陆；而大陆译介的《纪伯伦传》只在1986年出版且未再版过，仅就其发行数量和时间来看，两个版本在一般市面已很难见到，就影响范围来说，与其后的纪伯伦作品译介与出版状况相比大概是百分之一。

《纪伯伦评传——此人来自黎巴嫩》是纪伯伦的崇拜者和秘书巴巴拉·杨在纪伯伦去世后不久写出的只有几十页的小册子，也是最早译介到中国的第一部纪伯伦传。书中较为生动地描述了纪伯伦生命最后7年间的思想与创作情况。但是，对于这部传记，纪伯伦的挚友努埃曼却颇有微词，认为："作者在书中塞进了一些无稽之谈，还声称说这些东西直接来自纪伯伦

---

[1] ［美］巴巴拉·杨著，郭祖欣译：《纪伯伦评传——此人来自黎巴嫩》，台北：水牛出版社，1973年。

[2] ［黎巴嫩］米哈依勒·努埃曼著，程静芬译：《纪伯伦传》，长沙：湖南人民出版社，1986年。

之口。……纪伯伦尸骨未寒，已经成了神乎其神的神话了。"[1]

努埃曼和纪伯伦都是移居美国的黎巴嫩作家，在共事15年中经常一起讨论问题，欣赏切磋彼此的新作，培植了深厚诚笃的兄弟情谊。基于对巴巴拉·杨著作的不满，努埃曼决定"不想按一般写传记的陈规俗套"写一本关于纪伯伦的书，而是要写出"有血有肉、活生生的纪伯伦本人"[2]。因此他写作的《纪伯伦传》不是采用编年或纪实等一般传记所采用的方法，而是采用文学叙事的手法，由作者进行刻意的安排："这框架的开始和结尾都是'死亡'。我选用这一章主要说明，地球上任何人的生命都只是死亡的雾环绕着的疏漏，这疏漏中最美的就是那穿过死亡的迷雾走向最理想的生命的觉醒……。"[3]

尽管传记的抒情性描写充分体现了作为作家的努埃曼的文学风采，但是读后令人感觉更像一篇文学作品，也正是由于这个原因，使得该部传记刚刚在黎巴嫩出版时，就引起了不少争论："有人说'我写的纪伯伦不是真实的纪伯伦'……'有人则指责我暴露了纪伯伦私生活的秘密'……"[4]后来，努埃曼把传记译成英文在纽约发表，纪伯伦的好朋友玛丽·哈斯凯勒对这部传记基本上持肯定与赞赏态度，但是她也认为，传记作者采用的叙述方式是"两个朋友之间的谈话"[5]，看似真实，但发生在两人之间，读者理解起来有一定难度。

---

[1]　［黎巴嫩］米哈伊尔·努埃曼著，王复、陆孝修译：《七十述怀》，兰州：甘肃人民出版社，1993年，第391—392页。

[2]　同上，第481页

[3]　同上，第492页。

[4]　同上，第483页。

[5]　同上，第495页。

可以说，作为20世纪译介到中国大陆的纪伯伦的唯一一部传记，努埃曼文学技巧的运用虽然为读者提供了想象的广阔空间，但并没有为读者或研究者提供更多扎实的背景资料，正如伊宏所指出的："努埃曼本人也承认，在《纪伯伦传》中，有些地方用了'小说艺术'的方法，即有一定的虚构和想象成分。因此在使用努埃曼《纪伯伦传》提供的材料时，要格外谨慎，不应将其统统当作信史。"[1]

可见，由于对纪伯伦的生活与创作的介绍过少或过于简单，真实的纪伯伦在某种程度上受到了遮蔽，以至于使一般读者对纪伯伦某些哲理性的诗句的兴趣或对其作品的理解只停留在表面，也影响到研究层面在扩展广度和挖掘深度方面的进展。

2016年中国社会科学出版社出版了由马征翻译的《哈利勒·纪伯伦：他的生活和世界》[2]，是目前译介到中国的第三部纪伯伦传记，也是资料最为翔实客观的一部传记。该传记作者的父亲是纪伯伦的堂兄，在迁居波士顿后与纪伯伦一家交往密切。

作者之所以要为纪伯伦写一部新的传记，主要原因是："纪伯伦的公众形象神秘莫测，他对自己的生活背景讳莫如深，并试图粉饰过去，这长期以来阻碍了对纪伯伦的严肃研究。这样，那些传记的作者当然不得不以想象式的谈话，来虚构纪伯伦生活中的主要事件。"为此，他和妻子简自20世纪70年代早期开始通过调查、寻访纪伯伦的亲戚，得到了很多回忆、故事和资料，同时又在哈佛大学、教堂山的北卡罗

---

[1] 伊宏主编：《纪伯伦全集》（下），兰州：甘肃人民出版社，1994年，第481页。

[2] ［美］简·纪伯伦、［美］哈利勒·纪伯伦著，马征译：《哈利勒·纪伯伦：他的生活和世界》，北京：中国社会科学出版社，2016年。

莱纳大学图书馆中查阅了纪伯伦与约瑟芬、玛丽·哈斯凯勒等的书信资料，还研究了当时的报纸和杂志，并参考了研究19世纪波士顿艺术圈的硕士论文等，还有多次出版纪伯伦著作的美国克诺夫出版社提供的纪伯伦写给美国出版商的信件。他们在搜集资料的过程中得到了很多热心人的帮助。应该说，这部纪伯伦传记的撰写是建立在扎实资料的基础之上的，在某种程度上是对"纪伯伦神话"的一种解构，而该传记的翻译和出版，则会给中国读者特别是研究者提供更为具体和真实的纪伯伦创作的背景资料，对进一步了解真实的纪伯伦，更好解读其作品会提供积极的帮助。

正如传记译者所指出的："纪伯伦是20世纪初期第一代阿拉伯移民的缩影，在某种意义上，他的成长史代表了20世纪早期阿拉伯移民奋斗的历史。"[1]

但是，上述3部已经译介到中国的纪伯伦传记的作者都是和纪伯伦本人关系密切的人，而由学者撰写的具有较高学术价值的几部纪伯伦传记尚未翻译过来。正如美国玛里兰大学"哈利勒·纪伯伦"研究项目的负责人苏黑尔·布什雷（Suhei Bushrui）在他所著的《哈利勒·纪伯伦：人与诗人》中所说："关于纪伯伦，最值得注意的是他能调和不同的文化。他12岁就开始接受西方文化，但却没有放弃自己的价值观。通过一种文化与另一种文化的结合，在各自特定的意义上接受，从各自的力量上延伸，在这个过程中纪伯伦能产生'爱与和谐'的（绝对）真理。"

---

[1] ［美］简·纪伯伦、［美］哈利勒·纪伯伦著，马征译：《哈利勒·纪伯伦：他的生活和世界》，序第2页。

他还认为纪伯伦是"20世纪早期最具有环境意识的作家之一"。可见，这部纪伯伦传记的作者对纪伯伦阐释的角度又是不同的，因此，尽可能多地把他们的纪伯伦传记译介到中国，相信一定会对中国地纪伯伦研究走向更为深入和宽广提供助力。

鉴于中国学界"学术性"的纪伯伦传记目前仍然是一个空白之现状，因此，加强对新的具有研究性的纪伯伦传记的译介，撰写出一部有中国特色的研究性纪伯伦传记，已成为纪伯伦译介和研究工作的迫切需要。

"侦探小说女王"的两次"来华"

——以20世纪40年代和80年代阿加莎·克里斯蒂侦探小说汉译为例 *

战玉冰 **

阿加莎·克里斯蒂（Agatha Christie）绝对算得上是世界最著名的侦探小说作家之一，她的中文读者粉丝们喜欢称她为"阿婆"。据说她的作品的全球总销量超过20亿册，仅次于《圣经》和莎士比亚[1]。而根据她的小说改编而成的影视剧作品，如《控方证人》（1947）、《东方快车谋杀案》（1974）、《尼罗河上的惨案》（1978）、《阳光下的罪恶》（1982）等，也都颇为广大中国观众所熟悉，有些作品甚至被一再翻拍，却仍能让片方和观众乐此不疲。但回溯历史，考察下"阿婆"作品最早译介进入中国的历程，我们会发现"阿婆"最初在中国所遭遇到的更多是冷清和寂寥，远非我们现在所想象的那样热闹，甚

———————————

* 本文为"中国博士后科学基金第69批面上资助"一类项目（2021M690041）、2020年"上海市'超级博士后'激励计划"（2020075）阶段性成果。

** 战玉冰，文学博士，复旦大学中文系博士后。主要研究方向：中国现当代文学、类型文学与电影、数字人文等。

[1] 该说法在国内非常流行，最早出处和具体统计数据不详。此处参考《无人生还》出版前言，北京：新星出版社，2013年。

至与其在西方读者中的火爆畅销迥隔霄壤。

一、民国时期阿加莎·克里斯蒂侦探小说汉译情况

　　一方面，阿加莎·克里斯蒂的成名作是1920年出版的《斯泰尔斯庄园奇案》，此后又陆续出版了《高尔夫球场命案》（1923）、《罗杰疑案》（1926）、《东方快车谋杀案》（1934）、《ABC谋杀案》（1936）、《尼罗河上的惨案》（1937）、《无人生还》（1939）等大量长中短篇侦探小说，创作势头与声望在这一时期可谓如日中天。另一方面，当时中国文人对于这位"侦探小说女王"的译介却显得并不怎么热情，甚至有些稀稀落落之感。仅据笔者所见，民国时期最早刊载阿加莎侦探小说翻译的文学杂志是《侦探》第六期（1939年1月15日），这一期杂志上登出了阿加莎以大侦探波洛为主角的短篇侦探小说《三层楼寓所》（该小说原名为 *The Third Floor Flat*，现通常译作"第三层套间中的疑案"），署名"亚嘉泰克利斯坦著，李惠宁译"，而著名的比利时大侦探波洛在这里被译为"巴洛"。同样是这篇小说，在1946年6月1日又被重新翻译并刊登于程小青主办的《新侦探》杂志第五期上，小说译名为《三层楼公寓》，署名"亚茄莎·葛丽斯丹著，邵殿生译"，而在这一版翻译中，侦探波洛则被翻译为"包乐德"。

　　《新侦探》杂志可以说是民国时期译介阿加莎·克里斯蒂侦探小说最为重要的平台和媒介，除了上文所提到的那篇《三层楼公寓》之外，还刊登了如下作品：

1.《镜中幻影》（第七期，1946年7月1日），署名"英国葛丽师丹著，殷鑑译"。该小说原名为 *In A Glass Darkly*，现中文通常译作《神秘的镜子》。

2.《眼睛一霎》（第九期，1946年8月1日），署名"Agatha Christie 作，雍彦译"。该小说原名为 *The Regatta Mystery*，现中文通常译作《钻石之谜》，为"帕克·派恩系列"作品之一。

3.《造谣者》（第十期，1946年8月16日），署名"何澄译"。该小说首发时题目为 *The Invisible Enemy*，后改为 *The Lernean Hydra*，现中文通常译作《勒尔那九头蛇》，为"波洛系列"作品之一。

4.《四种可能性》（第十二期，1946年10月1日），署名"Agatha Christie 作，殷鑑译"。该小说原名为 *Miss Marple Tells a Story*，现中文通常译作《马普尔小姐的故事》，为"马普尔小姐系列"作品之一。

5.《黄色的泽兰花》（第十四期，1946年11月1日），署名"Agatha Christie 作，殷鑑译"。该小说原名为 *Yellow Iris*，现中文通常译作《黄色蝴蝶花》，为"波洛系列"作品之一。

6.《遗传病》（第十六期，1947年2月1日），署名"Agatha Christie 著，汪经武译"。后经郑狄克重译，以《疯情人》为题目，发表于《蓝皮书》第七期（1947年9月1日），署名"A. Christie 原著，狄克译"。该小说首发时题目为 *Midnight Madness*，后改为 *The Cretan Bull*，现中文通常译作《克里特岛神牛》，为"波洛系列"作品之一。

7.《古剑记》(第十六期至第十七期，未连载完，1947年2月1日、6月1日)，署名"葛丽斯丹著，紫竹译"。该小说原名为 The Murder of Roger Ackroyd，现中文通常译作《罗杰疑案》，为"波洛系列"作品之一。同时，有趣的地方在于《罗杰疑案》的这个中文译本也曾在1946年刊登于《大国民》杂志第一期和第二期上(仅刊两期，未连载完)，当时刊载的译名为《古剑碧血》(标"包乐德探案")，署名"葛丽斯丹著，程小青译"。经笔者比对，两个发表版本除了个别标点不同外，文字内容完全相同，可判定为同一译本。而作为后发表的、署名"紫竹译"的《古剑记》，又刊登于程小青自己主编的《新侦探》杂志上，因此不大可能存在"译本抄袭"的情况(即"紫竹"挪用程小青的译作并自己署名)，而是"紫竹"应该就是程小青的另外一个笔名。当时程小青可能考虑到在自己主编的杂志上发表太多自己署名的创作和译作需要"避嫌"，因此使用了"紫竹"这一笔名。

8.《梦》(第十七期，1947年6月1日)，署名"Agatha Christie 作，殷鑑译"。后改名《奇异的梦》，刊于《上海警察》第二卷第一期，1947年8月20日，仍为"殷鑑译"。该小说原名为 The Dream，现中文通常译作《梦境》，为"波洛系列"作品之一。

在两年不到的时间里，出刊仅十七期的《新侦探》杂志上，前后共刊登了九篇阿加莎·克里斯蒂的侦探小说，比例可谓不小。而从小说系列范围来看，从"波洛系列"到"马普尔小姐系列"，再到"帕克·派恩系列"，阿加莎最重要的几个探案系列作品在《新侦探》上都有所涉及，读者也可以借此初窥"阿婆"侦探小说的风貌之一斑。与此同时，阿加莎最重要的"包罗德探案"系列也逐渐在中国侦探小说读者心目中形成一个口碑与品牌，主角侦探也由"巴洛""包乐德"等混乱的译名渐渐统一成了"包罗德"。虽然"包罗德探案"在当时可能仍没有"福尔摩斯探案"或"侠盗亚森罗苹"那么大的影响力（这两个系列不仅影响了中国侦探小说读者，还深刻影响了民国时期的中国侦探小说作者），但它确实已经能够和埃勒里·奎因（Ellery Queen）的"奎宁探案系列"、莱斯利·查特里斯（Leslie Charteris）的"圣徒奇案系列"、范·达因（S. S. Van Dine）的"斐洛凡士探案系列"、厄尔·比格斯（Earl Derr Biggers）的"陈查理探案系列"等并驾齐驱，共同形成当时最广为人知的几个西方侦探小说翻译系列作品。

此外，《新侦探》的编辑和作者们也充分认识到了阿加莎·克里斯蒂在西方侦探小说界的地位，并积极向中国读者进行推介。在《新侦探》创刊号（1946年）上，主编程小青就在《论侦探小说》一文中将阿加莎·克里斯蒂放在世界最优秀的侦探小说作家队列之中予以称赞：

> 不过侦探小说也和其他小说一样，有好的，也有坏的。那些衔奇逞怪支离荒诞的作品，自然也不能一例而论。例如美国的埃伦坡 E. Allan Poe，惠盖·考林司 Wilkie Collins，安尼格林 Anna K. Green，英国的柯南道尔 A. Conan Doyle，茀利门 R. A. Freeman，玛列森 A. Morrison，茀莱丘 J. S. Flecher，杜德烈斯

Leslie Charteris，华拉司 Edgar Wallace，美国的范达痕 S. S. Van Dine，奎宁 Ellery Queen，克丽斯丹 Agatha Christie，赛耶斯 Dorothy L. Sayers，法国的茹薄烈 Emile Gaboriall，勒伯朗 M. Leblanc，和俄国的柴霍甫 Auton Chekhov 等等的作品，当然都合乎文学的条件，并且大都有永久的价值。[1]

虽然程小青在文中误将阿加莎·克里斯蒂当成了美国人，但其对于这些作家作品价值的充分肯定却是非常显而易见的。在同一期杂志上，姚苏凤发表《霍桑探案序》一文，此文的主要意图是推崇程小青的"霍桑探案系列"，但姚苏凤在文中将阿加莎·克里斯蒂和柯南·道尔相并列，大有将二者共同视为世界侦探小说史上两座高峰之意：

> 但我敢说他（程小青）大部分的作品是高出于一般水准之上的，即比之前代的柯南道尔及今代的亚伽莎克丽斯丹（Agatha Christie）诸氏所作亦可毫无愧色。尤其在这寂寞万状的中国侦探小说之林中，他的"独步"真是更为难得而更可珍重了。[2]

从翻译、刊登作品，到写文章评论、推荐，《新侦探》可以说是民国时期中国介绍和引进阿加莎·克里斯蒂作品的最为重要的文学平台。

---

[1] 程小青：《论侦探小说》，《新侦探》1946年创刊号，第6页。

[2] 姚苏凤：《霍桑探案序》，《新侦探》1946年创刊号，第14页。

美中不足的是，阿加莎·克里斯蒂的侦探小说以长篇最为精彩，但《新侦探》可能是囿于杂志版面或译者的时间精力，其所选择翻译、刊登的都是阿加莎的中短篇作品，唯一一部长篇《古剑记》（即《罗杰疑案》）在仅连载两期后便随着杂志的停刊而不了了之，实在让人感到遗憾。

《新侦探》对于阿加莎·克里斯蒂长篇侦探小说译介缺失的遗憾在当时另一本侦探文学刊物《大侦探》上得到了弥补，在《大侦探》第二十期至第三十六期（1948年5月1日至1949年5月16日）上，连载了阿加莎的长篇小说《皇苑传奇》，即《罗杰疑案》（*The Murder of Roger Ackroyd*），署名"英国亚加莎·克丽斯丹原作，姚苏凤译"，让中国读者比较完整地阅读到了阿加莎的长篇佳作。而在《大侦探》第二十期上《皇苑传奇》首次连载之前，译者姚苏凤还写了一篇名为"译者前记"的长文，颇为详细地对阿加莎·克里斯蒂的生平和创作予以介绍和评价，文中说到：

> 当代侦探小说作家中，作品最丰富声誉最崇高者，首推亚加莎·克丽斯丹（Agatha Christie）女士。在她的小说里的那个比利时籍的大侦探，名叫包罗德（Hercule Poirot），曾被英美批评家称为"福尔摩斯的最理想的继承者"。他自己说他所凭借的侦探工具乃是他的"小小的灰色细胞"（little grey Cells），这就是说他是完全靠着他的思索和推断来解决着一切疑难的问题的——从这一点看，其实，我们还应该承认他比福尔摩斯更智慧，更高强。因为，在克丽斯丹女士的笔下，包罗德从不相信那些手印或脚印，烟蒂或烟灰

之类的"证据"，他更从不利用那些密室或机关，化妆或跟踪之类的"方法"，他的一切都是"常识以内的"，然而他又永远叫你迷惑，只有在他自己给你说明了以后你才能够恍然大悟。同时，他的探案里永远有着一群有趣的人物，一簇诡奇的情节，高潮总是层出不穷的，结局总是出乎意料的——它精致，它完美（Perfect），"福尔摩斯探案"的确"相形见绌"了。[1]

这是民国时期极为少见的系统地评价阿加莎·克里斯蒂的文章，作者姚苏凤将阿加莎置于"一方面继承柯南·道尔，一方面又超越柯南·道尔"的崇高地位上，在当时可谓"惊人"之语，但现在回过头来看整个西方侦探小说发展史，姚苏凤当时的理解和评断确实有着相当的合理性。此外，姚苏凤在1948年6月15日至12月30日的《宇宙》杂志第一期至第五期上，还翻译连载过《弱女惊魂》，标"亚伽莎·克罗丝丹著、姚苏凤译，包罗德探案"，该小说原名为 *Peril At End House*，现中文通常译作《悬崖山庄奇案》，为"波洛系列"作品之一。可惜这部阿加莎长篇作品的中文译本也只刊登了五期，而没有最终连载完。综上来看，姚苏凤从长篇小说翻译到写文章确定阿加莎·克里斯蒂侦探小说的文学价值和文学史地位，其对于阿加莎介绍和推广的努力功不可没。如果我们说《新侦探》是民国时期翻译和介绍阿加莎的最重要的文学平台，那么姚苏凤就当之无愧地堪称"民国阿加莎引介第一人"。

除了《新侦探》和《大侦探》以外，同一时期以"侦探、

---

[1] 姚苏凤：《〈皇苑传奇〉译者前记》，《大侦探》1948年第20期，第14页。

恐怖、刺激"[1]为特色的《蓝皮书》杂志上也刊载过一些阿加莎侦探小说的翻译，除了前文所提及的《疯情人》（刊于第七期）外，还有：

1.《口味问题》（第十二期，1948年3月20日），署名"程小青"译。该小说原名为 *Four and Twenty Blackbirds*，现中文通常译作《二十四只黑画眉》，为"波洛系列"作品之一。

2.《女神的腰带》（第二十六期，1949年5月1日），署名"Agatha Christie 著，卫慧译"。该小说原名为 *The Girdle of Hyppolita*，现中文通常译作《希波吕特的腰带》，为"波洛系列"作品之一。而在这篇译作前，译者卫慧也对阿加莎·克里斯蒂的主要长篇侦探小说作品及其在西方侦探小说界的地位进行了较为详细的介绍，提及了阿加莎笔下"包罗德探案""马波尔小姐探案"和"派克潘先生探案"三大侦探小说系列，并称阿加莎为"英国侦探小说界的女王"。

除此之外，在《大侦探》杂志第五期（1946年9月1日）上还刊载过《夜莺别墅传奇》，署名"A. Geste 原著，丙之译"。该小说原名为 *Philomel Cottage*，现中文通常译作《夜莺别墅》或《菲洛梅尔山庄》。在1947年《乐观》杂志创刊号上，还刊载过《波谲云诡录》，署名"英国名女作家 Agatha Christie 原著，程小青译"，该小说原名为 *N or M?*，现中文通常译作《桑

---

[1] 见《蓝皮书》各期杂志封面。

苏西来客》或者《谍海》，是民国时期极为少见的"汤米、塔彭丝夫妇探案系列"作品之一，颇值一提。可惜的是，1947年的《乐观》杂志仅一期后便"下落"不明，当时的中国读者自然也无缘得见这个"汤米、塔彭丝夫妇探案"后续故事的精彩了。而在单行本译作出版方面，目前仅见一本，即华华书报社出版的《东方快车谋杀案》(全二册)，作者署名"亚茄莎·克列斯蒂"，译者为令狐慧，发行人田鑫之，标为"白劳特探案"，出版年份不详。

二、"后福尔摩斯时代"：阿加莎·克里斯蒂侦探小说在华的"有限影响"

虽然前文爬梳、列举了不少民国时期翻译的"阿婆"作品，但相比于阿加莎当时的创作总量和其在英美所获得的名望地位，实不及其十一，其最为重要的长篇侦探小说大都没有翻译和介绍，"阿婆"在民国时期的译介与传播远不能尽如人意。尤其相比于柯南·道尔笔下"福尔摩斯探案系列"从单篇到全集的一再重译，这位侦探小说女王的遭遇可以算得上有几分寂寞和冷清了，所以民国时期阿加莎最为重要的译介和推荐者姚苏凤在《红皮书》第四期（1949年）发表的《欧美侦探小说书话》一文中，就颇为阿加莎感到不平。他认为中国侦探小说的读者仍然将福尔摩斯与亚森·罗苹奉为神明，而忽略了之后欧美出现的更为优秀的作家作品，实在有些可惜。他在文中说到：

我所奇怪的是：近年来欧美侦探小说界中几位第

一第二流的作家的作品在中国反而没有人有系统地介绍过，如英国的陶绿萃赛育丝，亚伽莎克丽斯丹，和约翰·迪克逊·卡以及美国的伊勒莱昆，雷克斯史托脱，答歇尔汉密脱，梅白尔茜兰等等；无论以他们，更多的是"她们"的作品的质或量来说，实在都很有可观；而且他们的作品中的侦探的才能也无不"自成一家"，不但超过了前人的成就而且把侦探小说的写作技巧发展到了另一阶段。

……

我所尤其不解的是亚伽莎克丽斯丹的一直被放弃（还是最近一年内，才由我开始介绍了她的两种旧作）。十五年（他的第一部作品发表于一九二〇年）来，她不但是作品最多的一位侦探小说作家，而且他可以说是作品最好的一位。她的包罗德探案出版者已卅余种，由我的经验来批判，我要说是"最好的最合理想的侦探小说"；其中有几种，简直还是"前无古人"之杰作，她笔下的侦探包罗德是一个比国人，也纯粹是依凭心理学（在她的作品里是被她称为"小小的灰色细胞"的）来测勘案情的。她的作品以情节曲折而结构谨严著称，在今天的英美两国，显然已经成为了侦探小说作家中的"第一人"，出版界尊之为"侦探小说写作者之才艺最高的女主"，即此可见其声势与地位。[1]

诚如姚苏凤所说，当时中国译者与读者对于阿加莎·克

[1]　姚苏凤：《欧美侦探小说书话》，《红皮书》1949年第4期，第39—41、45页。

里斯蒂侦探小说的重视程度远远不够。究其原因，一方面是由于当时中国五四文学与革命文学在文坛居于正统地位，归属于"鸳鸯蝴蝶派"中的侦探小说则被打入别册，备受批判；另一方面则是在当时中国侦探小说读者心目中，福尔摩斯的身影实在太过伟岸，以至于后来的侦探小说名家，如阿加莎·克里斯蒂、埃勒里·奎因、范·达因等人及美国"硬汉派"侦探小说都没有得到足够的关注。

从某种程度上来说，柯南·道尔的"福尔摩斯探案系列"与法国作家勒伯朗的"亚森·罗苹系列"小说几乎框定了民国时期中国侦探小说的创作规范与基本套路。程小青的"霍桑探案"、张无诤的"徐常云探案"、王天恨的"康卜森新探案"、朱𤧜的"杨芷芳新探案"等民国时期最重要的中国名侦探系列作品，都不外乎"福尔摩斯－华生"式的"侦探－助手""行动者－讲述人"的叙事模式与结构；而张碧梧、吴克洲、何朴斋、柳村任和孙了红的"反侦探小说"创作，更是明显有着模仿勒伯朗的"亚森·罗苹系列"小说的痕迹，单从他们这类小说中的主人公也都曾经被称为"东方亚森罗苹"（甚至于其小说主人公的名字也多半是"亚森罗苹"的同音词或近音词，如"罗平""鲁宾""鲁平"，甚至"罗亚森"等）就可知一二。

从世界侦探小说发展史的角度来看，民国侦探小说基本上还是停留在"古典侦探小说"（Classical Mystery Novels）的相关时期，而没有进入到"现代侦探小说"（Hard-boiled Detective Novel）的发展阶段，即民国侦探小说最为注重的仍然是小说情节，而缺乏对于侦探内心世界的细腻展现。如果进一步仔细辨析，我们也可以说，民国侦探小说的发展程度即使在"古典侦探小说"的范畴内，也仍处于比较早期的福尔摩斯系列小说的影响和笼罩之下，而没有很好地接受和承续西方后来"古典推理小说"黄金时期的影响（比如阿加莎·克里斯蒂对于凶手身份的巧妙设计、埃勒里·奎因的严密逻辑流，以及约翰·迪克森·卡尔所钟爱构建的密室，等等）。

当然，这并不是说阿加莎侦探小说对当时中国本土的侦探小说创作毫无"余音"与"回响"。遍数民国侦探小说作家与作品，真正向阿加莎等欧美侦探小说"黄金时代"学习并有所"小成"的作家首推郑狄克与他的"大头侦探案"。该系列以青年侦探狄国辉和其搭档／助手老苏为基本的探案组合，这一小说人物结构显然是模仿自福尔摩斯与华生的经典模式。但与此同时，小说又呈现出很多新的类型元素与模仿特征，比如对于侦探狄大头的人物形象设计上：

> 狄大头是个肥胖有经验之侦探，他的头特别大，有人给他一个绰号曰"大头侦探"，此人年约四十左右，天性幽默，喜说笑话，穿着一套半旧西装，裤带上挂着一支六寸白郎宁手枪，摇摇摆摆踏进杨有金的卧室，阿土跟在后面。[1]

这样一个生得肥肥胖胖、动作摇摇摆摆的侦探外形与动作，显然是借鉴了阿加莎·克里斯蒂笔下的名侦探赫尔克里·波洛（Hercule Poirot）的相关特点。而郑狄克也的确曾经阅读过、甚至亲自翻译过阿加莎"波洛系列"的侦探作品，比如同样刊登在《蓝皮书》杂志上的译作《疯情人》就是一例。

---

[1]　郑狄克：《毒针》，《蓝皮书》1947年第9期，第65—66页。

另一方面，"大头侦探案"受欧美"黄金时代"侦探小说影响，更明显的标志在于其对于案件情状的设计上。其通常是在一个相对封闭的空间区域内——如一幢别墅、一条弄堂，或者是一座广播台内部——出现杀人案或连环伤害案件，而且这一区域内的每一个人都有嫌疑（都有作案动机和作案时间）。比如小说《毒针》中在第一起杀人案发生后，所有在场人员都有嫌疑，而在侦探到来并开始查案后仍接连不断地发生死亡事件，整个故事结构和氛围显然带有欧美黄金时代侦探小说的特点，而最终的凶手竟然就是第一个死去的老人杨有金，这种对于凶手"出人意料"的设定，分明能看出阿加莎·克里斯蒂某些作品的影子。又如小说《梁宅的悲剧》中，凶手伪装成为第一个受害者以试图摆脱侦探的怀疑[1]，则显然是在模仿《尼罗河上的惨案》等西方侦探小说中的犯罪手法。

此外，"大头侦探案"系列中不少篇目都附有登场人物列表，如《虹桥路血案》《梁宅的悲剧》《月夜冤魂》《狮狮与圆圆》《西厢尤物》《三堂会审》《黑鸡心皇后》《疯人之秘密》《弹词皇后的呼声》，等等，以便于读者弄清楚小说里众多且复杂的人物身份与彼此间的关系。甚至于在一些小说中，为了更清晰地展示案发当时现场的具体情况，作者还会专门绘制现场建筑空间示意图，如《五个失恋者》和《虹桥路血案》就都配有案发现场的房间布局图[2]，《疯人之秘密》列有《西区新村有关故事之住户表》[3]，《弹词皇后的呼声》中也画有广播

[1] 狄克：《梁宅的悲剧》，《蓝皮书》1948年第17期，第45—57页。

[2] 狄克：《五个失恋者》，《蓝皮书》1947年第9期，第45页；郑狄克：《虹桥路血案》，《蓝皮书》1948年第16期，第24页。

[3] 狄克：《疯人之秘密》，《蓝皮书》1949年第23期，第59页。

台建筑图 [1] 等。登场人物列表和建筑空间布局图都是欧美"黄金时代"侦探小说中常见的内容，也是在侦探小说情节内容和人物关系越发复杂化之后，随之发展出来的必要的辅助表现形式，而这些在早期"福尔摩斯探案"等侦探作品中几乎不曾见到。

三、"侦探小说女王"的第二次"来华"

在姚苏凤所抱怨的阿加莎·克里斯蒂作品没有得到足够重视与译介足足30年后，1979年11月《译林》杂志创刊号上，首次全文刊载了阿加莎·克里斯蒂的小说《尼罗河上的惨案》（宫海英译）。该期杂志"初版20万册，很快售完，立即又加印了20万册"，甚至《译林》的原定价1元2角，而黑市小贩卖一本则要2元，还外加两张香烟票"，"《译林》第一期出刊后，就收到了读者来信1万封"，[2] 其受追捧程度由此可见一斑。同年，江苏人民出版社也出版了《尼罗河上的惨案》单行本。还是在1979年，中国电影出版社和浙江人民出版社各自翻译出版了《东方快车谋杀案》（中国电影出版社，陈尧光译，1979年9月）和《东方快车上的谋杀案》（浙江人民出版社，宋兆霖和镕榕译，1979年12月）。在相当意义上，1979年可以视为阿加莎·克里斯蒂新时期走入中国的"元年"。从此，"英国侦探小说女王"的作品开始风靡中国读者市场，且一直

---

[1]　狄克：《弹词皇后的呼声》，《蓝皮书》1949年第25期，第7页。

[2]　施亮：《〈译林〉事件始末》，《炎黄春秋》2008年第6期，第44页。

长销不衰。

1980年，外语教学与研究出版社引进了《尼罗河上的惨案》英文版。而据王先霈、于可训主编的《80年代中国通俗文学》一书的介绍：

> 仅从1980年至1981年，两年内就翻译出版了她的
> 20部长篇小说，其中包括《罗杰疑案》《大侦探十二
> 奇案》等一系列享誉全球的侦探故事，很多出版社竞
> （竞）相出版她的这些作品。此外，在80年代我国各
> 种杂志上还大量刊载了克里斯蒂的短篇侦探故事，其
> 数量之多也是其他同类作家望尘莫及的，如《"大都市"
> 旅馆珠宝案》（1985）、《被绑架的首相》（1988）等等。[1]

在20世纪70年代后期与80年代阿加莎作品在中国传播的过程中，多种艺术形式的改编对增强其作品的辐射度与影响力也是功不可没。在影视改编方面，阿加莎的小说从出版伊始可以说就备受影视行业的青睐。据目前所见资料，最早改编成电影的阿加莎小说是《神秘的奎恩先生》（*The Mysterious Mr. Quin*），该小说于1924年3月首次在 *Grand Magazine* 上连载，1928年就被改编成了同名电影。不久之后，《暗藏杀机》（*The Secret Adversary*）也于1929年被搬上了银幕。后来阿加莎小说又被大量改编为电影、电视剧和广播剧等多种艺术形式，各种翻拍、重拍不断。仅粗略统计，迄今为止，根据阿加莎小说

---

[1] 王先霈、于可训主编：《80年代中国通俗文学》，武汉：湖北教育出版社，1995年，第354页。

改编而成的影视剧作品就超过130部。在这些影视作品中，对中国影响最大的当属1974年版的《东方快车谋杀案》(*Murder on the Orient Express*)、1978年版的《尼罗河上的惨案》(*Death on the Nile*) 以及1982年版的《阳光下的罪恶》(*Evil Under the Sun*)。不仅因为这几部电影本身制作精良[1]，同时也是其正逢中国人文化生活相对贫瘠的时代，因而引起了更多的关注与更大的影响，并且成为一代人的观影记忆。当时甚至有观众在看完电影《尼罗河上的惨案》后，通过写诗来表达自己激动的心情和对影片的赞颂，这在现如今都是令人难以想象的：

> 是谁投下杀人的手枪？ / 尼罗河溅起悲惨的浪； / 金字塔下是真挚的情侣吗？ / 那致命的大石为何飞天而降。//
>
> "闪电般的恋爱"是如此神奇，/ 蜜月，充满了爱的花香； / 可是，爱情却裹着罪恶的黑心， / 甜蜜的笑靥隐藏着谋杀的刀枪。//
>
> 这是虚伪的爱呀，骗子的爱！ / 贪图百万家财才扯起爱的幕挡； / 不！这不是爱情！是金钱与财富的逐鹿， / 朋友，你对这样的爱有何感想？[2]

---

[1]　其中由西德尼·吕美特导演的《东方快车谋杀案》(1974)，获得第47届奥斯卡"最佳男主角""最佳改编剧本""最佳摄影""最佳服装设计"等多项提名，英格丽·褒曼更是因为参演这部影片而斩获该届奥斯卡的"最佳女配角"称号。影片《尼罗河上的惨案》(1978) 则获得第51届奥斯卡"最佳服装设计"奖和第32届英国电影电视戏剧学院奖。

[2]　任启江诗，邓刚彦画：《爱情，裹着罪恶的黑心——看英国电影〈尼罗河上的惨案〉》，《电影评介》1979年第9期，第20页。

与此同时，阿加莎侦探小说与电影的大规模流行也引来不少批评和质疑之声。比如1980年4月7日，时任中国社科院外文所所长的冯至就写信给当时的中央书记处书记胡乔木，批评《译林》杂志和浙江人民出版社对阿加莎小说的译介，认为这是不当的"片面追求利润"的行为：

> 目前有关翻译出版外国文学作品的某些情况，觉得与左联革命传统距离太远了。近年来有个别出版社有片面追求利润的倾向，当前我国印刷和纸张都很紧张，他们却翻译出版了些不是我们所需要的作品。如江苏人民出版社出版的"外国文学丛刊"《译林》一九七九年第一期，用将及全刊一半的篇幅登载了英国侦探小说女作家克里斯蒂的《尼罗河上的惨案》，浙江人民出版社出版了同一作家的《东方快车上的谋杀案》，这些书刊被一部分读者争相购阅，广为"流传"，印数达到数十万册以上。[1]

冯至甚至认为："从这点看来，我们读书界的思想境界和趣味，真使人有'倒退'之感"，以及"自'五四'以来，我们的出版界还从来没有像现在这么堕落过。"[2]胡乔木将这封信转给中共江苏省委与浙江省委研究处理。因为正逢"十一届三中全会之后，党内民主空气浓厚起来"[3]，《译林》编辑部最后

---

[1]　施亮：《〈译林〉事件始末》，《炎黄春秋》2008年第6期，第44页。

[2]　同上，第44页。

[3]　同上，第45页。

只是被上级领导"温和"地提醒："对一些可资借鉴而内容不怎样健康的作品，可内部发行，主要供文艺工作者参考，而对于广大群众，则应当努力提供有益于心身的精神食粮。"[1]

《译林》编辑部则在事后的自查报告中对此进行了申辩和说明，提出：

> 也有很多人，包括一些著名翻译家则认为，"通俗文学"是文学中的一种体裁，也是外国现实社会的反映，具有题材广泛、情节生动，通俗易懂等特点，能够吸引更多的读者，因此，有选择地介绍一些外国比较好的"通俗文学"作品，也是符合党的"双百方针"的。对外国"通俗文学"有不同看法，是一个有待探讨的学术问题，可以展开讨论，但以此就说《译林》"追求利润"，"倒退"，"堕落"，"有失体面"，"趋时媚世"，甚至把外国人抛掉的东西也捡来翻译等等，这些指责是不是之词，他们难以接受。[2]

直到同年5月9日，在北京召开的全国文学期刊编辑工作会议闭幕式上，时任中宣部部长的王任重作大会总结报告时说：

> 《尼罗河上的惨案》印得多了一点，这一件事，要追求责任？要进一步处分？不会嘛！及时指出工作中的某些缺点，是为了引起同志们的注意，以便今后

---

[1] 施亮：《〈译林〉事件始末》，《炎黄春秋》2008年第6期，第45页。

[2] 同上，第46页。

改进工作，这叫做打棍子吗？不能叫打棍子。至于冯至同志的信，这位老同志七十多岁了，他的用心是好的，是为了文艺事业搞得更好，信中有些话可能说的过于尖锐一点，个别论断不够适当，但出发点是好的。我们认为，江苏省委对这个问题的处理是妥当的。[1]

王任重还特别强调了"这些信和江苏省委转发时的按语，我和耀邦同志都看了"，是"耀邦同志要我说一下，这件事就这样处理，就到此结束"，[2] 从而为整件"《译林》与《尼罗河上的惨案》风波"做了最后的"盖棺定论"。

这一时期关于阿加莎·克里斯蒂侦探小说"销售热潮"的批评与讨论绝不止于冯至与《译林》之间的这一次"风波"而已，只不过"《译林》风波"因为当事人的身份、地位和影响力，所以格外引人注目。比如在1980年第4期的《出版工作》杂志上，祖冰也认为"翻译出版外国侦探小说成风"是"一些值得注意的问题"，他从青少年读者的角度出发，认为"读者，特别是青少年读者，……他们最急需的是自然科学和社会科学的基本知识读物，是古今中外名著，是培养共产主义道德品质的图书"，而不是列入"全国十几家出版社翻译出版外国文学选题计划中"的阿加莎·克里斯蒂的侦探小说作品[3]。

在1980年第8期的《读书》杂志上，更是专门刊载了当

[1] 施亮：《〈译林〉事件始末》，《炎黄春秋》2008年第6期，第47页。

[2] 同上，第47页。

[3] 祖冰：《把钢用在刀刃上》，《出版工作》1980年第4期，第63—64页。

时很多文艺界人士对这一问题的看法。英若诚表示自己并不认为阿加莎的小说是"顶好"的，但也不同意就此否定整个侦探小说的价值：

> 我是喜欢看闲书的，看来看去，有这样一个想法：我们现在一提侦探小说，还停留在福尔摩斯时代，这有点太古老了。侦探小说也有思想进步、内容深刻的。这样一个文学形式经久不衰，是有其道理的。像《尼罗河上的惨案》这样的作品并不是顶好的，有很多东西比它好。[1]

董乐山虽然不赞同"一窝蜂"地追捧阿加莎，但也不同意"一窝蜂"地予以排斥，甚至是采取文艺上的"关门主义"措施：

> 我们有一种风气，什么事情往往都是一窝蜂，一面倒。介绍外国文学似乎也是这样，本来是什么都不许碰，什么都不开放；如今可以碰了，可以开放了，就什么都来了。侦探小说不是不可以介绍，可是一窝蜂的局面下，到处都是阿嘉莎·克里斯蒂。这个风气要不得。但是这也不是说又要倒回来，一说这个不好，就又要禁绝。到底好不好，不要摆出教师爷的架势，要允许有不同的意见。对于各种形式，各种流派的外国文学，应该尽量多介绍进来一些。要相信群众，群

---

[1] 英若诚：《首先要了解国外文艺界状况》，《读书》1980年第8期，第9页。

众有识别能力，最后会得出正确的结论来的。[1]

董乐山同时也指出，不要过度渲染侦探小说的危害性以及不要盲目"排外"：

> 现在门稍微开了一些，就有人觉得不得了了。这不得了有两种，一种是无知，以为阿嘉莎·克里斯蒂就代表外国文学。《尼罗河上的惨案》，搞凶杀，那还行？不妨去调查一下，有没有因为看了《尼罗河上的惨案》而去犯罪的？如果有的话，占读者之中百分之几？现在年轻人犯罪，原因恐怕不是因为读了外国文学，而是另有其政治、经济、社会、个人原因的。另一种不得了，是出于封建思想，看到外国的东西总觉得不顺眼，电影里出现亲吻，就大惊小怪，说什么"人心不古，世风日下"。[2]

而法国文学研究者柳鸣九则对当时翻译界追捧西方通俗小说（《东方快车谋杀案》《飘》和《基督山伯爵》），以及评论界将这些小说地位抬得过高等现象表示不满：

> 为了使我们外国文学工作前进得更好，有必要从正面注意到某些经验教训。如像，有很多急需翻译介绍的优秀的、重要的外国文学作品未能出版，但另一

---

[1] 董乐山：《不要"一窝蜂"》，《读书》1980年第8期，第10页。
[2] 同上。

方面，却有一些文学价值不高，甚至不入流的作品大量印行，并得到高度的评价。克里斯蒂的侦探小说出一点并非不可，但有必要出那么多吗？《东方快车谋杀案》有必要出两个译本吗？值得被人捧得那样高吗？《飘》这样一本畅销小说，既然名声已经搞得这么大，印行一些让大家看看没有什么不可以，但印行量如此之大，这就过份了，至于一定要说这本书如何有进步意义，给予很高的评价，那就更不符合作品的实际。《基度山伯爵》作为一本流行的通俗小说在中国出版完全应该，但也不必让这样一本思想内容并不丰富深刻、格调也不高的作品吸引了那样多宝贵的纸张，对它评价也应该有分寸。现在，《飘》、《基度山伯爵》和《红与黑》常被相提并论，这就委屈了《红与黑》。[1]

在这里必须指出，引起这些讨论和质疑的背后原因是复杂的，绝不仅仅是"保守"与"开放"的二元矛盾冲突这么简单，其中更是混杂了诸如上一个时期遗留下来的社会主义意识形态对资本主义流行文学的怀疑和抵触、封闭许久的中国对"异己"外国的警惕，以及"严肃文学"对于通俗文学和文学过分市场化的不满和担忧。而其所担忧的"文学过分市场化"似乎又并非完全的子虚乌有和空穴来风，追溯起来，这其实是某种压抑过久、突然放开后所引发的爆炸性"反弹"的结果。

"侦探小说女王"第二次"来华"之初，虽然声势浩大，

---

[1] 柳鸣九：《不是过头了，而是很不够》，《读书》1980年第8期，第15页。

饱受大众读者和观众欢迎，但同时也引来了无数的批评和非议——无论其是出于对危害青少年读者的忧虑，还是对通俗文学品味的不屑，抑或是对挤兑"严肃文学"出版资源的担心等各种原因，但幸好一切都"有惊无险"。而国内对于阿加莎小说的翻译热潮也在20世纪90年代得到了更进一步的扩大和发展。

1990年，北京华文出版社就引进了台湾远景出版公司出版、由三毛担任主编的"阿嘉莎·克莉斯蒂侦探小说丛书"共12册。到了1993年，华文出版社又推出了更大规模的"阿嘉莎·克莉丝蒂探案小说精粹"系列，共收录其30部长篇——相比于20世纪80年代，这是第一次比较集中且大规模译介和出版阿加莎的侦探小说。仅仅两年之后，华文出版社又在1995年1月推出了"阿嘉莎·克莉丝蒂小说选"10本共30部长篇，以及在1995年12月推出了"阿嘉莎·克莉丝蒂小说选（增补本）"6本共18部长篇。而就在华文出版社于1995年推出的48部阿加莎侦探小说作品中，有28部是对1993年"阿嘉莎·克莉丝蒂探案小说精粹"系列中收录作品的重版——"精粹"系列中仅有《柏翠门旅馆之谜》(*At Bertram's Hotel*)和《死灰复燃》(*Sleeping Murder*)两部没有重版。如此密集且大规模地出版和重版阿加莎侦探小说，可见其作品受中国读者市场欢迎的程度之深。1998年10月，贵州人民出版社又"重磅推出"了共计80册的《阿加莎·克里斯蒂全集》，虽然所谓"全集"其实并不"全"（起码就缺少了《三只瞎老鼠》和《四魔头》两部小说），但已然足以为20世纪阿加莎的"来华之旅"画上"完美的句点"。

21世纪以来，很多关于阿加莎·克里斯蒂侦探小说研究、分析或鉴赏类的书籍相继在中国出版，比如王安忆的《华丽家族：阿加莎·克里斯蒂的世界》（安徽文艺出版社，2006年）、黄巍的《推理之外：阿加莎·克里斯蒂的小说艺术》（上海交通大学出版社，2014年），以及从外国译介引进的《阿加莎的毒药》（［英］凯瑟琳·哈卡帕著、姜向明译，漓江出版社，2017年）和《阿加莎·克里斯蒂阅读攻略》（［日］霜月苍著、张舟译，新星出版社，2018年），等等。直到2019年，新星出版社"午夜文库"系列宣称已经完成"阿加莎·克里斯蒂全集"共85册的出版，是截至本文写作时所能见到的阿加莎小说汉译本中体量最为庞大的一套。

从20世纪80年代阿加莎长篇侦探小说的陆续引进，到20世纪90年代阿加莎小说成批量地出版、重版或再版，再到2000年以后各种基于阿加莎小说的研究或鉴赏类书籍纷纷问世，以及阿加莎·克里斯蒂"全集"（？）汉译本的不断完善与重版 [1]，这位"侦探小说女王"终于一步步走入中国读者的阅读视野之中，影响并改变了中国读者对于侦探小说的阅读和理解。将近70年前，姚苏凤、程小青等民国文人、译者不断写文章向中国读者隆重推荐这位世界侦探小说巨匠阿加莎·克里斯蒂的愿望，此时或许才真正得以实现。

---

[1] 不断重新翻译并出版某一外国作家的作品全集这一行为，在国内翻译出版领域比较罕见，尤其是像阿加莎这种拥有如此丰厚作品数量的作家，其"全集"重新翻译与出版的频次更是可称惊人。

外国翻译史研究

翻译与社会的互动

——论新加坡华文报的零翻译现象

陈芷薇 * 崔峰 **

前言

近年来,"零翻译"(zero translation)的课题在翻译学界内外引起热烈关注,人们对是否该使用零翻译的策略观点不一:有人主张捍卫汉语纯洁性而反对零翻译[1],也有人认为零

---

* 陈芷薇,毕业于新加坡南洋理工大学中文系,修读翻译副修课程,系南洋理工大学人文学院"韩素音翻译研究奖学金"第一届得主。

** 崔峰,新加坡南洋理工大学人文学院中文系博士、Senior Lecturer(副高),MTI 课程副主任,南洋理工大学 Main PhD Supervisor。香港中文大学翻译研究中心荣誉副研究员、北京交通大学兼职教授。主要研究领域为翻译史、比较文学、中外文学关系等。

[1] 《人民日报》在一篇文章中指出:"'零翻译'的外语词,既破坏了汉语言文字的严整与和谐,影响了汉语表意功能的发挥,使语境支离破碎,从深层次来说,也消解了中国文化精深而丰富的内涵。"(董洪亮等:《"零翻译"何以大行其道》,《人民日报》2014年04月25日,第12版)同时,有学者认为:"零翻译词的大量滋生和流行是对汉语的侵蚀,将会破坏汉语的语言特征,污染汉语的纯洁性。这是应当引起我们严重关注的问题。"(程瑛、石春让:《零翻译词对汉语语言和文化的影响》,《海南师范大学学报 [社会科学版]》2012年第1期,第136页。)

翻译有其存在的积极意义 [1]。2010年，中国国家新闻出版广电总局发出通告，要求广播机构使用正确、规范的广播及电视屏幕语言，避免使用外语或外语缩略语。因此，诸如"NBA"（美国职业篮球赛）、"GDP"（国内生产总值）、"WTO"（世界贸易组织）等大众熟悉的英语缩略语都被禁止使用。[2] 然而，2014年，新加坡总理李显龙在分享英国广播公司（BBC）一篇关于中国外语词零翻译的报导时，则表达了对零翻译现象的开放心态。他表示：

> 语言是活的，而且会不断产生变化。新加坡人必须正确使用母语，但同时也应该把语言口语化，接受语言在自然发展过程中会因为吸收外来语，出现进化与演变的现实。[3]

巴斯奈特（Susan Bassnett）和勒菲弗尔（André Lefevere）在《翻译，历史与文化论集》（*Translation*，*History*，*Culture*）中，首次提出翻译研究的"文化转向"（cultural turn），认为翻译不是在

---

[1] 2007年的全球华语论坛中，来自中国、中国香港、中国台湾及新加坡的语言专家表示："语言的规范固然重要，但不能把标准视为一切，华语本土化及字母词的引进是现代汉语演变的自然现象，过于强求统一反而将使华语失去时代性与活力。"（吴新慧、林妙娜：《汉语有容乃大》，《联合早报》2007年11月17日，第8版。）另外，有翻译研究学者指出："零翻译作为一种有效而便捷的翻译策略，在提高翻译效率和促进国际交流方面起到了至关重要的作用。"（张志、龚晓斌：《浅谈零翻译》，《黄山学院学报》，2011年第6期，第68页）

[2] 《国家广电总局：规范使用广播电视中外语及外语缩略词》，http://wtt.hainan.gov.cn/swtt/zxdt/hyzx/201004/t20100413_55191.html，访问于2015年7月6日。

[3] 黄伟曼：《李总理：语言活生生，演变难避免，国人应接受母语吸收外来语现实》，《联合早报》2014年5月5日，第1版。

真空中进行，所以译者可能受特定时代的社会文化影响而采用不同的翻译策略。[1] 在中国，汉语既是人们主要使用的语言，也承载着中华民族的文化精髓。因此，中国有必要为捍卫语言文化的纯洁性而谨慎处理零翻译。但在新加坡多元民族的多语社会中，语言文化的交融无可避免，所以新加坡人较能接受零翻译。由此可见，翻译与文化存在着千丝万缕的关系，中国与新加坡对零翻译的不同态度，明显反映了两国社会的语言文化差异。

目前为止，尚无论文以新加坡的零翻译现象为考察对象，因此本文将着重探讨新加坡华文零翻译现象的形成、发展，及其与当地社会文化之间的关系。

一、研究对象及方法

2001年，邱懋如在《可译性及零翻译》一文中，首次提出"零翻译"的概念，指不用目的语中现成的词语翻译源文词语，其中包括音译（transliteration）和移译（transference）。[2] 不过，零翻译的界定和分类在学界颇受争议。本文认为，邱懋如的定义过于宽泛，使"零翻译"概念涉及的层面过广。实际上，基于新加坡特殊历史和语言环境，广义上的零翻译在当地的华文中早已出现。研究显示，新加坡华文书面语最初是采用音译引进外来词，移译则较晚才出现。罗国青指出，音译采用目的语的文字符号，读者以目的语的语言文化理解译词，是一

---

[1] André Lefevere, *Translation, History, Culture: A Sourcebook*, London: Routledge, 1992, p.14.

[2] 邱懋如：《可译性及零翻译》，《中国翻译》2001年第1期，第26页。

种文化转写另一种文化的传统翻译方式。零翻译则采用源语的文字符号，让读者以源语的语言文化理解译词，因此是具备文化交融特征的"逆向式翻译方式"（inverse translation）。[1] 本文认为，在文化交流频繁的新加坡社会中，研究文化交流所构成的文化交融现象更具意义，故而参考罗国青的观点，将音译与零翻译区分开来。因此，本研究所指的"零翻译"为"在译文中采用源语语言文字符号"[2] 的移译现象。

此外，当前的零翻译研究多以功能为主，少有人尝试将零翻译现象的形成、发展及使用特征与社会文化进行联系。但本文发现，新加坡华文书面语的零翻译现象，在很大程度上受当地各种社会因素影响，因此通过翻译研究的"文化转向"考察新加坡华文报中的零翻译现象，更具学术价值。由于华文报的遣词用字及内容往往反映社会的发展与变迁，所以对考察不同时期零翻译的特点及原因有着重要意义。《联合早报》作为新加坡发行量最大的华文报，对新加坡华社有着一定影响力，而且其用语也比其他华文报严谨规范，在当地华文书面语中具有一定代表性，亦可被视为新加坡华文的楷模。因此，本文将以《联合早报》为零翻译研究的主要对象，并以其前身《南洋商报》作为探讨新加坡早期零翻译现象的主要依据。

本研究的核心资料是《南洋商报》和《联合早报》零翻译词的数据统计及分析。文中将采用量化分析手法，收集新加坡国家图书馆微缩胶卷库中《南洋商报》1923年9月份和《联

---

[1] 罗国青：《零翻译概念辨正》，《上海翻译》2005年"翻译学词典与翻译理论专辑"，第90页。

[2] 同上。

合早报》1983—2009年之间的零翻译词，并将所收集资料数码化、分类，并进行深入分析。由于本文考察的是新加坡标准华文中的零翻译现象，所以报刊参考范围仅限于出自报馆记者之笔的文章。报内让读者自由发言的专栏，如言论、交流、论坛、小说、漫画等，以及广告均不在本文研究范围内。

在数据分析方面，本研究将所收集的零翻译词按其属性分类，主要分为15类：即"科技""财经""媒体、娱乐与艺术""时尚潮流""交通与运输""饮食""社会与生活""体育""医药""教育""政治、军事与安全""流行语／口语词""环境与水务""法律"及"科学"。同时，本文又按经济领域为财经类零翻译词分子类，共有9类：即"金融业""房地产与建筑业""商业""服务业""工业与制造业""天然资源及能源业""研究与开发业""工程业"及"其他"。通过此类细分，以便从新加坡的社会演变中，寻找推动零翻译词类发展的因素。

由于翻译是一种跨文化活动，而零翻译又是文化交融下的产物，所以"文化转向"的翻译研究对分析零翻译现象有着重要借鉴意义。本文将结合"文化学派"的相关翻译研究理论，包括斯皮瓦克（Gayatri Spivak）的"后殖民翻译理论"（Postcolonial Translation Theory）、埃文－佐哈尔（Even-Zohar）的"多元系统论"（Polysystem Theory）、弗米尔（Hans Vermeer）的"翻译目的论"（Skopos Theory）及勒菲弗尔"翻译改写论"中的"意识形态"（ideology）与"赞助人"（patronage）概念分析新加坡的零翻译现象。

二、早期新加坡的零翻译现象

（一）早期新加坡的"语言马赛克"现象

1819年，莱佛士（Sir Stamford Raffles）登陆新加坡后，决定将此地开辟为自由贸易港口。在英国殖民政府的发展下，中国、印尼、印度等地的移民纷纷前往新加坡谋生，从而奠定了当地多元民族社会的基础。新加坡的华人社群也是在这期间，由马六甲海峡华人及来自中国南方的移民建构而成。[1] 在英殖民时期，英语自然是当时的官方行政语言，但个别民族的"亲密语言"（language of intimacy）[2] 仍是其族群语言或方言。由于当时的华人移民多是体力劳工，欠缺学习英语的条件，所以第一代新加坡华人都以自己的方言沟通。因此19世纪初，华语还未受到其他语言的影响，社会上基本呈现一种平行式的多语现象。[3]

随着华人移民长期生活在新加坡的多语环境中，其语言开始出现"本土化"（localization）[4] 倾向。由于语言是生活中不可或缺的交际工具，所以当人们基于生活需要与其他民族交际时，不同语言文化之间的相互碰撞、交流与协商，就渐渐形成

---

[1] 潘家福：《新加坡华社的多语现象与语言接触研究》（博士学位论文），复旦大学，2008年，第13页。

[2] 即在家庭、好友中使用的语言（陈志明著，段颖、巫达译：《迁徙、家乡与认同——文化比较视野下的海外华人研究》，北京：商务印书馆，2012年，第113页）。

[3] 潘家福：《新加坡华社的多语现象与语言接触研究》，第16页。

[4] 一种成为当地人的过程，涉及人们为适应居住国的地理与社会环境所做的文化调适。（Tan Chee Beng, *Chinese Overseas*: *Comparative Cultural Issues*, Hong Kong: Hong Kong University Press, 2004, p. 23.）

了当地特殊的"语言马赛克"（linguistic mosaic）[1]现象。新加坡华人的语言马赛克现象，可从李钟珏1887年游历新加坡后所撰写的《新加坡风土记》中看出：

> 土人所操亚来由语（马来语），通行南洋各岛。华人久居坡中，及在坡生长者，无不习之。又多习英语，同济往来，时而亚语，时而英语，时而闽广土语，他省初到人往往对之如木偶。[2]

斯皮瓦克的后殖民主义研究将翻译与殖民主义进行联系，指出殖民者可通过翻译向被殖民者传播某种意识形态，因此翻译在殖民过程中扮演着重要角色。[3]权力关系作为后殖民翻译理论的核心，阐明了翻译策略在一定程度上取决于民族文化地位的强弱。在殖民主义的话语中，殖民者的文化居于强势，被殖民者的文化则处于弱势。强势文化的霸权，一般表现在殖民者对殖民地强制性的语言文化移植中。强势文化通常会采用归化手法翻译弱势文化的作品，而强势文化的作品被译介到弱势文化时则多会出现异化手法。换言之，强势文化的作品会以尽可能接近原文的方式进行翻译，试图让译文读者接受原文的语言文化。因此，后殖民主义翻译理论家批评"翻译是一种文化

---

[1] 指主体语言词汇或词组夹杂着少许客体语言词汇或词组，并且形成一种混成一体，说起来和听起来都比较自然的语言（陈原：《语言和人》，北京：商务印书馆，2003年，第63页）。

[2] 李钟珏：《新加坡风土记》，http://www.guoxuedashi.net/a/6772g/66114b.html，访问于2022年3月12日。

[3] Jeremy Munday, *Introducing Translation Studies*, London：Routledge, 2001, p.134.

政治行为"[1]，说明了强势文化可通过不同的翻译策略对弱势文化进行文化侵略。殖民者对新加坡语言文化的侵略，则明显反映在当地华文书面语中形成的语言马赛克现象。

有研究发现，在1850年刻成的《印度总督游新纪念碑记》，就已经出现华文中掺杂英文译词的现象。例如，碑文上的日期被写为："英吉黎一千八百五十年卑不哇里月"——"英吉黎"和"卑不哇里"分别是"English"和"February"的音译。[2] 这一例子显示，在强势文化的影响下，新加坡华人基于生活需求已开始学习英语。由于口语的变化往往比书面语快，所以当时华人口语中的语言马赛克现象应该已经相当普遍。以上例子不仅展现了语言马赛克现象在新加坡的成熟，更证明了19世纪中期以后，华文书面语中多语混杂的语言马赛克现象已经形成。值得注意的是，这一时期的华文书面语多用音译处理英文移植现象。此时的华文语言马赛克现象虽不属于本文所研究的零翻译，但却是广义零翻译的类型之一，因此可被视为"移译型零翻译"的雏形，为之后华文中直接引用外语文字符号的零翻译奠定了基础。

（二）新加坡华文书面语零翻译的形成

20世纪初，新加坡华社受1919年中国"五四"运动的影响，开始兴办华文源流学校。这一期间，华校不仅将原本的方

---

[1] 金敬红：《后殖民主义翻译策略研究》，《东北大学学报（社会科学版）》1994年第2期，第136页。

[2] 陈育崧、陈荆编著：《新加坡华文碑铭集录》，香港：香港中文大学出版部，1985年，第321页。

言教学改为汉语教学，还把文言教科书改为白话文。[1] 新加坡华文书面语的巨大转变，推动了语言马赛克的发展。通过考察当时颇具影响力的白话文报刊，即1923年由陈嘉庚创办的《南洋商报》，我们可以发现，早在1923年9月6日，该报的首刊就已经出现了非汉字词汇，例如：

> 在中国一角土上也、故大公司如西门子 Siemens、为普通电气 A.E.G. 皆欲联络中国人……第二为"哈诺佛"Hannover 因其地有最著名之高工专门学校故也、第三为"苟廷根"Gottingen。……此外如佛兰克府 Frankfurt、如汉堡 Hamborg 赖泊集 Leipzig 等亦有中国同学。[2]

"Siemens""A.E.G""Hannover"等英语词的出现证实，在殖民者强势文化的主导下，英语词汇成功地进入新加坡华文书面语。然而，这些外来词都出现在西门子、普通电气、哈诺佛等音译名词之后，并非不经翻译而直接被引入行文的零翻译词。但不同于以往只单用译文的方式，这一时期的华文书面语将外来词的原文及译文一并使用。《南洋商报》对外来词的处理方式，既符合该报教育读者的办报理念，也让读者为将来华文中可能广泛出现外语词的情况做好准备。

在《南洋商报》创刊数日之后，报中便陆续出现了零翻译词。（见下表中有关该报9月份的零翻译现象）

---

[1] 潘家福：《新加坡华社的多语现象与语言接触研究》，第18页。

[2] 张剑初：《中国留学生之状况》，《南洋商报》（新加坡）1923年9月6日，第8版。

日期	页	零翻译词
10/9/1923	3	在一千八百十五年为于四邦、盖即 Bade，Bavieu，Preusse，Hesse Darmsladt 是也
12/9/1923	3	法国舆论、布特天主教人加以拥护、即社会党机关报 *L' Oeuvre* 及 *L' Humainte* 等亦示同情……
	8	SUZUKI 为本埠有名日本糖商……
13/9/1923	3	前钢城 Ghent 大学发生风潮时……
18/9/1923	12	菲人本为马来人种、由南洋迁徙而来、与中国人西班牙人通婚、混成别一人种、今之所论知识阶级、能在社会上政治上活动者、菲 Chinese Mestiza、即 Spawish Mestiza 也、——菲人呼、混血儿为 Mestiza、——其余土著、鲜有显名者。菲岛人种、最为复杂、除上二种之外、尚有多种、中以 Taraclog 为最特色、言语亦有数十种、而除英语西班牙语之外、即推 Taralog 为最通行、居此地者、若能兼通三种言语、则无往不便矣、此外尚有土著多种、如 I Gorats Moros 等等、亦个有其言语、内中以 Moros 人种为最多……
19/9/1923	3	巴来马萨尔号载 Loyal North Lancashiry 第一队军队至中国北部……
		纽约十月十八日来电、Tribune 之华盛顿通信员报告云……
20/9/1923	8	在另一方面，许多时运不绪者、已递于 Duncan 制度之下……
22/9/1923	12	查斯人为荷人之土生者。隶 P.ES.P.P. 会为董事……止其不可言继又有一人为 P.K.I. 会懂事立起……
27/9/1923	6	今生树胶之产额共计一千一百八十二万零二百八十六磅、其中包括 Hevea 一千一百八十万二千八百六十六磅、Ceare 一千一百二十磅、Ficus elastica 一万六千二百磅……[Heavea 4次；Ceare 3次；Ficus elastica 3次]
	12	在 Bulacan San Miguel 等处士人已开始实行抵制美食……
28/9/1923	2	上星期对于鲁尔莱因之接济、共计三千五百 Frillion（一兆连乘三次而得之数）……
	13	于六月十七日早晨乘富尔顿 Robert Tulsou 日轮沿江上溯。

表1：1923年9月《南洋商报》零翻译现象

以上现象说明，在英语强势文化的影响下，华文报刊最终放弃了能在最大程度上捍卫汉语纯洁性的音译策略，而逐渐转向零翻译。表1也显示，《南洋商报》的零翻译使用大致限于英文专有名词。相较于19世纪末，这一时期的零翻译使用更加严谨，即当某个词存在现成的华文对等词时，文中就不会使用零翻译。例如，前文提到的"卑不哇里"（February）在这里应该会直接被写为"二月"。简言之，20世纪初《南洋商报》的零翻译使用，一般只限用在源于外语，且在华语中无此概念的专有名词。

19世纪末，由于新加坡华族纷纷将孩子送入英校，造成了年轻一代失去自身中华语言文化，甚至遗忘其华族身份的情况。[1] 于是，以林文庆为首的一批海峡华人开始推动华语文与中华文化复兴。同时，在20世纪初中国"五四"运动期间，许多中国知识分子为宣扬改革思想而南下，开启了以推广华语文为主的新加坡华文报业。在这时期，新加坡推广华语文的浓厚氛围让《南洋商报》在面对英语的强大压力下仍能坚守初衷，对零翻译现象加以控制，使其不至于在华文中泛滥。这也展现了翻译的复杂性，表明除了社会的影响外，翻译还需考虑到赞助人或译者主体性的文化意识问题。

总而言之，借助后殖民翻译理论，可理解早期新加坡华文报对外来词翻译处理的转变。零翻译也可被视为异化翻译的最极端表现，因此华文报从音译到零翻译的策略转换，不仅揭示了殖民者强势文化对翻译的操控，也反映了当地语言马赛克现象的深化。值得注意的是，当时华人口中虽已形成马来语、英语、方言等多种语言混杂的现象，但基于早期华文报的办报原则和读者接受能力的考量，在零翻译形成的初期阶段，尚未出

---

[1]　潘家福：《新加坡华社的多语现象与语言接触研究》，第20页。

现英语以外的零翻译词。当然，语言马赛克的形成也与新加坡的多语社会息息相关。

三、20世纪末新加坡的零翻译现象

1965年，新加坡独立后，国家政府基于社会、政治、经济等多因素考量，决定采用多语并重的策略，将国内四大种族的语言（即英语、马来语、汉语、泰米尔语）都列为官方语，其中英语作为行政、商业及教育用语。生活在新加坡复杂的语言环境中，人们的用语也难免受到影响，使当地语言本土化现象日趋显著。如前所述，语言本土化体现在新加坡人口语中的语言马赛克现象，而书面语形式的语言马赛克现象则能从零翻译中看出。《联合早报》作为20世纪80年代以后新加坡最具影响力的华文报，其用语自然反映着新加坡华语文的特点。因此，考察《联合早报》将有助于了解新加坡独立后华文零翻译现象的发展与变迁。

20世纪末，新加坡两家著名华文报社《星洲日报》和《南洋商报》合并后，于1983年3月中旬正式发行《联合早报》（以下简称《早报》）。本文考察的首份《早报》出版于1983年3月17日。下列图表总结了这期报刊的零翻译现象：

日期	页	专栏	零翻译词	词义	词类	次数
	1	新加坡	C&E	旅游公司	经济	1
	3	新加坡	Espeka	珠宝公司	经济	1
17/3/1983	14	新加坡	SAP	学校	教育	5
	14	新加坡	O 水准	考试	教育	1
	14	新加坡	A 水准	考试	教育	1

日期	页	专栏	零翻译词	词义	词类	次数
17/3/1983	22	经济	Compuserre	电脑公司	科技	2
	22	经济	AT&T	通信公司	科技	1
	1	第二部：影视	HARTRAP.I	电影	媒体、娱乐及艺术	1
	6	第二部：青少年世界	National Institute of Commerce	学校	教育	1
	6	第二部：青少年世界	Shorthand	缩写（书写系统）	教育	1
	11	第二部：商余	S.T.C	有线电车	交通与运输	1
	11	第二部：商余	Mosquito Bus	巴士	交通与运输	1
	11	第二部：商余	SBS	巴士公司	交通与运输	1
	11	第二部：商余	UBS	巴士公司	交通与运输	1

表2：1983年3月17日《南洋商报》零翻译现象

以上图表显示，在14个零翻译例子中，有8个属于机构名称，证明了初创时期的《早报》基本上继承了《南洋商报》的零翻译使用，即以零翻译策略将外语专有名词引入华文篇章，且最常用来表达机构名称。但相较于《南洋商报》，《早报》用的零翻译词更为丰富多样。据上述图表，一期的《早报》就出现了14个不同的零翻译词，总使用量达19次。然而，在1923年9月份里，一期的《南洋商报》零翻译数量不超出10次，每日平均也仅有1.5次。由此可见，到了20世纪末，零翻译数量已增长了数倍。虽然零翻译策略仍只针对外语专有名词，但其使用范围却已扩大。从表2中可看出，以往没有的零翻译词类，如科技及娱乐类词，都已在这一时期的《早报》中出现。

多元系统论指出,各种社会符号现象,如语言、文学、经济、政治、意识形态等由符号支配的人类交际形式,都属于一个统一系统,而非由各别毫无关系的元素所构成的混合体。同时,此系统是一个由许多不同系统组成的多元系统,各别的系统互相交叉、相互依存,并作为一个整体运作。[1]对翻译研究而言,多元系统的概念将有助于人们进一步了解翻译现象背后的因素。下文将主要从政治、语言与经济三因素着手,分析20世纪末《早报》零翻译现象的使用原因及特点。

(一)20世纪80年代《联合早报》的零翻译现象

1. 政治因素

新加坡政治文化研究学者吴元华指出,新加坡的语言政策是政府制定国家全盘政策的重要组成部分[2],所以要研究政治因素对《早报》零翻译的影响,必先了解新加坡独立后实施的语言政策。

首先,新加坡是一个多元民族国家,人口主要由华人、马来人、印度人及欧亚人组成,所以当地的语言环境相当复杂。因此在建国初期,为了确保社会稳定与国家繁荣,国内语言分歧是新加坡政府最迫切需要解决的问题之一。按费舍曼

---

[1] [以色列]埃文-佐哈尔著,张南峰译:《多元系统论》,《中外文学》2001年第3期,第18—20页。

[2] 吴元华:《华语在新加坡的现状与前景》,新加坡:创意圈出版社,2004年,第47页。

（Joshua Fishman）的"多元模式国家"（Multi-Model Nation）理论，多语国家为了防止现有的主要语言为争取地位而进行长期斗争，一般会选用具有国际通用地位的外国语言作为国家法定的官方语言。[1] 由此可见，新加坡政府将英语定为国家官方行政语言，主要是基于其中立地位的考量。其次，新加坡地小人寡、资源贫乏，所以与邻国建立友好关系对国家发展与存亡至关重要。为此，新加坡的语言政策也受其所属区域的政治环境影响。[2] 建国初期，新加坡政府之所以不按一人一票的方式让华语成为官方语言，正是为了避免邻国陷入新加坡可能成为"第三个中国"的猜忌而孤立新加坡。再次，新加坡建国总理李光耀在评价英语的重要性时，也明确阐述了经济发展与国家语言政策的密切联系。他表示："掌握英语也使我们具备一定的竞争优势，因为英语已经成为国际商业、外交和科技语言。"[3] 最后，政府还将语言政策贯穿于教育，实行了双语政策，提倡以英语作为主要教学媒介语，而各族群母语则作为第二语言学习。

新加坡独立后，继续独尊英语的政策，加深了殖民时期以来英语对华语的影响，这明显反映在《早报》的零翻译使用上。以下图表统计了1983—1989年《早报》的零翻译使用率：

---

[1] Joshua Fishman, *Language in Sociocultural Change*, Stanford：Stanford University Press, 1972, p.204.

[2] 在1965年的国会上，建国总理李光耀指出："无论是好是坏，我们是在东南亚，而且永远不能离开这个地方。我们所制订的政策，就是为了要确保我们跟邻国在东南亚地方和睦共处，且有权在自己的家园当家作主。任何活动、任何政策都必须以这个原则为准绳。"（吴元华：《华语在新加坡的现状与前景》，第51—52页）

[3] 李光耀：《李光耀回忆录1965—2000》，新加坡：联合早报，2000年，第180页。

年份	零翻译总数	每日平均
1983	478	12.58
1984	758	15.79
1985	530	11.04
1986	500	10.42
1987	484	10.08
1988	503	10.48
1989	554	11.54

表3：1983—1989年《联合早报》零翻译使用率

研究显示，1923年9月份的零翻译总数为33次，每日平均数量1.5次。但据上述图表，20世纪80年代的零翻译每日平均数量已达10—15次，是以往零翻译数量的10倍。

按多元系统论解释，语言政策作为一个系统，受各种社会因素影响，使英语成为新加坡的主流语言。接着，语言政策又作为教育系统内的影响因素，促成了双语政策。最后，反映着新加坡政府意识形态的双语政策，则作为政治因素操控新加坡华文语言马赛克的发展，并主导华文报对零翻译的使用。

此外，零翻译不仅受国内政治制约，同时还受世界政局影响。20世纪80年代，以美国和苏联两个军事大国为首的冷战仍在持续。1979—1985年，冷战局势升温，掀起了"第二次冷战"。据此，"冷战"成为20世纪80年代世界关注的焦点，新闻中也自然常对冷战局势追踪报道。图1显示，在20世纪80年代的《早报》中，"政治、军事与安全"类零翻译词的使用率相当高，占该报零翻译总数的10%。这一期间还出现了军备竞赛，而这也反映在《早报》的零翻译现象之中。据本文统计，关于军事武器的词语出现了193次，占"政治、军事与安全"词类总数的82.1%，主要是导弹、战斗机、枪械等军事装备名词。

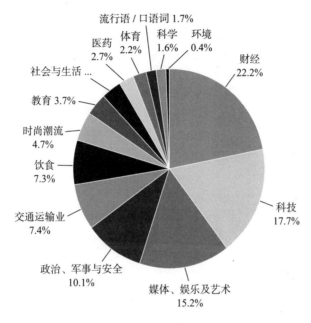

图1：20世纪80年代零翻译词类统计

2. 语言因素

语言作为一种社会现象，必定受社会环境的影响和制约，同时也无法脱离社会而独自存在。[1] 零翻译作为一种特殊的语文现象，自然也受社会语言的变化所影响。

自开埠以来，新加坡特殊的多语环境，造就了人们口语中的语言马赛克现象。然而，在1923年9月的《南洋商报》中，

---

[1] 潘家福：《新加坡华社的多语现象与语言接触研究》，第2页。

零翻译的使用只限于英文或其所属的印欧语系语文。一方面，这可能是因为其他语言以音译进入华文书面语，所以无法通过考察零翻译来察觉；另一方面，当时的零翻译主要是受强势文化影响，其他语言的地位不及英语，影响力也自然不如英文。但研究发现，《早报》在1984年后开始引用少量的马来语零翻译词（见表4）。

日期	页	专栏	零翻译词	词义	词类	次数
25/4/1984	5	新加坡	Migoreng	马来语：炒面	饮食	8
9/5/1985	1	要闻	Askar Simpanan	马来语：战备军人	政治、军事与安全	1
1/2/1986	10	副刊	Dingkis	马来语：白肚鱼俗名	饮食	1
1/10/1989	14	马来西亚	Ngap Sayot	马来语：足球队口号	流行语／日常用语	5
17/12/1989	8	副刊：根	Panchor	马来语：小河	流行语／日常用语	1

表4：20世纪80年代《联合早报》马来语零翻译词

20世纪80年代出现的马来语零翻译词，显示了华语中混用马来语的语言马赛克现象。这些马来语词汇因广泛使用而渐渐成为华语的一部分，所以也开始被正式的书面语所接受及沿用。研究还发现，1984年后，"流行语／口语词"[1]类零翻译词也开始出现：

零翻译词类	1983	1984	1985	1986	1987	1988	1989
流行语／口语语	0	30	13	4	5	3	10

表5：《联合早报》流行语及日常用语类零翻译词使用率

---

[1] 因为符合时宜而流行于新加坡年轻人口语中的词或短语，一般以英语词居多。

这类词主要是新加坡人生活中常用的语言马赛克词语，如"Punk"（庞克：一种流行文化）、"Show"（"秀"：表演或演出）、"Uncle"（新加坡人对男性长辈的统称）、"NG"（拍戏术语，指拍不好的镜头）等。由于这些非正式词语在书面语中非常少见，所以即使数量不多也值得注意。本文认为，这类词也是伴随着语言马赛克现象的普及化而来的。这说明了语言马赛克和零翻译现象都是多语社会语言发展的一种必然结果。

人口普查统计显示，1980—1990年间，10岁以上能掌握英语的新加坡人从56%上升至65.5%[1]，增幅为15.5%，远远超越其他语言的增长。其中，10岁以上能掌握英语的新加坡华族则增加了9.7%。[2] 由此可见，到了20世纪80年代，政府建国初期所制定的语言及教育政策已经开始见效。此时，新加坡人因意识到英语的重要价值，而更加重视学习英文。实际上，20世纪60年代起，就有较多的新加坡学生报读英校，其他语文源流学校的报名人数则频频下滑。就华校而言，新生人数从1959年的45.9%锐减至1978年的11.2%，并持续下滑到1984年的0.7%。[3] 因此在1984年，新加坡政府正式成立了以英校模式为基础的统一型学校。[4] 这类学校基本上按双语政策

---

[1] Lau Kak En, *Singapore Census of Population 1990 Statistical Release 3：Literacy, Languages Spoken and Education*, Singapore：Department of Statistics, Ministry of Trade, 1993, p.5.

[2] 同上。

[3] 黄明：《新加坡语言政策对英语和华语交流的影响》，《西南交通大学学报（社会科学版）》2007年第1期，第97页。

[4] 周清海：《新加坡华人的语言与教育》，陈剑主编：《全球化环境下的华语文教学》，新加坡：新加坡青年书局，2007年，第147页。

运作，即以英语为主要教学媒介语，以母语为第二语言。新加坡独立后，政府所实行的双语政策深化了第一语言英语与其他第二语言之间的交流，进而丰富了当地的语言马赛克现象，使华文书面语的零翻译现象也随之增加。根据图2，1984年的平均零翻译数量明显飙升至整个20世纪80年代的最高点。本文相信，这一现象与统一型学校兴起的"英语为主，母语为辅"这一社会语言情况有着密切联系。

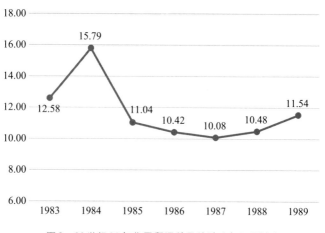

图2：20世纪80年代零翻译数量统计（每日平均）

3. 经济因素

新加坡政府非常重视经济发展，相信实现国家经济繁荣必须与世界接轨，而英语作为国际经贸用语，自然是新加坡政府重视的语言。[1] 华文中掺杂英文的零翻译现象，不外也是世界经济全球化发展下的产物，所以零翻译现象亦可反映社会经济

---

[1]　吴元华：《务实的决策——新加坡政府的华语文政策研究》，北京：当代世界出版社，2008年，第403—409页。

发展趋势。同时，新闻的本质是对国内外最新事态做及时、确切的报道，所以报刊用语还具有反映世界及国家发展的功能。如此，译入语多元系统中，新加坡经济动向也是影响《早报》使用零翻译的重要因素之一。

20世纪70年代中期，新加坡以制造业为主的劳力密集型经济模式，为当地市场带来劳动力供应不足及工资成本偏高的问题。于是在20世纪70年代末，政府推行了"第二次工业革命"，把经济发展模式转为资本密集型和技术密集型。[1]1980—1984年间，"第二次工业革命"取得了良好效果，年平均经济增长率达8.49%。但在1985年，新加坡国内却爆发了建国以来最严重的经济衰退，经济增长率暴跌至 −1.7%。[2] 图3显示，随着国家经济繁荣，1983—1984年的《早报》财经类零翻译词也大幅增加，并于1984年达到高峰。1984年的财经类零翻译词占该年零翻译总数的28.8%，为20世纪80年代《早报》各类零翻译词中数量最多的一项。图3也显示，1985年后，随着国家经济衰退，《早报》的财经类零翻译词也呈现下滑趋势。由此可见，20世纪80年代《早报》财经类零翻译词的使用现象与新加坡经济发展趋势相当一致。

1985年，新加坡全国经济委员会在分析当时经济衰退的原因后，实施了第三次经济转型计划。此后，新加坡经济转向高新科技业，着重加强国内科技基础建设，以推动科学技术的发展。[3] 显然，1985年后，《早报》科技类零翻译词量逐年增长，且两度超越财经类零翻译词的主要原因，是受这项经济转型计

---

[1]　汪慕恒、黄汉生：《新加坡经济发展的新方向——八十年代的回顾与九十年代的展望》，《南洋问题研究》1991年第3期，第48页。

[2]　同上。

[3]　同上。

划影响（见图3）。

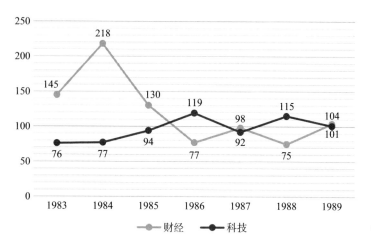

图3：20世纪80年代零翻译数量统计（财经 VS 科技）

（二）20世纪90年代《联合早报》的零翻译现象

1. 政治与语言因素

　　20世纪90年代，新加坡的语言政策仍是推动零翻译发展的主要因素。1987年，新加坡推行的语言政策成功将国内教育体制统一。[1] 双语政策落实后所取得的成效，明确反映在20世纪90年代新加坡的社会语言变迁之中。据统计，1990—2000年间，在家中常用英语的华族人数从19.3%上升至23.9%。相反，1990—2000年间，在家中常用华语或方言的华族人数

---

[1]　李光耀在一场演讲中回顾："到了1987年，所有的学校，包括特选中学，都以英语作为第一语言和主要的教学媒介语，同时以母语作为必读的第二语文。于是，一个全国性的教育政策终于形成。"（*The Straits Times*, 6 December 1996, p.45.）

则下降了4.6%。[1] 这数据显示，双语政策提倡"英语为主，母语为辅"的目标已基本达成。此外，新加坡政府在20世纪90年代设立的国家发展目标，依然以提高国人英语水平为其中关键。1999年，吴作栋总理在国庆群众大会上指出："使用正确英语和提高我们的英语水平，是协助新加坡取得竞争优势和发展成为第一世界经济体的一大关键因素。"[2] 总体而言，新加坡各种"英语至上"的政策，决定了英语将继续在20世纪90年代居于强势地位。英语不断上升的政治与社会地位，强化了该语言对其他弱势语言的影响。作为20世纪90年代逐渐式微的语言，华语自然也不例外，而《早报》零翻译使用量的增加就清楚说明了这一点。研究显示，《早报》20世纪90年代的零翻译平均使用量比80年代多了133.3%（见表6）。

零翻译数量	20世纪80年代	20世纪90年代	增幅
总数	3807	13075	9268
每月平均	46.71	108.96	62.25
每日平均	11.68	27.24	15.56
平均百分比	100.00%	233.3%	133.3%

表6：《联合早报》零翻译平均使用量

然而，双语政策所构成的"英语崛起，华语衰败"这一局面，却令新加坡政府感到担忧。李光耀在论及讲华语运动第二个十年的改革时表示：

[1] Leow Bee Geok, *Census of Population 2000 Statistical Release 2：Education, Language and Religion*, Singapore：Department of Statistics, Ministry of Trade, 2001, p.ix.

[2] 蔡添成：《政府明年起推行讲正确英语运动》，《联合早报》1999年8月30日，第1版。

　　　　我为学生一方面能全面掌握谋求生存、温饱、发展的英语感到安慰，另一方面却也担心人民如果因此对自己的文化无知，新加坡将沦落成为一个丧失自身文化特性的民族……成为一个脱离亚洲背景的"伪西方社会"，那这个代价就太大了。[1]

　　因此1990年以后，为了避免新加坡成为"伪西方社会"，政府创办的讲华语运动改变了最初"少说方言"的目标，转而向受英文教育人士推广"认识文化"。在双语政策与讲华语运动双管齐下，新加坡培育出了一批精通双语及多语的人才。人口识字率调查显示，1990—2000年间，精通双语或多语的新加坡人从47.5%[2]增至56%[3]。同期，兼通英文和华文的华族人数更从37.8%增至48.3%。[4]双语和多语人才的增加，为不同语言之间的交流提供了良好条件，从而促进新加坡语言马赛克现象的发展，为20世纪90年代《早报》零翻译现象的倍增提供了合理解释。

　　以上揭示了双语政策对新加坡人的语言习惯的影响，说明促进当地语言马赛克现象和《早报》零翻译现象发展的原因。下文将进一步探讨双语政策所造成的语言习惯转移如何影响90年代《早报》的零翻译使用。

　　20世纪90年代，在政府多年的努力下，新加坡成功转型为一个以"英语为主，母语为辅"的双语社会。一项针对中学

---

[1]　李光耀：《我一生的挑战：新加坡双语之路》，新加坡：联合早报，2011年，第166页。

[2]　Lau Kak En, *Singapore Census of Population 1990*：*Literacy*, *Languages Spoken and Education*, p.4.

[3]　Leow Bee Geok, *Census of Population 2000 Statistical Release 2*：*Education*, *Language and Religion*, p.75.

[4]　吴元华：《务实的决策：新加坡政府的华文文政策研究》，第440页。

生的语言使用调查指出：

> 新加坡新一代华人的用语呈现典型的"双语制"
> （diaglossia）情况：英语的实用价值与社会地位高，是适
> 用于正式场合的"高阶语言"；华语在比较亲密、非正式
> 的场所得到广泛的应用，其实用价值不容忽视，但社会地
> 位居于英语之下，是适用于非正式场合的"低阶语言"。[1]

年轻一代国人的语言习惯转移直接影响了新加坡国内的报业。
这一时期，华文报的年轻读者量逐渐下滑，新加坡华文报30岁
以下的读者量从1989年的35% 跌至2000年的20%。[2] 同期，新
加坡英文报的日销量则增加了15万份，达1999年的54.5万份。[3]
当时的教育部部长张志贤认为，年轻人不喜欢阅读华文报是因为
他们通晓双语，觉得阅读英文报更为容易。[4] 但在吴元华看来，
年轻一代华族学生阅读与书写华文能力不足，才是华文报年轻读
者人数日趋下降的主要原因。[5] 总之，两人的观点都证实了华文
报失去年轻读者的主要原因是受社会英语强势文化的影响。

《早报》是新加坡报业控股经营的报刊之一，而盈利是该

---

[1] 吴英成、林惜菜：《新加坡中学生语言使用与语言态度调查》，陈照明主编：
《二十一世纪的挑战：新加坡华语文的现状与未来》，新加坡：联邦出版社，2000年，
第71页。

[2] 吴元华：《务实的决策：新加坡政府的华语文政策研究》，第444页。

[3] Wong Wee Kim, *Yearbook of Statistics 2010*, Singapore: Department of
Statistics, Ministry of Trade, 2010, p. 294.

[4] 谢仲贤：《张志贤：华语虽更普及年轻人读华文兴趣却减低》，《联合早报》
1999年9月4日，第1版。

[5] 吴元华：《务实的决策：新加坡政府的华语文政策研究》，第444页。

上市集团的营运核心，所以报刊的发行量自然非常重要。弗米尔在翻译目的论中提出，"每个文本的产生都有一个既定的目的，并为该目的服务。"[1] 而以20世纪90年代的情况来看，《早报》的主要目的是为读者服务，尤其是为满足年轻读者的阅读需求而服务。于是在1998年，《早报》以重新吸引年轻读者为目标，实施了一项大型改革计划。具体改革方案如下：

> 这次改版主要的做法包括两方面，一是版面设计更加新颖、活泼、醒目，增加了彩色版，版面显得更加美观；二是增加信息量，改变以前太过严肃的面貌。在内容上做到使用年轻人的语言，并增加年轻人关心的内容和话题。[2]

一项针对中学生的调查显示，新加坡的语言政策改变了当地华族家庭的语言习惯，使华语和英语分别渗透入传统纯讲英语或华语的家庭。[3] 因此，"年轻人的语言"可被视为符合本文语言马赛克定义的语言。正如目的论所指出的，译者会以一定的方式说话或写作，使其作品能对使用的人发挥作用。[4] 由此，我们可以解释《早报》改变以往书写风格，采用更多零翻译手段，使零翻译词在1998年以后大量涌现的原因。根据图4，

---

[1] Christiane Nord, *Translating as a Purposeful Activity : Functionalist Approaches Explained*, Shanghai : Shanghai Foreign Language Education Press, 2001, p.29.

[2] 沈洋：《〈联合早报〉的历史与现状研究》（硕士学位论文），厦门大学，2006年，第18页。

[3] 吴英成、林惜菜：《新加坡中学生语言使用与语言态度调查》，第61页。

[4] Christiane Nord, *Translating as a Purposeful Activity : Functionalist Approaches Explained*, p.29.

20世纪90年代期间,《早报》的零翻译使用量虽逐年增长,但其每日平均数量的增幅往往不超出10次。然而,1999年的零翻译词量却比1998年多了23次,说明《早报》改革方案中的"年轻人的语言"确实与零翻译有关。

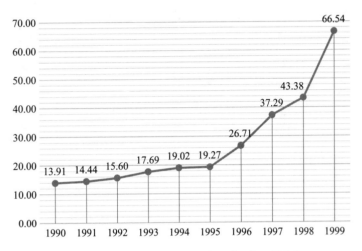

图4:20世纪90年代零翻译数量统计(每日平均)

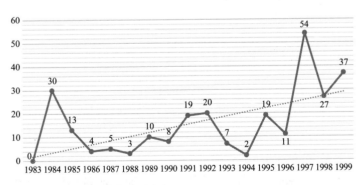

图5:20世纪90年代"流行语/口语词"零翻译数量

同时,改用"年轻人的语言"也使《早报》的"流行语/口语词"类零翻译词呈现上升趋势(见图5)。这表明《早报》

为达到目的，也开始采用当下年轻人爱用的流行语，例如以
"in""hip""cool"形容某种流行事物；以"shiok""high"表
达情绪；并运用英语缩略语"D.I.Y"（Do It Yourself：自己动
手做）、"OL"（Office Lady：办公室女郎）、"IQ"（Intelligence
Quotient：智商）、"EQ"（Emotional Quotient：情商），等等。
在这时期，还出现了当地特有的新加坡式英语词，包括受方
言影响的"kiasu""bo tuo bo say"等，以及受马来语影响的
"lobang""malu"等（见表7）。

日期	页	专栏	零翻译词	词义	次数	语言
9/8/91	16	国庆特辑	Kiasu	怕输	1	方言
9/8/91	16	国庆特辑	Rojak	罗惹	1	马来语
9/8/91	16	国庆特辑	Malu	丢脸	1	马来语
9/8/91	16	国庆特辑	Buay Tahan	受不了	1	马来语 + 方言
25/9/92	4	新加坡	Ayam	鸡	5	马来语
1/11/93	10	新加坡	Bo Tuo Bo Say	没礼貌	1	方言
17/5/94	24	体育	Kelong	被收买	1	马来语
25/8/94	1	要闻	Ole Ole	足球队歌	1	马来语
25/11/96	1	副刊：影艺	Lobang	比喻门路	5	马来语
17/11/98	1	副刊：青春	Garang Guni	收旧货的人	1	马来语
9/1/99	8	副刊：影艺	Lobang	比喻门路	2	马来语

表7：20世纪90年代《联合早报》的马来语及方言词零翻译现象

2. 经济因素

1985年推行的经济转型计划，将新加坡的经济重心转向高
新科技业，成功振兴国内经济。因此，20世纪90年代的经济复
苏主要受以高科技工业为主的制造业所驱动。资料显示，1996
年的高科技工业产品占制造业约一半的产值，是新加坡国内生

产总值的15%。[1] 按《早报》的零翻译词类分析,20世纪90年代的科技和财经类零翻译词数量增长了10%。其中,科技词的增幅最为显著,从20世纪80年代的18%提高到20世纪90年代的26%,并超越经济词成为20世纪90年代使用率最高的零翻译词类(见图6)。由于英语是国际商业及科技用语,所以许多源于英语的科技与经济名词会随着社会经济发展而产生,并在新闻求快求准的压力下,在报刊中以零翻译形式呈现。据此,20世纪90年代新加坡高科技工业的优越发展,决定了同期《早报》科技和财经类零翻译数量的增长。

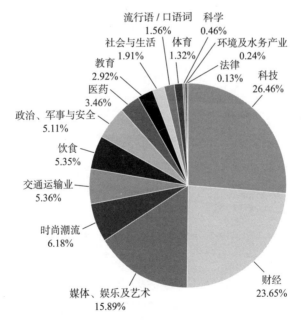

流行语/口语词 1.56%　科学 0.46%
社会与生活 1.91%　体育 1.32%　环境及水务产业 0.24%
教育 2.92%　法律 0.13%
医药 3.46%　科技 26.46%
政治、军事与安全 5.11%
饮食 5.35%
交通运输业 5.36%
时尚潮流 6.18%
财经 23.65%
媒体、娱乐及艺术 15.89%

图6:20世纪90年代零翻译词类统计

---

[1]　马勇:《90年代新加坡经济发展的特点和跨世纪发展战略》,《国外社会科学情况》1997年第6期,第15页。

另外，1995年霸菱银行危机（Barings Crisis）及1997—1998年亚洲金融风暴对新加坡经济造成的影响，也反映在《早报》的零翻译现象中。图7显示，1995年的财经类零翻译词比前年略降了25次。1997年以后，财经类零翻译词的增长也因亚洲金融风暴而明显放缓。但基于新加坡稳固的经济基础，1997年的金融风暴并未严重冲击当地经济发展。1999年，新加坡国内生产总值出现强力反弹，从1998年的 -2.3% 回升到6.2%。[1]《早报》同期的财经和科技类零翻译词也有回弹现象，且在带动经济发展的科技业的词类中表现最为明显（见图7）。这再次证明了《早报》的零翻译现象既反映社会经济发展，也受社会经济发展所牵制。

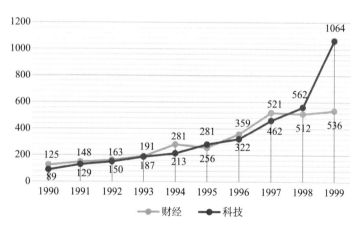

图7：20世纪90年代零翻译数量统计（财经 VS 科技）

综上所述，20世纪末《早报》的零翻译现象与新加坡同

---

[1]　Peter Wilson, "Monetary Policy and Financial Sector Development", Linda Lim, ed., *Singapore's Economic Development*：*Retrospection and Reflections*, Singapore：World Scientific Publishing, 2016, p. 100.

期的政治、语言及经济发展情况有着交错复杂且不可分割的关系。借助多元系统论，能有效地揭示政治对新加坡语言及经济的影响，亦能观察到这些语言及经济现象如何反过来影响政府的决策，从而为《早报》的零翻译发展特点提供充分合理的解释。下文将继续探讨21世纪初《早报》零翻译现象与新加坡社会之间的联系。

四、迈入21世纪新加坡的零翻译现象

迈入21世纪，在全球化的进程下，世界经济、科技、媒体等进入高速发展阶段。随着国际交流日渐频密，英语作为国际通用语成了国与国之间重要的交际工具。同时，21世纪也是个资讯爆炸的时代，各种新词不断地涌现并通过互联网及传统媒体迅速传播。为了能更及时、准确地传递信息，零翻译成了各媒体普遍采用的翻译策略，而《早报》也不例外。下图为《早报》自创刊以来27年间的零翻译发展现象：

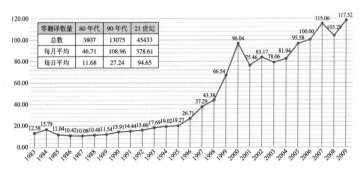

零翻译数量	80年代	90年代	21世纪
总数	3807	13075	45433
每月平均	46.71	108.96	378.61
每日平均	11.68	27.24	94.65

图8：1983—2009年的零翻译现象（每日平均）

词类	20世纪80年代	20世纪90年代	21世纪
科技	17.7%	26.5%	28.3%
财经	22.2%	23.6%	21.1%
差额	-4.5%	2.9%	7.2%

表8: 科技与财经类零翻译词（%）

图8显示,《早报》的零翻译每日平均数量从1995年开始直线上升并在短短的27年间从11.7次骤升至94.7次,增幅达8倍。相较于1923—1983年间10倍的零翻译数量增长速度,21世纪的全球化发展明显催化了零翻译的数量增长。此外,21世纪亦堪称网络时代,在高科技工业飞速发展的环境中,《早报》的零翻译词类份额也呈现相应变化。研究显示,21世纪前10年科技词的数量不仅超越财经词,而且两类词之间7.2%的差额更远胜于20世纪80年代财经词以4.5%领先于科技词的成绩（见表8）。与20世纪末相同,这一时期的零翻译现象也受各种社会因素影响。

在多元系统论的启发下,勒菲弗尔发展出了"翻译即改写"（translation as a rewriting）的理论。他表示,翻译不仅仅是语言层面上的转换,更是译者对原作的文化改写。文化系统的内外因素分别指专业人士（professionals）和赞助人（patronage）。基本上,赞助人关心的是意识形态（ideology）,而专业人士注重的是诗学（poetics）。[1]但勒菲弗尔指出,意识形态操纵着译者的改写,无论改写者对主流意识形态是持肯定或否定的态度。[2]这说明了意识形态对翻译活动有着巨大影

---

[1] André Lefevere, *Translation*, *Rewriting and the Manipulation of Literary Fame*, Shanghai : Shanghai Foreign Language Education Press, 2000, pp. 14—15.

[2] Ibid, p.41.

响。下文将以文化系统的外部因素，即意识形态和赞助人的概念，探究21世纪初操控《早报》零翻译使用现象的主要因素。

（一）意识形态对《联合早报》零翻译的操控

勒菲弗尔认为，意识形态操控着译文形式及主题的选择与发展，并且应该被理解为制约人们行为的形式、惯例和信念框架，而非局限于政治范畴。[1] 翻译改写论也阐明，意识形态主要是从政治、经济和社会地位方面限制和引导改写者，使改写者对原文进行某种程度的调整，以达到让改写作品被尽可能多的读者接受的目的。由此可见，《早报》在21世纪前10年广泛使用零翻译，在一定程度上是受当时主流意识形态所牵制。

社会语言学的研究指出，多语社会中必然存在强势与弱势语言，而随着时代发展，强势语言的使用会不断地扩大，弱势语言的使用则会慢慢缩小。[2] 如前所述，新加坡华语中的语言马赛克现象，正是强势语言与弱势语言竞争下的产物，更是新加坡政府推行"英语为主，母语为辅"双语政策的结果。到了21世纪，在双语政策和全球化风潮的双重影响下，英文在新加坡的政治、经济与社会地位都变得更加重要，新加坡的语言马赛克现象也在这场语文竞争中变得更加显著。

政治方面，李显龙于1999年宣布新的华文教学政策时，明确阐述了政府对双语政策的坚持："英文是共同的工作语言，将来也是如此。英文是全球商业、贸易与科技用语。但是母

---

[1] André Lefevere, *Translation, Rewriting and the Manipulation of Literary Fame*, p.16.

[2] 崔东红：《新加坡的社会语言研究》，北京：北京出版社，2010年，第86页。

语是构成我们的价值观、根源和共识的重要部分。"[1]2004年，李光耀在一场学术会议上也重申英语的重要性："虽然政府鼓励优秀人才掌握双语，但是新加坡仍然必须以英文作为主要语言，这样的情况50年后也不会改变。"[2] 上述例子说明，步入21世纪，英语在新加坡依旧享有崇高的政治地位，并继续在社会中发挥主导语言的作用。

社会方面，英语的优越地位促使更多新加坡人选用英语作为家庭用语，而这在年轻华族中最为明显。2000—2010年间，使用英语的华族人数从23.9%上升至32.6%。[3] 其中，5—14岁常用英语的华族从35.8%增加到51.9%，而15—24岁常用英语的华族则从21.5%增加到40.7%。同时，新加坡的主流政治意识形态也直接或间接地造成了年轻一代满足于使用英语一种语言，觉得华语是一种负担，甚至开始反对华语作为升学条件的社会情况。[4] 据此，吴元华指出，随着讲英语华族家庭的增加，政府必定会在日后调整新加坡的华文水平。[5]1999年，由李显龙领导的华文教学改革政策就以"大幅度量身定制，因材施教"的模式，按照学生的实际学习能力制定适合他们的华文教学课程。[6] 其中，为华文学习能力弱的学生开设华文 B 课程 [7] 的计划，却引来社会的两极反应。

---

[1] 严孟达等：《李显龙副总理声明：因材施教，各尽其能，让绝大多数学生能从容学习华文》，《联合早报》1999年1月21日，第6版。

[2] 陈怀亮：《英文仍是主要用语50年后也不会改变》，《联合早报》2004年6月24日，第6版。

[3] Wong Wee Kim, *Census of population 2010 Statistical release 1, Demographic characteristics, education, language and religion*, Singapore: Department of Statistics, Ministry of Trade, 2011, p.10.

[4] 周清海：《新加坡华人的语言与教育》，第148页。

[5] 吴元华：《华语在新加坡的现状与前景》，第71页。

[6] 李光耀：《我一生的挑战：新加坡双语之路》，第199—200页。

[7] 一种简化型的华文教学课程，教学中心放在培养学生的华语听说能力。

一方面，那些担心华文成为孩子升学绊脚石的家长们为此表示赞同；另一方面，则有人为华文 B 课程可能降低现有华文教育水平而感到忧虑。此外，新加坡政府在2004年废除华文母语成绩为大学入学考量的措施，再度引起社会争论。这些新型教育政策，不仅令许多华文教师感到沮丧，也让许多学生决定放弃修读华文。李光耀提及当时初级学院华文教师及学生的反应时说道：

> 他们认为这是政府彻底把"没有实用价值的华文边缘化"的举措，是政府很清楚发出了"母语不重要"的信息，是对华文教师接二连三的打击。初级学院华文理解与写作科的考生，立刻从2003年的113名锐减至2004年的40名，高二华文副修补考生大量减少。[1]

　　显然，新加坡政府为改善华文教学所制定的方案，不但未能达到促进华文学习的预期效果，反而让新加坡"重英文，轻华文"的社会意识形态变得更强烈。虽然新加坡的讲华语运动一直积极地向受英文教育的年轻华族提倡华语文，但从该运动2004年的双语并用口号"华语 Cool"中，不难发现英语的巨大影响力。因此，在政治与社会意识形态的操纵下，《早报》能更自由地使用零翻译处理21世纪因全球化发展而不断涌现的英文新词汇，说明了这一时期零翻译数量飙升的现象。

　　由于全球化是一种国际性整合的过程[2]，所以在国际交流日趋频密的时代中，不同语言的相互影响在所难免。在全球化

---

[1] 李光耀：《我一生的挑战：新加坡双语之路》，第208—209页。

[2] Martin Albrow and Elizabeth King, *Globalization*, *Knowledge and Society*, London：Sage，1990，p.8.

意识形态的控制下,《早报》的零翻译现象也不仅仅限于新加坡的国内通用语言。20世纪90年代起,《早报》开始使用日本、尼泊尔、西班牙等多种不同国家的零翻译词语。值得一提的是,虽然《早报》英语以外的零翻译数量逐年增加,但其总百分比却有下降趋势(见表9)。这一现象说明,"英语至上"的政治与社会意识形态仍是《早报》零翻译现象的主导因素。

年代	次数	百分比	语言种类
20世纪80年代	18	0.47%	马来语
20世纪90年代	28	0.22%	马来语、方言、日语、尼泊尔语、西班牙语
21世纪前10年	35	0.08%	马来语、日语、朝鲜语、印尼语、西班牙语、拉丁语

表9:英语以外的零翻译词汇

经济方面,新加坡21世纪的经济发展,对《早报》零翻译词类的使用也起着限制作用。在全球化的语境下,21世纪前10年的新加坡经济基本上受世界经济走向影响。20世纪90年代末,美国互联网泡沫经济的兴起制造了一股投机泡沫热潮,于是一批以".com"为名的网络公司纷纷涌现。1997—2000年间,欧美及亚洲多个国家的股票市场中,与科技及互联网相关企业的股价快速飙升,并于2000年达到最高点。[1] 但由于泡沫经济的本质是风险投机,所以互联网泡沫在2000年后便迅速破灭。[2] 通过分析《早报》中以".com"为名的零翻译公司名称,我们发现这类零翻译词的使用现象与互联网泡沫经济崛

---

[1] 2000年3月10日,NASDAQ指数到达5132.52,为整个互联网泡沫经济时代的顶峰。

[2] Robert U. Ayres, *The Bubble Economy:Is Sustainable Growth Possible?*, London:MIT Press, 2014, p.159, http://www.jstor.org.ezlibproxy1.ntu.edu.sg/stable/j.ctt9qf6s5.9, accessed on 1 Feb 2016.

起、高潮及衰落的时间点都相当一致（见图9）。

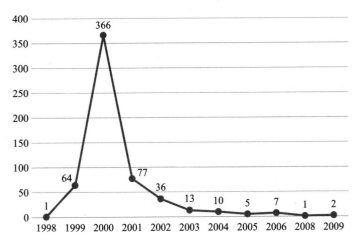

图9：21世纪前10年 .com 公司零翻译数量

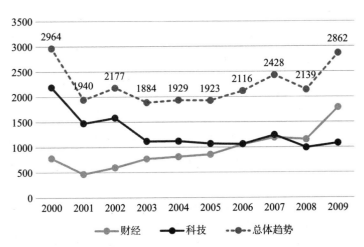

图10：21世纪前10年零翻译数量统计（财经 VS 科技）

2001年，美国遭遇9·11恐怖袭击对新加坡经济造成重创。2003年，"非典型肺炎"（Severe Acute Respiratory Syndrome）传入，再度削弱新加坡当地经济发展。2008年，雷曼兄弟公司（Lehman Brothers）破产所引发的全球金融危机严重打击了新加坡2004年后逐渐复苏的经济。[1] 研究显示，《早报》相应年间财经和科技类零翻译词的下滑现象都与21世纪前10年新加坡经济遭受的三次冲击相呼应（见图10）。这两类零翻译词所代表的经济领域均为新加坡经济发展的核心，所以具有反映当时经济局势的功能。

同时，21世纪新加坡的经济转型计划也影响了《早报》的零翻译使用。1998年，世界性电子工业需求下降，许多高科技制造工厂转移到成本较低的中国。为应对经济局势变化，新加坡开始朝向知识型经济体系迈进。2001年，从事生物医药及科学工程研究的新加坡科技研究局正式成立，为当地开拓以研究与开发为基础的知识型经济市场。同时，新加坡国立研究基金会也拨款支持环境与水源科技、生物医药科学及互动数码媒体的研究。[2] 另外，新加坡也与主要经济强国签订自由贸易协定，希望将新加坡打造为区域重要经济枢纽。[3] 总体上，新加坡经济转型计划主要推动了研究与开发业、生物医药业、环境与水务业以及互动数码媒体业的发展。本文分别将与这四

---

[1]　Peter Wilson, "Monetary Policy and Financial Sector Development", p.100.

[2]　T.K. Ti and Edward Ti, *Singapore and Asia：Celebrating Globalisation and an Emerging Postmodern Asian Civilisation*, Australia：Xlibris Corporation, 2012, pp.189—199.

[3]　新加坡政府制定"7小时经济圈"计划，希望将新加坡打造为世界贸易中心、海港转运中心、航空中心、会议中心、教育中心、医疗保健中心、国际医药中心、金融理财中心（杨建伟：《新加坡经济转型之路》，新加坡：创意圈出版社，2015年，第35页）。

大领域相呼应的零翻译词归入"研究与开发业""医药""环境与水务产业"和"科技"类别中。下表总结了《早报》不同年代各经济领域的零翻译现象：

经济领域 \ 年份	20世纪90年代		21世纪前10年		增幅
	数量	百分比	数量	百分比	
科技	3459	26.5%	12914	28.4%	2.0%
天然资源及能源业	128	1.0%	685	1.5%	0.5%
金融业	728	5.6%	2735	6.0%	0.5%
环境与水务产业	32	0.2%	258	0.6%	0.3%
交通与运输业	701	5.4%	2546	5.6%	0.2%
研究与开发业	64	0.5%	331	0.7%	0.2%
医药	452	3.5%	1639	3.6%	0.2%
工程业	75	0.6%	242	0.5%	0.0%
房地产与建筑业	562	4.3%	1886	4.2%	−0.1%
服务业	342	2.6%	937	2.1%	−0.6%
商业	518	4.0%	1541	3.4%	−0.6%
工业与制造业	655	5.0%	835	1.8%	−3.2%

表10：《联合早报》以经济领域分类的零翻译词

　　按表10，在21世纪前10年，上述四大领域的零翻译词量都比10年前多，增幅分别为0.2%、0.2%、0.3%和2%。接着，自由贸易协定的提出，既带动了运输业的发展，使新加坡港口成为世界最繁忙的港口之一，也让新加坡成为区域重要金融中心。顺应经济发展，《早报》21世纪前10年的"交通与运输业"和"金融业"零翻译词也有所增长，增幅分别为0.2%和0.5%。由此可见，无论从宏观或微观的经济发展趋势观察，《早报》的零翻译现象都与新加坡的经济动向紧密相连。

（二）赞助人对《联合早报》零翻译的操控

"赞助人"指那些拥有权力促进或阻止文学翻译的人或机构，其中包括宗教团体、政党、阶级、出版社和报刊杂志、电视广播机构等大众媒体。[1] 根据勒菲弗尔的理论，赞助人由意识形态（ideological）、经济（economic）和地位（element of status）三个相互影响的因素组成。[2]《早报》的赞助人则主要受意识形态和经济的制约。

首先，《早报》隶属报业控股旗下的华文报集团，所以报业控股在经济上对《早报》的编辑与发行有着控制作用。作为以利润为首要考量的上市集团，报业控股关注的是作品的经济效益。其次，新加坡政府对新闻媒体的严格管控，使《早报》受意识形态操控。新加坡政府对报刊的控制主要通过法律，当地设有《报章与印刷出版法令》《不良诽谤法》《官方机密法令》《不良刊物法令》等法规对报刊的发行及内容和报业公司的管理结构进行严格规定。此外，政府高层还会通过聚餐、座谈等定期与各报总编或记者编辑交流，以加深他们对国情与政府立场的认识。[3] 南洋理工大学黄金辉传播与信息学院教授郝晓鸣的研究总结道：

> 新加坡政府一向认为，新闻媒介在现代社会生活
> 中有着举足轻重的地位……新加坡必须要求其新闻媒
> 介服从国家利益，成为政府发展国民经济、促进民族

---

[1] André Lefevere, *Translation, Rewriting and the Manipulation of Literary Fame*, p.15.

[2] Ibid, p.16.

[3] 袁舟：《新加坡报业集团的成功之道》，《新闻记者》2003年第2期，第41页。

团结过程中的伙伴，而不是西方模式中的对立派。[1]

在新加坡政府的管控下，《早报》的编辑方针自然受国家政治意识形态主导。报业控股的编辑总方针写道："（集团旗下报刊）都致力于为读者、为国家服务，并照顾到我们的国情和社区的需要与愿望。它们也致力于协助增加新加坡的国家力量和克服弱点。"[2]《早报》也在首刊中通过《我们的话》一篇申明：

> 我们有责任协助向读者传达与阐析我们的民选政府的政策与措施……我们肯定国家的利益，社会整体的利益也就是我们本身的利益，因此我们绝对不徇私，不偏袒任何人和集团；我们鼓励公正的公众舆论与批评，但绝不为任何人或团体所利用，因而损及国家与社会整体利益。[3]

上述例子表明，维护国家社会稳定是《早报》的核心办报方针，因此该报的内容乃至于语言使用都必须与国家意识形态一致。这也为前文提出的各种新加坡政策与《早报》零翻译发展之间的联系提供了更实在的证据。

另外，上市公司盈利为本的经营理念，使《早报》的内容编辑服从某种经济原则，即以吸引更广大的读者群，提高报刊发行量，从而增加报刊广告收入为主。因此，在面对年轻读者

---

[1] 郝晓鸣：《从强制到疏导：新加坡政府对新闻业的管理》，《新闻与传播研究》1995年第2期，第89页。

[2] 袁舟：《新加坡报业集团的成功之道》，第40页。

[3] 《我们的话》，《联合早报》1983年3月16日，第1版。

人数下滑的情况，《早报》必定会做出相应调整。《早报》前总编辑林任君论及年轻一代不喜欢阅读华文报的问题时表示：

> 这毕竟是一个对本身的生存发展很不利的信号，我们不能因为这是客观因素造成的而采取消极的态度，坐视不理甚至自暴自弃，而是应该主动地自我调整和改进，在主观能力范围内竭尽所能，尽量争取年轻读者，争取那些通晓华文却不阅读早报的人群。[1]

于是，续1998年的改革，《早报》又在2003年推行新一轮改革计划[2]。《早报》的两次改革都按年轻人的喜好进行设计、新闻题材及用语方面的改造。此次改革计划的"增用英文名词，帮助年轻读者阅读"一项，使得该报零翻译整体增幅远胜于往年。相较于20世纪90年代，21世纪前10年的零翻译词量增长了247%（见表11）。

零翻译数量	20世纪80年代	20世纪90年代	21世纪前10年
总数	3807	13075	45433
每日平均	11.68	27.24	94.65
增幅	–	133%	247%

表11：《联合早报》零翻译使用率对比

[1]　林任君：《柳暗花明又一村：〈联合早报〉的迈向新纪元》，《联合早报》1998年5月19日，第14版。

[2]　在2003年3月27日的改革后，《早报》中大大增加年轻人所爱看的体育、娱乐、时尚、流行文化和信息科技内容。具体来说，这次改革的内容包括：全面打造版面新形象，如增加彩色版；版面重新设计，文字更精简，图片更突出；增加封面索引，帮助读者更快了解内页内容；新闻标题更生动活泼；增用英文名词，帮助年轻读者阅读。（沈洋：《〈联合早报〉的历史与现状研究》，第18页。）

最后，本文通过与《早报》副总编辑王彼得的访问，尝试了解作为报刊内容的作者及把关者——编辑和记者是如何促进或限制报中的零翻译使用。王彼得在受访时指出，《早报》虽设有许多新闻写作规范，但从未对零翻译的使用设定标准或硬性规定。在他看来，零翻译现象的产生主要是环境使然，因为在新加坡特殊的语文环境中，华语必然会掺杂着其他语言，尤其是英语。他认为，记者采用零翻译的情况可分为三种：首先，是出于习惯而使用零翻译，即"觉得那很正常、理所当然"，并且认为"只要能沟通、能让读者明白"即可；其次，是懒惰，即记者因"贪快"而不愿费时去考察某些词汇的中文译名；最后，是迫不得已，即记者基于报刊版位限制、新生词大量涌现或受某公司所托等原因，而必须直接引用源语词汇。王彼得解释，《早报》不是某产品或公司的执行人或拥有者，所以没有权力为该事物进行翻译，因此运用零翻译是最佳的解决方式。另外，也有公司为打响品牌名声坚持只让《早报》使用该公司的原文名字。在谈到对零翻译的看法时，王副总编说："我不主张完全维护汉语纯洁性，这是自找麻烦，为生活与沟通带来许多障碍。我们生活在一个全球化的多元社会中，并见证着各种语文的交融，而这种交融新加坡属于最前沿。所以在环境的影响下，我们必须接受华文中是可以允许有英文词汇的，这是为了确保沟通的便利、有效。"但他再三强调，身为语文工作者他仍会要求记者尽可能避免使用零翻译，尤其当某事物在华文中已存在现有词时，更不应该"舍华文而就英文"。由此可见，社会环境依然是影响零翻译使用的主要因素，《早报》编辑虽然希望尽力维护华文纯洁性，但还是必须抱着务实的心态接受零翻译。

借助勒菲弗尔的翻译改写论，本文发现政治意识形态对新加坡华文零翻译现象有着主导作用。在法律至上的新加坡社会中，政府的意识形态对社会文化、语言、经济，甚至赞助人都有着操控作用。除此之外，全球化的大环境下所形成的新型社会意识形态也对《早报》的零翻译使用有着深刻影响。

五、结论

翻译不是单纯的语言符号转换，而是一种文化对另一种文化的转写。因此，翻译活动必然会受特定时代的社会文化语境所制约。新加坡华文报的零翻译发展，正是新加坡社会文化变迁影响翻译活动的真实写照。

在英殖民政府的治理下，新加坡发展成为多元民族聚集的社会，为后来不同语言文化之间的交融发展奠定了重要基础。新加坡特殊的政治和社会环境，促进了不同民族之间语言文化的交流，形成了多语社会特有的语言混用习惯，即语言马赛克现象。口语语言马赛克现象的普及渐渐推动了书面语零翻译的发展。本研究发现，《南洋商报》早在1923年就已使用零翻译策略引进外来词，其中主要是受殖民者强势文化影响的英文零翻译词语。

新加坡独立后，国家政府制定的语言及教育政策，塑造了与殖民时期一样"英语至上"的环境，改变了新加坡年轻人的语言使用习惯。此时，能掌握且选用英语为主要语言的年轻华族越来越多，造成了华文报年轻读者不断下滑的现象。《早报》

于1998年进行改革，不仅增添了年轻人爱看的资讯科技、娱乐等新闻内容，还改用年轻人的语言，试图重新吸引年轻读者的目光。这项改革不但增加了《早报》的零翻译使用量，也扩大了零翻译的使用范围。

21世纪迎来了科技高度发达的全球化时代，互联网及电脑的流行为跨国界沟通与信息交流带来便利。然而，在这资讯爆炸的年代，信息传播的速度远远超越了新词能被有效翻译的速度。因此，为了快速及准确地传递信息，零翻译成为这个时代各类媒体广泛使用的翻译策略。21世纪的全球化发展，也为世界各国语言文化的交融提供了良好条件。这种语言文化的交融，在新加坡的多语言社会中最为突出。对高度开放的新加坡华文目的语文化来说，采用零翻译处理英文源语词反而有助于读者的理解。

由此可见，零翻译现象的形成与发展和新加坡社会的整体发展息息相关，所以新加坡华文报零翻译使用量的迅速增长也是社会发展的一种必然结果。这为以往的零翻译研究提供了不同的视野，使零翻译的讨论不再只是简单的"该"与"不该"。从翻译文化研究的角度考察零翻译，将有助于人们重新理解并更准确地判断零翻译的使用价值。诚如王铁琨教授在论及"GDP""MP3""DVD"等零翻译词进入前5000个汉语高度使用词时所表示：

> 语言是一种资源，把它当作像水资源和矿资源，就会珍爱它和保护它，就不会只关注语言分歧所带来的问题，而是重在建设、重在服务，充分发挥语言资源在国家和平发展和走向世界中的作用。是一种更具

翻译与社会的互动

包容性和与时俱进的语文观。[1]

社会语言学家陈原在《语言与社会生活》一书中也提到：

> 每一种活着的语言，都有充分的吸收功能［……］
> 也就是说，凡是有生命力的语言，它从来不害怕同其
> 他语言接触，而且会在社会生活认为必需的时候，吸
> 收本来没有的新词汇。[2]

因此，新加坡华文的零翻译现象不仅反映了新加坡华语文的包容性和生命力，更证实了零翻译的引进是基于社会生活的需要，所以有其存在的积极意义。

按新加坡的社会语言判断，在英语地位频频升高、华语地位逐渐式微的情况下，为华文书面语注入年轻一代熟悉的英语词汇，将有助于吸引年轻人阅读华文，为维持华语文在新加坡的地位有着重要作用。同时，新加坡"双语并用教华文"的成功，也证明了将英语引入新加坡华语的可行性，及其能引起学生华文学习兴趣的有效性。此外，新加坡华文中的零翻译词汇不仅仅限于英语，还包括了流行于新加坡人口语中的马来语和方言词。零翻译作为新加坡式华语书面形式的表达，承载着特属于新加坡人的国族与文化认同，具有丰富的文化价值。

不过，零翻译的出现也可能阻碍新加坡华语文的发展。《早报》副总编辑王彼得指出，新加坡华文使用者欠缺创造华

---

[1] 吴新慧、林妙娜：《汉语有容乃大》，《联合早报》2007年11月17日，第8版。

[2] 陈原：《语言与社会生活——社会语言学》，台北：台湾商务印刷股份有限公司，2001年，第55页。

文缩略语的文化自信是造成零翻译普及化的原因之一。因此,新加坡华文使用者若过于依赖零翻译,亦可能导致他们因安于现状而开始不重视华文翻译,进而对新加坡华文翻译造成负面影响。

综上所述,新加坡华文书面语的零翻译现象,既受新加坡社会文化的发展与变迁所制约,也可对新加坡的社会文化造成影响。翻译与文化之间的互动关系在这一课题上得到了充分体现。

附录

一、《联合早报》副总编辑王彼得的访谈内容

问：《早报》是否存在任何关于如何处理零翻译词的规定？

答：首先，报馆里面写新闻有很多体例，但是什么时候用英文什么时候不用英文倒没有一个体例、标准或硬性规定。第二，作为文字工作者，我们一般会很直觉地不喜欢看到有英文词汇，所以我们尽量要求使用纯粹的中文。第三，在我们的语文环境里，我们的语言又迫不得已会掺杂英文，所以仔细想想这是环境使然。语言使用者受环境所迫，慢慢变成一种习惯，而不自觉地使用零翻译词。他们会认为，那样很正常、理所当然，反正就是要沟通，要让读者明白就使用英文了。既然我们说话时已经是这样了，所以反映到文字，就会很不自觉地把英文写入文中。

问：零翻译的使用在很大程度上需要读者能够理解或读得懂，是什么让《早报》的编辑有信心认为本地华文读者，尤其是老一辈的读者，可以接受零翻译词？

答：这要看情况，有一种情况是习惯，就是聊到"HDB"就用"HDB"而不用"建屋局"，聊到"CTE"就放"CTE"因为它没有中文的缩略语。另外一种是懒惰，记者贪快而不愿去翻字典、上网查或通过新闻检索找一找过去同事怎么翻译某个事

物。但是还有一些是迫不得已，这就比较值得讨论了，如什么时候该用、为什么用，而有时候使用零翻译还是有一些积极意义的。

首先，有时候是因为中文的缩略语，一还没有出来，二根本没有缩略语，但是那个词又很长，所以为了节约，因为新闻写作是有字数限制的。其实，我认为我们在新加坡用中文用得不够自信，像是台湾或中国大陆就很敢使用缩略语，如"非典型肺炎"缩成了"非典"，其实缩得不是很好，因为看不出是疾病，但他们就敢用，用着用着就用开了。我在想，若"CTE"在中国大陆，他们可能就把这条"中央高速公路"缩为"中高"，台湾也是一样。这是因为他们是以中文作为第一语文的环境，所以他们就敢用，但是我们就会有顾虑，会担心人们听不懂。有时候我会告诉我的同事们："你们应该自信一点，我们是《联合早报》，是新加坡最大的中文使用用户，我们是可以 set standard 的，让某种词的使用普及化。"但是我们就是不够自信，最终还是选用英文缩略语。

第二，对于某些新生事物，因为我们不是那个产品的执行人或拥有者，我们不可能去帮他们翻译，所以这就迫不得已要直接使用那个产品的原文名字。还有一种情况，就是产品或公司为了 branding 而不管中文，要求我们必须直接用英文。另外，有一些公司或事物读者原本很熟悉，但如果我们用中文，他们反而不知道我们在讲什么，所以零翻译是为了确保意思能够有效被传达，让读者更容易理解。但是我们还是会有内心的挣扎，尤其是面对那些受纯中文教育的老读者。

问：所以是担心他们看不懂？
答：基本上倒不会看不懂，因为新加坡的特殊环境，人们常常会看到很多英文词，所以 DNA 里面一定会有这些东西。早期会有读者批评我们用太多英文，但现在读者慢慢了解这是迫不得已的，所以批评也变少了。不过，我们还是会坚持尽量用中文，不要用英文，而我们用英文的时候是为了沟通方便、增进理解以及教育读者。

问：零翻译的使用颇受争议，有人支持也有人反对，你又是如何看待零翻译的呢？

答：我不主张维护完全汉语纯洁性，这是自己找麻烦，为生活与沟通带来许多障碍。这是因为我们生活在一个全球化的多元社会中，并见证着各种语文的交融，而这种交融新加坡属于最前沿的。所以在环境的影响下，我们必须接受华文中可以允许有英文词汇，这是为了保证沟通的便利及有效。尤其是在这个新生事物涌现的年代，很多时候不是要不要的问题，而是根本没得选择。

然而，当一个事物在华文中已有现成词汇，作为一个语文工作者就不应该"舍华文而就英文"。往更深层想，我认为我们的用语中有这么多英语是因为缺乏中文缩略语，所以我觉得我们应该自信一点，尽量创造中文缩略语。如"PSI"（空气污染指数），是否可以用"空污指数"或"空指"？

问：为什么会这样呢？

答：原因是我们底气不够。首先，新加坡中文水平不佳，不是优势语言，所以人们缺乏文化自信，不敢创造中文缩略语，因此只能跟着台湾、中国大陆的用法，或者直接转用英文解决问题。另外，在新加坡，中文往往不是原生语文，很多事物都是先有英文才去想如何译成中文，而我们也因为底气不足常用直译，所以中文词总是很长、很欧化，尤其是政府部门的翻译。如"Singapore Garden Festival"，若在中国，可能会以比较诗意的"花卉节""花季"等去衬托这个节日，但在新加坡我们却用了一个很对等的词——"花园节"，翻译得太白了。

二、《联合早报》零翻译现象数据统计图表

1. 20世纪80年代零翻译词类数量分析

词类	1983	1984	1985	1986	1987	1988	1989	总数
财经	145	218	130	77	98	75	104	847
科技	76	77	94	119	92	115	101	674
媒体、娱乐及艺术	59	142	48	95	68	70	96	578
政治、军事与安全	53	91	48	25	60	44	63	384
交通运输业	40	52	59	40	24	30	35	280
饮食	12	55	33	34	70	25	50	279
时尚潮流	37	22	16	32	12	29	31	179
教育	13	18	13	22	24	27	25	142
社会与生活	20	16	26	8	10	23	15	118
医药	11	20	14	4	2	34	17	102
体育	1	13	12	28	14	12	4	84
流行语／口语词		30	13	4	5	3	10	65
科学	11	4	23	7	5	7	3	60
环境			1	5		9		15
总数	478	758	530	500	484	503	554	3807

2. 20世纪90年代零翻译词类数量分析

词类	1990	1991	1992	1993	1994	1995	1996	1997	1998	1999	总数
科技	89	129	150	187	213	281	322	462	562	1064	3459
财经	125	148	163	191	281	256	359	521	512	536	3092
媒体、娱乐及艺术	52	90	192	123	133	93	117	188	472	618	2078
时尚潮流	24	41	32	90	54	33	59	102	137	236	808
交通运输业	46	26	42	65	21	68	101	110	71	151	701
饮食	86	39	33	58	20	35	89	77	113	149	699
政治、军事与安全	75	109	29	34	55	38	100	61	71	96	668
医药	4	22	40	15	56	24	34	66	50	141	452
教育	41	16	17	33	37	48	43	74	14	59	382
社会与生活	20	19	15	22	18	15	28	28	28	57	250
流行语／口语词	8	19	20	7	2	19	11	54	27	37	204
体育	11	22	12	22	14	8	16	16	19	33	173
科学	15	6	2	2	5	2	2	20	1	5	60
环境及水务产业	2	5	1		1	5	1	10	4	4	32
法律		2	1		3			1	1	8	17
总数	598	693	749	849	913	925	1282	1790	2082	3194	13075

3. 20世纪90年代财经类零翻译词所属领域数量分析

财经领域	1990	1991	1992	1993	1994	1995	1996	1997	1998	1999	总数
金融业	17	40	25	34	61	69	80	136	131	135	728
工业与制造业	44	59	43	49	98	58	65	45	131	63	655
房地产与建筑业	4	17	8	36	36	32	76	151	121	81	562
商业	30	10	52	47	45	34	53	46	54	147	518
服务业	27	11	22	17	24	36	63	53	41	48	342
天然资源及能源业		1	5	1	5	17	13	39	15	32	128
工程业	3	2	1		11	6	2	19	10	21	75
研究与开发		7	5	3	1	4	7	21	8	8	64
其他		1	2	4				11	1	1	20
总数	125	148	163	191	281	256	359	521	512	536	3092

4. 21世纪前10年零翻译词类数量分析

词类	2000	2001	2002	2003	2004	2005	2006	2007	2008	2009	总数
科技	2187	1474	1582	1117	1118	1068	1061	1240	989	1078	12914
财经	777	466	592	766	805	855	1055	1184	1150	1782	9432
媒体、娱乐与艺术	691	657	642	668	667	690	736	846	764	567	6928
时尚潮流	150	182	187	376	338	477	305	367	458	515	3355
交通运输业	142	239	214	165	240	245	356	364	280	301	2546
饮食	157	116	119	116	171	278	278	325	330	252	2142
社会与生活	54	37	62	59	82	400	265	432	155	259	1805
体育	75	54	107	83	123	245	273	274	279	239	1752
医药	87	144	170	165	143	108	137	134	146	405	1639
教育	63	99	113	65	103	85	100	45	97	59	829
政治、军事与安全	90	68	130	88	46	58	66	113	76	48	783
流行语／口语词	93	54	35	40	43	30	104	130	127	62	718
环境及水务产业	20	9	13	2	28	29	14	39	60	44	258
法律	17	1	8	31	6	31	30	11	22	28	185
科学	7	22	18	6	20	8	20	19	25	2	147
总数	4610	3622	3992	3747	3933	4607	4800	5523	4958	5641	45433

5. 21世纪前10年财经类零翻译词所属领域数量分析

财经领域	2000	2001	2002	2003	2004	2005	2006	2007	2008	2009	总数
金融业	238	137	131	217	213	235	286	373	375	530	2735
房地产与建筑业	117	78	135	147	124	194	169	190	262	470	1886
商业	186	107	72	152	153	107	187	197	189	191	1541
服务业	64	47	94	76	107	108	134	108	88	111	937
工业与制造业	60	35	90	61	93	64	117	100	90	125	835
天然资源及能源业	24	11	15	44	45	88	81	141	88	148	685
研究与开发	74	23	28	35	38	36	20	33	14	30	331
工程业	12	20	23	29	29	8	40	26	25	30	242
其他	2	8	4	5	3	15	21	16	19	147	240
总数	777	466	592	766	805	855	1055	1184	1150	1782	9432

翻译实践探索

中国古诗英译问题与方法管窥

——以《江雪》英译为例 *

罗怀宇 **

引言

中国古诗光华夺目，中国古诗英译有如过江之鲫。用这两句话描述中国古诗及其英译似乎不会有争议。然而，译介成果之多与外界对中国古诗的认知水平和中国诗歌的国际影响力相比却显得不相称。如果我们参比东邻的俳句，这种感觉或许会更强烈。从翻译产出看，许多古诗已经有了一个甚至多个英译本。近几十年来，对外推广的力度也不可谓不大。然而遗憾的是，外界对中国古诗的认知在很大程度上仍然仰赖庞德等一些西方人士的翻译和诠释。一些粗制滥造的译文甚至造成外界对中国诗歌弃之如敝屣的错误印象。中国古诗之美是否真正"走出去"了仍然是一个值得商榷的问题。

＊ 本文为北京语言大学院级项目"英语诗歌翻译的互文性想象和创造性忠实研究"（编号20YJ020019）阶段成果。
＊＊ 罗怀宇，北京语言大学外国语学部副教授、硕士生导师，研究方向：叙事学、文学翻译。

围绕诗歌翻译的诸多争论，无论是关于可译性、忠实性或是创造性，似乎都不妨凝练为这样一个问题：诗何以译？在诗歌翻译批评语境中，这一问题又衍生出三方面的含义：第一，为何译诗，诗是否能译？这个问题独立于翻译过程及行为，关涉诗的体裁本质，是一个带有语言哲学和文化意涵的理论问题。第二，何人译诗，诗当如何译？这个问题指向译诗者应具备何种条件，译诗的过程应采取何种方法策略；在某种程度上，这也关乎一个更大的文学文化生态问题以及老生常谈的中国文化"走出去"问题。第三，何为佳译，译诗可有公论？这个问题既指向翻译的标准或原则问题，又指向翻译的创造性问题，是从真、善、美三个维度对诗歌翻译和诗歌翻译批评做出审视。本文将从理论层面探讨前两个问题，然后以《江雪》主要英译本为例展开具体分析，尝试对第三个问题做出回答。

一、为何译诗，诗是否能译？

为何译诗？目的自然不尽相同。无论"嘤其鸣矣，求其友声"，或是"怡情、傅彩、长才"，或是"各有稻粱谋"，在这个问题上最宜采取"意图谬误"[1] 的观点。除非触及法律或道德议题，否则大可不必纠缠于译者的确切意图。真正需要探讨的问题不是译诗主体的身份和动机，而是他以何种态度、认识、水准和境界从事这样一项工作，其译作的真实品质如何，

---

[1] W. K. Wimsatt Jr. & M. C. Beardsley, "The Intentional Fallacy," *The Sewanee Review* 54, No. 3 (1946), pp.468—488.

是否有助于促进"真善美"的文学文化生态和生活。一言以蔽之，在诗歌翻译的问题上，我们首要排除身份和意图的干扰，而只需对译文本身做实事求是的分析。

诗是否能译？这既是一个语言哲学问题，又与诗的体裁属性密不可分。从理论史的角度看，可译性从来不是一个问题，因为不承认可译性等同于直接否认翻译等跨语言活动的可能性。在这方面，德国哲学家本雅明的"来世"说（afterlife）有重要代表性，他说："译文与其说是产生于原文的生命，毋宁说是产生于原文的来世。"[1] 本雅明策略性地在不可译性和可译性之间制造模糊，回避对不可译性的深入讨论，将自己的论点导向可译性。他进一步指出："语言作品的可译性应该得到考虑，即使人类被证明没有能力翻译他们"[2]，"译者的任务是在译入语中找到能产生如同源语回音的预期效果［意图］"[3]。本雅明的可译性观点有着坚实的实践基础，因为在翻译实践层面多数观点并不支持绝对的不可译性，而仅是质疑完全充分的翻译是否有可能达成[4]。因而，更值得辨析的问题是不可译性（untranslatability）。在这一阵营，较早的代表人物包括

---

[1] Lawrence Venuti, *The Translation Studies Reader*, London & New York: Routledge, 2000, p.16. 韦努蒂的英译文为："⋯a translation issues from the original—not so much from its life as from its afterlife."

[2] Ibid., p.16. 韦努蒂的英译文为："⋯the translatability of linguistic creations ought to be considered even if men should prove unable to translate them."

[3] Ibid., pp.19—20. 韦努蒂的英译文为："The task of the translator consists in finding that intended effect［*Intention*］upon the language into which he is translating which produces in it the echo of the original."

[4] Theo Hermans, "Translatability," Mona Baker & Gabriela Saldanha, eds., *Routledge Encyclopedia of Translation Studies*（Third Edition）, London & New York: Routledge, 2020, p.603.

18、19世纪德国的哲学家约翰·戈特弗里德·赫德、语言学家威廉·冯·洪堡和哲学家弗里德里希·施莱尔马赫。[1] 到了20世纪，较有影响的代表是美国语言学家萨丕尔和沃夫提出的"萨丕尔－沃夫"假说（又称"语言相对论"）和美国分析哲学家蒯因在1960年提出的"翻译的不确定性"[2] 论断。以德里达为代表的解构主义者将不可译性思想推上了一个顶点。在现代哲学家中，德里达可以说最重视翻译问题。他将不可译性视为一种积极的理论发展和一种批评利器，并隽语式地指出："事实上，我并不相信有任何东西是不能被翻译的——或者说，我更不相信有任何东西是可译的。"[3] 德里达的不可译性思想有助于加深我们对翻译的认识：正因为文本的不可译属性或不可译因子，它才需要翻译，呼唤着被翻译；反之，如果一个文本如水一般透明，具有百分之百的可译性，那么翻译它的价值和必要性也就打上了很大的问号。对此，赫曼斯也做了一个隽语式的归纳："我们无法翻译，我们必须翻译。一切都是可译的，没有什么是可译的。"[4]

诗歌是高度风格化的语言，这种风格化渗透在声音、形

---

[1]　Theo Hermans, "Translatability," Mona Baker & Gabriela Saldanha, eds., *Routledge Encyclopedia of Translation Studies* (Third Edition), p.604.

[2]　Williard Van Orman Quine, *Word and Object*, Cambridge & London : The MIT Press, 1960, p.24.

[3]　Jacques Derrida & Lawrence Venuti, "What Is a 'Relevant' Translation?" *Critical Inquiry* 27 (Winter 2001), p.178. 原文为："As a matter of fact, I don't believe that anything can ever be untranslated—or, moreover, translatable."

[4]　Theo Hermans, "Untranslatability, Entanglement and Understanding," Duncan Large et al., eds., *Untranslatability : Interdisciplinary Perspectives*, New York & London : Routledge, 2019, p.27. 原文为："[W]e can't translate, we must translate. Everything is translatable, nothing is translatable."

体、主题、修辞等各个方面。不同文化对诗歌的理解和审美方式以及接受语境也存在很大差异。经过漫长历史的浸淫，这些差异早已融为传统的一部分。这也是为什么美国诗人罗伯特·弗罗斯特发出著名的感叹："诗是在翻译中失掉的东西。"诗的不可译性是前提，属于更高维度的认知。只有认识到诗的不可译性，人们才懂得知难而退，译者才会更加专心致志以事其业，在翻译对象选择上做到有所译，有所不译，在翻译手法运用上做到有所为，有所不为。人类生活的物质基础和情感基础中共同的部分构成潜在的可译性，而那些看似或真正不可译的因子则成为诗歌翻译的恒久魅力所在。

二、何人译诗，诗当如何译？

我国诗歌翻译史足以昭示，一个理想的诗歌译者最宜是文人、诗人和学者的有机结合（不一定是身份意义上的）。余光中先生也曾指出："译者其实是不写论文的学者，没有创作的作家。"[1]文人的情操和修辞禀赋有益于诗歌译文的语言品质和文学趣味，诗人的才华有益于诗意的传递和风格的再现，学者的严谨和深度有益于在求美和求真之间达成一种审慎而重要的平衡。诗歌翻译不是辞藻堆砌、炫技或者偷梁换柱的语言把戏，诗歌翻译的最好状态应是一个理想的译者恰如其分地传递原诗的语言文学价值、风格和思想性。如果做到这一点并蔚然成风，

---

[1]　余光中：《作者，学者，译者——"外国文学中译国际研讨会"主题演说》（1994），余光中：《余光中谈翻译》，北京：中国对外翻译出版公司，2000年，第169页。

则诗歌翻译自然而然促进文学交流和文化传播。反之，如果译者不能或不愿下扎实的功夫，不能精通两种语言，也不熟悉目的文化中诗歌的体裁、风格和流变，或只是希望乘文化"走出去"之东风遂行自我之目的，那么实际功效就会大打折扣，有时甚至会适得其反。长期地、历史地来看，尤其如此。

诗当如何译？译界对这个问题莫衷一是，在很大程度上也是一个文风和美学的问题。换言之，它不仅涉及翻译的技术层面，比如语言转换的方式方法，更与一个社会的文艺诗学样态和诗歌素养息息相关。这样一个"大哉问"虽然三言两语难以回答，但透过先哲智语我们或许能得出一些定性的判断。闻一多先生评价小畑熏良英译《李白诗集》时曾感叹："怎么中文的'浑金璞玉'，移到英文里来，就变成这样的浅薄，这样的庸琐？"[1] 可见早在20世纪20年代闻一多先生就意识到中诗英译的这个突出问题。反观现状，"浅薄""庸琐"二字仍然具有很强的概括力。成仿吾先生则对译诗的重要方面做出排序，他认为："理想的译诗，第一，它应当自己也是诗；第二，它应传原诗的情绪；第三，它应传原诗的内容；第四，它应取原诗的形式。"[2] 对于争论不休的韵律问题，周煦良先生借用弥尔顿"押韵野蛮"[3] 的说法，认为"尤其不要为了韵而把句子译

---

[1] 闻一多:《英译李太白诗》(1926)，中国翻译工作者协会《翻译通讯》编辑部编:《翻译研究论文集（1894—1948）》，第194—200页。

[2] 成仿吾:《论译诗》(1923)，中国翻译工作者协会《翻译通讯》编辑部编:《翻译研究论文集（1894—1948）》，第201—207页。

[3] John Milton, *Paradise Lost*, (Gorden Teskey, ed.), New York & London : W·W·Norton & Company, 2005, p.2. 弥尔顿为1668年出版第四版《失乐园》附了一则题为"The Verse"的说明，回应评论界对于其诗"不押韵"的指控，其中有"the invention of a barbarous age"的说法。

得生气毫无……与其在押韵上花上许多功夫……还不如多注意音乐性的其他方面"[1]。这些观点非但没有过时，而且可以说切中中国古诗英译的时弊，值得认真汲取。

综合以上观点及诗歌翻译现状，笔者认为译诗应做到诗意为上、意义为本、修辞立诚、返璞归真。具体而言：第一，以诗译诗。如果一首诗缺乏诗意或艺术价值，则没有必要对它进行翻译；反之，如果一首诗诗意盎然，则译文也应达到大致相当的境界，而不能只是解说原文的"分行散文"（lineated prose）。第二，念念不忘"忠实"。为了传递诗意，译者又必须"戴着镣铐起舞"，而不能天马行空、舞文弄墨任意发挥。滥用所谓创造性除了能在外行中赚取喝彩声外，对于文艺美学和文学文化生态其实是有害的。译者应该下扎实的功夫，在意义和诗意、求真和求美之间达成审慎而微妙的平衡。第三，译诗无定法。方法技巧（比如直译意译）的选择要视原诗语言条件及翻译过程中的具体情形决定，但任何方法技巧都应服务于诗意忠实和意义忠实的需要。第四，抓住原诗形式风格的主流。一首诗的形式风格往往是复杂而多面的，译者既不能置之不顾，也不必面面俱到。一方面，要尊重形式风格。譬如，我们不宜将华兹华斯的《我独自云游》译成马致远《天净沙·秋思》那样的形式和风格，反之亦然。我们也不宜将马修·阿诺德的《多佛海滩》译成苏轼《念奴娇·赤壁怀古》那样的形式和风格。前两者区别主要在于"动""静"、"繁""简"和心境，后两者区别主要在于文气和主题。翻译时如若混淆，必然会导致译文

---

[1]　周煦良：《谈谈翻译诗的几个问题》（1980），中国翻译工作者协会《翻译通讯》编辑部编：《翻译研究论文集（1949—1983）》，第141—158页。

风格不伦不类。另一方面，不拘泥形式风格，有取有舍，把准主流。譬如，在将一首中国古诗译入英文时，韵脚整齐和语言本身的质量相较，孰轻孰重？第五，真即是美，求美必先求真。古训虽然说"言之无文，行而不远"，但更强调"文以载道"。在将一首英文诗译入汉语时，质朴地还原原诗内容和思想性比追求文藻华美更重要，不加辨别地译成古体诗或其他文言形式不是真正的高雅，实则是讨巧于弥尔顿所谓的"庸俗读者"[1]。

三、何为佳译，译诗可有公论？

由于多种原因，什么是好的中国古诗英译似乎变得难于回答。其实，只要以文本为本，做实事求是的辨析，不同译本的优劣得失是可以探讨的，对诗歌翻译进行相对公允的评价也是完全可能的。笔者无意详谈诗歌翻译的现状及成因，仅以柳宗元五言绝句《江雪》的主要英译本管窥中国古诗英译中一些突出的有代表性的问题，并借以回答"何为佳译，译诗可有公论"的问题。《江雪》英译版本繁多，笔者能查到的已出版的主要英译本以时间为序包括：宾纳 [2]（1929），白英 [3]（1947），

---

[1] John Milton, *Paradise Lost*,（Gorden Teskey, ed.）, New York & London：W·W·Norton & Company，2005，p.2。弥尔顿认为以是否押韵来评判《失乐园》的读者是"庸俗读者"（vulgar readers）。

[2] Witter Bynner, *The Jade Mountain*：*A Chinese Anthology*, *from the texts of Kiang Kang-Hu*, New York：Alfred A. Knopf, 1929.

[3] Robert Payne et al., *The White Pony*：*An Anthology of Chinese Poetry from the Earliest Times to the Present Day*, *Newly Translated*, New York：J. Day Co., 1947.

王红公 [1]（1966），刘师舜 [2]（1967），叶维廉 [3]（1976；1997），宇文所安 [4]（1981；2006），华兹生 [5]（1984），许渊冲 [6]（1987；2011），斯奈德 [7]（1994），亨顿 [8]（2002），巴恩斯通和周平 [9]（2005）。限于篇幅，本文仅对宾纳、白英、叶维廉、华兹生和许渊冲等五个译者七种译文分类加以讨论并由此提炼若干可资参考的方法和经验。

（一）诗意为上、意义为本、修辞立诚、返璞归真

在《江雪》的诸多英译本中，笔者认为最早的宾纳译本虽

---

[1]　Kenneth Rexroth, *Collected Shorter Poems*, New York：New Directions, 1966.

[2]　Liu Shih Shun, *One Hundred and One Chinese Poems*, Hong Kong：Cathay Press, 1967.

[3]　Wai-lim Yip, *Chinese Poetry：An Anthology of Major Modes and Genres*, Berkeley：University of California Press, 1976. Wai-lim Yip, *Chinese Poetry：An Anthology of Major Modes and Genres*, Durham and London：Duke University Press, 1997.

[4]　Stephen Owen, *The Great Age of Chinese Poetry：The High T'ang*, New Haven and London：Yale University Press, 1981. Stephen Owen, *The Late Tang：Chinese Poetry of the Mid-Ninth Century（827—860）*, Cambridge, MA：Harvard University Asia Center, 2006.

[5]　Burton Watson, *The Columbia Book of Chinese Poetry：From Early Times to the Thirteenth Century*, New York：Columbia University Press, 1984.

[6]　许渊冲、陆佩弦、吴钧陶编：《唐诗三百首新译》，香港：商务印书馆，1987年；许渊冲：《许译中国经典诗文集·唐诗三百首》，北京：五洲传播出版社，2011年。

[7]　Victor Mair, *The Columbia Anthology of Traditional Chinese Literature*, New York：Columbia University Press, 1994.

[8]　David Hinton, *Mountain Home：The Wilderness Poetry of Ancient China*, Washington DC and New York：Counterpoint, 2002.

[9]　Tony Barnstone & Chou Ping, *The Anchor Book of Chinese Poetry*, New York：Anchor Books, 2005.

有些许问题，但堪称佳译，而华兹生的译本则深谙中国古诗的意境和意蕴，是当之无愧"信达雅"齐备的佳制。这两个译本的成就突出体现为：诗意为上、意义为本、修辞立诚、返璞归真。

宾纳译本

River-Snow（1929）

A hundred mountains and no bird,

A thousand paths without a footprint;

A little boat, a bamboo cloak,

An old man fishing in the cold river-snow.[1]

宾纳（Witter Bynner，1881—1968）是美国诗人和翻译家，他与中国文人江亢虎（Kiang Kang-Hu）合作翻译的《唐诗三百首》1929年在美国出版，成为美国第一本完整翻译的中国古诗集。从该书署名方式、宾纳和江亢虎各自撰写的前言以及封底里的一节说明来判断，宾纳承担了主要的文字翻译工作，江亢虎负责提供素材、释义并参与译文审定。这则《江雪》译文意义大致忠实，直译意译结合运用得当，四行均采用名词性短语，有助于保留原诗以静态意象为主的风格特征。第一二行将"千山""万径"译作"A hundred mountains""A thousand paths"虽在数量上与原诗稍有出入，但仍属概言其多，并使

---

[1] Witter Bynner, *The Jade Mountain: A Chinese Anthology, from the texts of Kiang Kang-Hu*, p.97.

行文简洁，对仗工整，故不失为良译。第三行将"孤舟"译作"A little boat"（小舟）虽有偏差，但由于"孤"字的含义前两行已有所隐含，问题也不算大。"蓑笠"译成"bamboo cloak"（竹斗篷）虽得之简洁，却失之确切，而且"A little boat, a bamboo cloak, an old man fishing…"这样的并列方式在语言认知规律上容易造成"舟""蓑笠""翁"相互分离的印象（而事实上是一体的）。总体上看，宾纳译本虽不追求细节的精准，但长处在于译笔简洁，基本做到了意义和风格的忠实，虽不追求韵律节奏的工整，读起来却不乏诗歌之美。

华兹生译本

River Snow（1984）

From a thousand hills, bird flights have vanished;

on ten thousand paths, human traces wiped out:

lone boat, an old man in straw cape and hat,

fishing alone in the cold river snow.[1]

华兹生（Burton Watson, 1925—2017）是美国文坛为数不多同时专精中国古代文学和日本古代文学的学者和翻译家。他译的中国古诗和日本俳句均不乏"信达雅"俱备的佳制。这则《江雪》译文收录在1984年由他翻译和编辑出版的《哥伦比亚中国诗歌选集：从早期到十三世纪》一书。华兹生采取

---

[1] Burton Watson, *The Columbia Book of Chinese Poetry*: *From Early Times to the Thirteenth Century*, p.282.

直译还原原诗意象，在词法和句法上最大限度贯彻经济原则，整首译诗在语言上自然、清晰、连贯，意象的突显和叠加极好地传递出原诗萧索寂寥、高洁孤傲的意境，仿佛一幅中国水墨山水卷轴在读者眼前徐徐展开。

在语言的细部，就连"千""万"这样的数字，译者也采取直译，读起来却无生涩拗口之感。"灭"字译为"wiped out"切合意义的双重性，颇见匠心，也巧妙地暗示漫天飞雪使千山万径一片白茫茫。前两行对仗之工整几乎不输原诗，在英译文中做到这种程度而不以辞害意，殊为难得。第三行，华兹生将"蓑笠"译为"straw cape and hat"，忠实而优美，较好解决了其他一些译本中意义和意象失真的问题。末行的"独钓"一词，华兹生没有按常规译成动词短语（如"fishes alone"），而是译成分词短语（"fishing alone"），这使译文更具静态之美和吟咏之美，更符合原诗的意境和美感。

（二）参透源语源文化是诗歌翻译重中之重

上乘诗歌译文除了地道、流畅的目的语表达，更要求译者对源语源文化有深入细致地理解和把握。只有参透源语源文化，译者才不至于出现严重的误解和误译，创造性的发挥也才会有切实的规束。英语国家的中国通和汉学家之所以不一定能译好中国古诗（虽然中国古诗英译最好由英语母语的译者从事）原因就在于此。白英译本和叶维廉译本在很大程度上反映了中国古诗英译中源语源文化的重要性。

白英译本

Ice in a Stream（1947）

Across thousands of mountains no birds fly,

Across thousands of paths there are no footprints.

On a lonely boat lies an old fisherman

Fishing solitarily in the ice of a frozen stream.[1]

　　白英（Robert Payne，1911—1983）是英美背景的翻译家和传记作家，深谙文学表达的样式，而且与中国渊源深厚（曾为熊希龄女婿，并在延安采访过毛泽东）。一般会认为，这样一个得天独厚的译者翻译这样一首五言绝句必定易如反掌，译文品质也必定大有保证。抱有这样的看法则掉入评价翻译的一个典型陷阱，即以译者身份作为判断译文的尺度。诚然，从语言本身的正确性来看，白英的译文是无可挑剔的。然而，从翻译和诗意的角度来看，白英的译文实则与原诗相去甚远。首先，诗题"江雪"实际上是全诗最突显的两个意象"江"和"雪"的并置，意象上的美感是首要的，语义上的所指是次要的。白英的译法（Ice in a Stream）如果回译成中文，则成了"溪中之冰""山涧之冰"，云云。而原诗无论从主题上还是从内容上与"冰"并无关系。雪落寒江，千山茫茫，清寒而柔美，空灵而寂灭，在这样的诗歌意境中，还是不出现"冰"的字眼为好。第四行被译成"Fishing solitarily in the ice of a frozen stream"（冻溪独

---

[1]　Robert Payne et al., *The White Pony*: *An Anthology of Chinese Poetry from the Earliest Times to the Present Day*, *Newly Translated*, p.287.

捕鱼）也可以印证白英的这种误解。白英的误解反映他对中国文学和美学的粗浅认识，而且可能造成两方面的不良后果：一，它会诱导读者产生爱斯基摩人凿冰取鱼的不当联想，从而破坏全诗意境；二，它会对后继译者产生误导（详见下文更多举例）。第一二行虽然译出了字面含义，但"thousands of"给人夸张之感，且口语气息较强，了无诗意。第三行"孤舟蓑笠翁"译成"On a lonely boat lies an old fisherman"（渔父卧孤舟）在画面感上颇为怪异，但这或许与译者"凿冰取鱼"的理解是一致的。"蓑笠"略去不译也进一步印证白英对中国文学和美学缺乏足够认识。白英译本表明，在诗歌翻译的问题上，英语国家的中国通、汉学家和知识精英并非质量免检，我们在鉴赏批评时一定要立足于意义和诗意，摒除不相干的因素。

叶维廉译本

a. River Snow（1976）

A thousand mountains—no bird's flight.

A million paths—no man's trace.

A lone boat. Bamboo raincoat. An old man

Fishes alone in the cold river snow.[1]

b. River Snow（1997）

A thousand mountains—no bird's flight.

A million paths—no man's trace.

---

[1] Wai-lim Yip, *Chinese Poetry*: *An Anthology of Major Modes and Genres*, Berkeley: University of California Press, 1976, p.317.

Single boat. Bamboo-leaved cape. An old man
Fishing by himself : ice-river. Snow.[1]

　　叶维廉（Wai-lim Yip，1937—　）是闻名海内外的学者和诗人，于诗歌翻译也有颇高成就。叶先生1976年出版的《中国诗学》一书收录了《江雪》的英译，后又在1997年再版中做出修订。他与宾纳、王红公等译者一样将诗题直译作"River Snow"，看似平淡却蕴含对诗歌美学的认识。"千山""万径"译成"A thousand mountains"和"A million paths"既忠实于修辞，又自然合拍。整个译文只着"fishes"（钓）一个动词，其余均是静态意象，很好地再现了原诗意境，体现了风格的一致性。第三行将"孤舟蓑笠翁"拆分成"孤舟""蓑笠""翁"三个意象，并用句号加以区隔，别具创意。美中不足的是，叶先生将"蓑笠"译成"Bamboo raincoat"（竹雨衣），所指较为模糊，未能传递原诗"蓑笠"一词承载的文化意象。

　　在1997年修订本中叶先生对译文后两行做了较大改动。"A lone boat"被改成"Single boat"，或许是为了避免过多使用不定冠词。"Bamboo raincoat"被修订成"Bamboo-leaved cape"（竹叶披风），所指虽然更明确了，但与原诗在意义和意象上仍存在明显偏差。柳宗元贬谪的湘南一带多见竹制斗笠和棕丝蓑衣，江南其他地方也用茅草编织蓑衣，譬如张志和"青箬笠，绿蓑衣"句。因而，从传统和意象两个角度，"蓑笠"似乎都不应是竹叶制成的披风。第四行"Fishes alone in

---

[1]　Wai-lim Yip, *Chinese Poetry : An Anthology of Major Modes and Genres*, Durham and London : Duke University Press, 1997, p.234.

the cold river snow." 被修订成 "Fishing by himself：ice-river. Snow."。与第三行的手法一样，"寒江雪" 也被处理为两个单独的意象并用句号区隔，想必是为了进一步突显意象主义的 "文体标记"，使译文更具风格辨识度。然而，这种译法带有译者再创作的色彩，是否必然采取以及是否适宜尚需进一步检讨。此外，叶先生在修订本中将 "寒江" 改译为 "ice-river" 也无特别必要：一是于原诗并无依托，二是与孤舟独钓的情形相违，三是与诗人贬谪地冬景不符。从构词法看，"ice-river" 意义相当于 "冰河"，而若要对应 "寒江"，更适当的译法应是 "icy river" 或原本的 "cold river"。

（三）诗歌翻译是求真与求美的统一，求真高于求美

许渊冲译本

a. Fishing in Snow（1987）

From hill to hill so bird in flight；

From path to path no man in sight.

A straw-cloak'd man in a boat，lo！

Fishing on river clad in snow.[1]

b. Fishing in Snow（2011）

From hill to hill no bird in flight；

From path to path no man in sight.

---

[1] 许渊冲、陆佩弦、吴钧陶编：《唐诗三百首新译》，第305页。

A lonely fisherman afloat

Is fishing snow in lonely boat.[1]

　　许渊冲（1921—2021）是译著等身的著名翻译家，于诗歌翻译理论也多有建树，在翻译界享有崇高声望。许先生译篇浩繁，笔者能查到的最早《江雪》译本是在1987年的《唐诗三百首新译》中。在2011年出版的《许译中国经典诗文集》之《唐诗三百首》分册，许先生对译文第三四行做了较大幅度修订。从两个版本看，许先生都将诗题译作"Fishing in Snow"。笔者以为不甚妥当。第一，从标题的功能看，"Fishing in Snow"容易使读者产生一种叙事预期，仿佛该诗要记叙一次捕鱼的事件，这与原题带给读者的预期大不相同，也不足以统摄全诗意蕴。第二，从意象联想的角度，这样译容易让读者产生"雪中取鱼"的画面感，比如通过媒体不断得到强化的爱斯基摩人冰钓等。究其原因或许是因为，"Fishing in Snow"的语言结构决定其意义必然指向"雪中捕鱼"，而非"雪江垂钓"。而若要表达后一种意思，更明白无误的说法应该是"Fishing on a Snowy River"（或者"Angling on a Snowy River"）。许先生的"Fishing in Snow"译法与白英将末行译成"Fishing solitarily in the ice of a frozen stream"实属同样的问题。笔者认为，弃繁就简，以意象译意象，如宾纳、华兹生等直译成"River Snow"更加贴切。

　　前两行在两个版本中的译法完全一样。用词简洁，节奏

---

[1] 许渊冲：《许译中国经典诗文集·唐诗三百首》，第138页。

优美，对仗工整，契合原诗意义和意境，很好地诠释了许渊冲先生倡导的"意美""音美""形美"的诗歌翻译观。在1987年版译文中，第三四行分别被译作"A straw-cloak'd man in a boat, lo!""Fishing on river clad in snow"。"A straw-cloak'd man"对应"蓑笠翁"效果较好，但"in a boat"却不能很好地体现出原诗的"孤"字。感叹词"lo"虽然在现代主义以前的英语诗歌中较常使用（参见蒲柏《夺发记》《人论》《群愚史诗》，丁尼生《食莲人之歌》，等等），但其功能多是在视点切换之时诉诸读者注意。用在本诗的第三行则略显突兀，在一定程度上破坏了原诗空灵寂灭的氛围。第四行译"寒江雪"时用"clad in snow"作置定语修饰"river"于原诗意义有所偏离，因为"寒江雪"并不等于"覆盖着白雪的江面"。事实上，以我国冬景而论，无论南北，几无可能出现江面被白雪覆盖尚且可以泛舟垂钓的情形。

在2011年译本中，许先生将后两行修订为"A lonely fisherman afloat""Is fishing snow in lonely boat"。修订的目的或许是为了纠正上述可能的问题，但更大的可能或许是因为许先生对"音美"的极致追求。我们看到，修改后每一行都是严格的四音步抑扬格。（在1987年版本中，虽然每一行也是四音步，但却不是严整的抑扬格，为补上第三行欠缺的一个音节而增加感叹词"lo"。）然而，修订后的译本却也带来了新问题。比如，第三行"A lonely fisherman afloat"虽然音韵上更胜原译，但却略去了"舟"和"蓑笠"两个信息。如果说"舟"隐含在"fisherman afloat"的信息之中，那么，是否可以出于音步考虑省译"蓑笠"则值得商榷。笔者认为，即使在诗歌翻译中，译者也不必追求译文胜原文；诗歌翻译终究有别于诗歌创作，译文在某些情况下可以胜过原文，但这既非应然，也非必然，创造性的运用不应超越意义忠实和诗意传递的需要。在第四行"Is fishing snow in lonely boat"中，许先生同样出于音步考虑没有沿用诗题"Fishing in Snow"，而是省略了其中的介词"in"，并省略了"boat"前的不定冠词。在作诗法的逻辑中，省去这个不定冠词未为不可，但省去介词"in"则会直接改变意义，使"雪"成了"钓"的对象。那么，钓的到底是鱼还是雪呢？从字面看仿佛是"雪"，其实不然。这是因为五言绝句的高度凝练必然会产生"独钓寒江雪"这样打破句法常规的意象叠加。"独钓""寒江"和"雪"都是意象，其中"寒江""雪"是环境氛围，"独钓"则是一个人的符号，情感的符号，不宜直接简化为"钓雪"动宾结构。从另一个角度看，处理成"钓雪"或许会让一些读者感觉到玄妙，但这种玄妙之感并不能引向一种实质的有深度的解读，而且在英语的认知逻辑中反而可能导向一种诙谐式解读，从而造成诗意和美感传递失误。

从许渊冲先生的两个译本可以看出，意、音、形三"美"对于诗歌翻译固然重要，但不宜凌驾于"真"之上。诗歌翻译是求真与求美的统一，求真高于求美。虽然诗歌是音韵的艺术、形式的艺术，但是在诗歌翻译的问题上，更值得考虑的是诗本身的意义和艺术特质。为了传递诗本身的意义和艺术特质而在一定程度牺牲"音""形"是正常的，甚至有时是必然的。但反过来，为了追求"音""形"之美而妥协乃至改变诗的意义和艺术特质则不可取。广大翻译学习者对此更应该戒慎恐惧。

四、结语

诗歌翻译是说不尽的话题。理论问题的澄清很有必要，对具体翻译文本做实事求是的分析也很重要。围绕可译性、忠实性和创造性，本文提出并尝试回答了"为何译诗，诗是否能译？""何人译诗，诗当如何译？""何为佳译，译诗可有公论？"三个问题，并通过对《江雪》多个名家译本的分析着重回答了第三个问题。本文认为：在看待诗歌翻译时要排除身份和意图的干扰，只对译文本身做实事求是的分析；在学养和精神层面，诗歌译者最宜是文人、诗人和学者的有机结合，译诗应做到诗意为上、意义为本、修辞立诚、返璞归真；虽然诗歌翻译有各种不同的理数和路数，但是传统翻译思想并未过时，好的诗歌翻译应是信、达、雅的统一和真、善、美的统一；诗意忠实和意义忠实即是创造性的实现，诗歌翻译是平衡的艺术，译者应尊重而不是拘泥形式，善用而不是滥用创造性。在文化复兴和文化"走出去"的背景下，中国古诗英译的文风、诗学形态和美学品位问题变得尤为重要，希望借本文抛砖引玉，引发更多关于这个话题的有意义的讨论。

研究生论坛

论苏曼殊、鲁迅、王国维在拜伦译介活动中的形象建构

——管窥20世纪初期浪漫主义在中国

杨欣 *

引言：20世纪初的"拜伦热"——觉醒的个体与精神资源的寻求

　　恶魔派浪漫主义诗人拜伦曾在中国引发"拜伦热"[1]，伴随着一股浪漫的、自我觉醒的风潮。如有学者已有提及，对喜爱的西方浪漫主义作家的译介、模仿和认同，是这股外国化的浪漫主义风尚的重要表征。[2] 同样有趣而引起我们注意的是：在总体借由对浪漫主义诗人的推崇、张扬个性解放的潮

---

* 杨欣，香港理工大学中国文化学系博士生。研究方向：传统到现代文学、文化的转换。

[1] 《拜伦在中国》一书认为，拜伦在中国的传播有两次高潮，一次是从1902—1917；另一次是1917—1927年，尤其是1924年《小说月报》《晨报副刊》推出"拜伦百年祭"，更将拜伦在中国的传播引向高潮（宋庆宝：《拜伦在中国——从清末民初到五四》，北京：中国政法大学出版社，2012年，第1页）。

[2] 李欧梵对此有精彩描述（李欧梵著，王宏志等译：《中国现代作家的浪漫一代》[第1版]，北京：新星出版社，2005年，第280—282页）。

流之中，不同作者笔下的拜伦形象，却又不尽相同，甚至于截然相反。显然，热情的推介者们对于拜伦的形象与性格做了个性化的截取。

在这些对拜伦性格不同侧面的选择与描绘中，我们实际上看到了在世纪初"西学东渐"的背景下，中国知识分子自身的知识构成、思想趣味、生活经验与西方浪漫主义资源所产生的不同呼应。他们对拜伦形象各异的凸显与描绘，亦展现了20世纪初期中国知识分子对于外来思想资源[1]带有个性化的择取、融合的努力。

对西方浪漫主义的介绍与推崇总与个性主义、自我觉醒等命题相连。如已有学者指出的，在强调伦理秩序及人在伦理秩序中相应的言行举止规范的传统道德中，个人的生活与爱憎的表达是被压抑的，是较少被言说的。[2]因而，在19世纪末20世纪初这一东方与西方碰撞，"传统"与"现代"交融的时期，对凸显个人主义的西方浪漫主义的接受与推崇，是具有明显的革新意图与意义的。而曾经在这一时期引发过热潮的代表人物"拜伦"，或可作为透视这一现象的恰当切入点。

"自我的觉醒"以及随之而来叛逆情绪、主观主义、个人主义，往往被视为"五四"时期的显著特点。然而，这些浪漫主义风潮的要素和特点，却早在帝国晚期最后十年已初现端

---

[1] 具体到本文，是西方恶魔派浪漫主义。

[2] 林毓生："在中国（这个大的架构中），个人主义的价值并非是不辩自明的，同时也不是人生哲学（或态度）的终极目标。"（林毓生：《五四时期之激进的打破旧习主义与中国未来的解放主义》，班杰明·史华慈编：《五四运动的回顾：一个座谈会》，坎布里奇：哈佛东亚专题讨论，1972年，第25页。转引自李欧梵：《中国现代文学与现代性十讲》，上海：复旦大学出版社，2008年，第20页。）

倪，直接呼应着"五四"时期的浪漫情绪及创作。[1] 显然，将"现代"界限的讨论焦点转向帝国最后十年——20世纪初期这一时段，是近年来学术界对于"晚清"时期价值的发掘，体现反拨以"五四"为"现代"起始标志的学术范式的尝试与努力。[2] 在这样的范式切换中，苏曼殊作为中国浪漫主义的"始作俑者"之一，其翻译和创作活动被重新梳理出来，其重要性被重新强调。但与此同时，在接受新的范式所释放的整体的、连续的历史视野的同时，本文意欲纳入与苏曼殊的主要译介、创作活动几乎活跃在同一时期（1906—1908），也曾汇入这股浪漫主义推介风潮，但又不以"浪漫主义"显著标签的鲁迅和王国维对拜伦的推介和阐释。一方面，这丰富了我们对于浪漫主义内容在中国初期传播样态的认识；另一方面，也毫无疑义丰富了对这些文化巨人不同精神侧面的理解。

如王德威所指出，海内外学者在对西方理论的借鉴上不落人后的同时，对于20世纪初期一系列文化巨人的思考与选择，却"并没有投注相等心力"[3]。伟大的作家、思想家的复杂

---

[1] 如杨联芬在其扎实的著作《从晚清到五四——中国现代性的发生》中，则直接将苏曼殊定义为"现代中国浪漫主义文学的始作俑者"，成为"五四浪漫作家的精神资源"（杨联芬：《晚清至五四：中国文学现代性的发生》，北京：北京大学出版社，2003年，第218—219页）；李欧梵在《现代作家的浪漫一代》中，就曾称苏曼殊和林纾为"激烈主观潮流的先驱"（李欧梵著，王宏志等译：《中国现代作家的浪漫一代》[第1版]，第73页）。

[2] 正如"中国现当代文学前沿丛书"之一——《"晚清文学"研究读本》的"前言"所自述的那样："丛书所使用的'晚清'等概念，并不是简单的时间或流派的概念，而是特定的'知识构造'的指称"，其主要的选编的对象，是"基于新的时代条件所产生的具有方法论自觉、洞察力以及生产性的研究成果"（张春田编：《"晚清文学"研究读本》，桂林：广西师范大学出版社，2016年，第2页）。

[3] 王德威：《"海外中国现代文学研究译丛"总序》，[捷克]普实克著，李欧梵编，郭建玲译：《抒情与史诗：现代中国文学论集》，上海：上海三联书店，2010年，第7页。

性，往往使得他们难以被归类。一生尤具"蔑视所有同盟和特性的孤立的巨人"[1]特征的鲁迅，其青年时期对于以拜伦为"宗主"的"摩罗诗人"的推介，[2]或正属于这样一种存在。鲁迅笔下的拜伦所代表的浪漫精神的要素，明显区别于苏曼殊及其下接的"五四"浪漫派的风格。而王国维，或许由于尤为为后人所提及的成就更多在于其《人间词话》《红楼梦评论》等文艺理论、批评等方面的著作，其在1907年发表的对拜伦（王国维称为"白衣龙"）生平作传的文本，相对较少被论及。同时，将其纳入本文讨论的重要原因还在于：王国维之"白衣龙"小传，其有关拜伦生平重要事件的展示和鲁迅《摩罗诗力说》的叙述框架几乎一致，却展现了一个截然不同的拜伦形象——这就尤能体现两位作者对拜伦形象的不同"择取"。

要而言之，本文将分析1906—1908年前后苏曼殊、鲁迅、王国维三人对于拜伦形象的不同择取，借由"拜伦"这三位晚清时期重要智识者都曾书写过的"时代热点"作为透视焦点，一方面揭示浪漫主义代表拜伦形象在中国"个性化的建构"，同时将一些所谓的"现代特质"（如个体的觉醒、孤独、个性化的推崇与伴随的颓废情绪等），由作为"五四"时期的时代情绪，更上溯为20世纪初晚清帝国最后十年，体现出一种更为宏观的、连续的视角。[3]另一方面，在承认"历

---

[1] 李欧梵著，王宏志等译：《中国现代作家的浪漫一代》（第1版），第27页。

[2] 鲁迅：《摩罗诗力说》，《鲁迅全集》第1卷，北京：人民文学出版社，2005年，第68页。

[3] 此处并非指20世纪之前就并无"现代"的质素存在，仅就本文篇幅所限以及所讨论的内容而言，只上溯到20世纪初期晚清最后10年。事实上，如王德威等学者，通过对晚清小说的考察，认为"五四"所高扬的许多旗帜和思想内容，在更长时段的晚清时期，已得到酝酿和铺垫（王德威著，宋伟杰译：《被压抑的现代性：晚清小说新论》，北京：北京大学出版社，2005年）。

时追溯"意义的同时，本文亦更加注重纳入重要的"点"做横截面考察、注重个案的分析和研究，由此，力图对现代性发生初期、新旧嬗变时期，对中国浪漫主义的早期传播做一考察。在具体行文中，本文力图立足于具体的文本，注重比较，希求"比较既周，爰生自觉"[1]，于对照中凸显三种拜伦的不同形象内容。

一、苏曼殊：歌颂情爱自由的叛逆者与传统才子情调的糅合

提到拜伦在中国的接受与传播，乃至于"拜伦热"在中国的兴起，不能不提到苏曼殊对拜伦其文其人的翻译与介绍。

苏曼殊是较早在中国引介拜伦的人之一，李欧梵就曾说："自从苏曼殊介绍了这位英国浪漫主义诗人，并通过有意地模仿自己的英雄而发动了拜伦狂热，拜伦可能成了在中国最受吹捧的西方浪漫主义作家，甚至超过欧洲浪漫主义之父鲁索（卢梭）。"[2] 也正如戴从容所言："中国20世纪初出现的拜伦热与苏曼殊的声望和努力是分不开的。"[3]

总体而言，虽然苏曼殊是晚清时期几乎最早翻译引进拜伦、雪莱诗歌的人，但他对拜伦的翻译和引介，都还是零散

---

[1] 鲁迅：《摩罗诗力说》，《鲁迅全集》第1卷，第67页。

[2] 李欧梵著，王宏志等译：《中国现代作家的浪漫一代》（第2版），北京：新星出版社，2010年，第299页。

[3] 戴从容：《拜伦在五四时期的中国》，《苏州大学学报（哲学社会科学版）》2003年第1期，第64页。

的、不成系统的。而苏曼殊之所以成为拜伦在中国有力的传播者，与其是说通过他的翻译甚至是写作（如《断鸿零雁记》等小说），不如说是通过他本人。正是他本人的行状，生动地展示了一个浪漫天才的形象。他浪漫率真的性情与放荡不羁的举止，都使得一种浪漫精神被具象化了。因而，许多人——尤其是青年人，正是通过他本人对于拜伦的喜爱与推崇，从而加深了人们对拜伦的理解与接受。而"五四"的浪漫派，正是从苏曼殊那里，寻得了精神上的资源，等待着下一阶段的个人自觉高昂的年代的到来。[1]

苏曼殊对拜伦的引介活动，主要分为两个方面：

首先是较早地翻译拜伦的作品（五首诗）。苏曼殊共翻译了拜伦五首作品，分别是《赞大海》《去国行》《星耶峰耶俱无生》《答美人赠束发哖带诗》及《哀希腊》。[2]《留别雅典女郎》一首，苏曼殊在《文学因缘自序》中自陈其为故友所译，[3] 故不计入苏曼殊译作。

此外，苏曼殊还多次在其编译的书的序言中论及拜伦，这是我们了解苏曼殊的"拜伦观"的一个重要管道。这些文献主要有《拜伦诗选自序》《文学因缘自序》《潮音自序》及《〈潮音〉跋》几篇。

具体而言，苏曼殊对于拜伦的解读和理解可分为以下几个

---

[1]　如杨联芬曾论及，与郁达夫气质极为相近的作家王以仁写了一篇小说《神游病者》，小说主人公就常持有一本苏曼殊的《燕子龛残稿》（杨联芬：《晚清至五四：中国文学现代性的发生》，第219—220页）。苏曼殊对"五四"浪漫派作家的影响，可见一斑。

[2]　译文见苏曼殊著，柳亚子编：《苏曼殊全集》（第1版）第1卷，北京：当代中国出版社，2007年，第45—54页。

[3]　苏曼殊著，柳亚子编：《苏曼殊全集》（第1版）第1卷，第85页。

方面：

首先，苏曼殊曾多次对拜伦援助希腊的义举高度评价并表现出强烈的情感共鸣，赞扬拜伦的义举。在《拜伦诗选自序》中，苏曼殊像当时所有为拜伦援助希腊的义行及《哀希腊》一诗所感奋的人们一样，高度评价拜伦的行为是"谋人家国，功成不居，虽与日月争光，可也"[1]的义举。

这种情绪同样也体现在《〈潮音〉跋》中。在托名为飞锡写作的《〈潮音〉跋》里，苏曼殊曾描述自己于积雪的月夜泛舟中禅寺湖，当此之时，他"歌拜伦《哀希腊》之篇。歌已哭，哭复歌"[2]。在这里，这种吟咏《哀希腊》而至于歌哭的行为，体现出一种在同样的民族危亡的背景下由拜伦的义行所激发的感伤时事之感。联想到苏曼殊自身对于革命的热情，他这样感情充沛的举动，显然不乏出于对拜伦义举的情绪共鸣。不可否认的是，这样的描绘，有着某种自我表演和自我形象展现的性质。这里所体现的，既是苏曼殊的家国情怀，也是他对于为追求自由而行动的信念的认同。与此同时，雪夜泛舟的情境，显然又让人联想到《世说新语》中所描述的魏晋文人的行状。这显然是将魏晋风流——一种艺术化的士人精神和行为——同西方的浪漫主义精神糅合接通起来了。

与此同时，更详细地展现了苏曼殊对拜伦的理解的文本是《潮音自序》[3]，在这篇以英文写作的序言中，他对拜伦和雪莱的诗作进行了比较，突出了拜伦的性格。在这里，拜伦的形象

---

[1] 苏曼殊著，柳亚子编：《苏曼殊全集》（第1版）第1卷，第86页。

[2] 苏曼殊著，柳亚子编：《苏曼殊全集》（第2版），哈尔滨：哈尔滨出版社，2016年，第260页。

[3] 苏曼殊著，柳亚子编：《苏曼殊全集》（第1版）第1卷，第89—90页。

是和恋爱联系在一起的，并和雪莱相比，展现出其热情、激烈、善于行动的一面。

苏曼殊认为：拜伦和雪莱，他们写作的题材虽基本和恋爱、恋人及恋爱的幸福有关，但在表达的手法上，却是极为不同了（"although both wrote principally on love, lovers, and their fortunes, their modes of expression differ as widely as the poles" [1]）。这里苏曼殊主要论述了拜伦和雪莱作品风格的不同，但其中已经包含着苏曼殊对二人性格上的区别的认识。他意识到拜伦的作品是富于刺激性（"like a stimulating liquor" [2]），他的作品是火山喷发式的作品（"in sentimentality, enthusiasm and straight-for-wardness of diction." [3]），这似乎也在昭示着拜伦本人热情、直接甚至于易走极端的性格。而相对应的，雪莱却是"审慎而多思的"（"judicious and pensive" [4]），他对于爱的热情从未以一种喷发式的方式表达出来。"他的诗则更像月光，安静而美丽的、平静而令人欲睡，映照在深沉而静寂的水面上。"（"His poems are as the moonshine, placidly beautiful, somnolently still, reflected on the waters of silence and contemplation." [5]）在这里，苏曼殊所展现的拜伦和雪莱的区别，显然更有着思考者和行动者的分野的色彩："雪莱是在爱中寻求涅盘，而拜伦却是在爱中寻求行动，并为爱行动。"（Shelley sought

---

[1] 苏曼殊著，柳亚子编：《苏曼殊全集》（第1版）第1卷，第89页。

[2] 同上。

[3] 同上。

[4] 同上。

[5] 同上，第90页。

Nirvan in love; but Byron sought Action for love, and in love.[1]）雪莱的兴趣在更为深奥玄妙的领域，而拜伦却是指归在动作——这倒是和鲁迅对拜伦的行动者的特质认知不谋而合了。在苏曼殊的叙述中，和月光般幽寂的雪莱相比，拜伦显然是更像象征着活力与热力的太阳的。

而在《文学因缘自序》中，苏曼殊说："顾欧人译李白诗不可多得，犹此土之于 Byron 也。"[2] 将拜伦在西方的地位模拟为李白之于中国。对比他将雪莱比作李商隐和李贺的说法（"尝译其《含羞草》一篇，峻洁无伦，其诗格盖合中土义山，长吉而镕冶之者"[3]），也可见苏曼殊对拜伦和雪莱性格及文风的区别与把握。

此外，对于拜伦，除上述有着家国情怀的义士形象，着重于恋爱及恋爱描写的性格热情、激烈的诗人的描述之外，苏曼殊还自作有与拜伦相关的诗作，主要是《题拜伦集》和《本事诗十章·其三》两首。在这些诗中，苏曼殊以拜伦自比，显然将自身性格投射为拜伦形象的一部分，更透露出传统士人的形象和色彩。他在《题拜伦集》中写道："秋风海上已黄昏，独向遗编吊拜伦。词客飘蓬君与我，可能异域为招魂。"[4] "词客飘蓬"一句，透露出对与拜伦远走他乡相似的漂泊命运的共鸣感，并感慨深沉。但在这份认同中，也包含着苏曼殊以己之性情对拜伦形象所进行的改造，他在《本事诗》第三首中写道："丹顿拜伦是我师，才如江海命如丝。朱弦休

---

[1] 苏曼殊著，柳亚子编：《苏曼殊全集》（第1版）第1卷，第90页。

[2] 同上，第85页。

[3] 苏曼殊著，柳亚子编：《苏曼殊全集》（第1版）第2卷，第20页。

[4] 苏曼殊著，柳亚子编：《苏曼殊全集》（第1版）第1卷，第33页。

为佳人绝，孤愤酸情欲语难。"[1] 显然这里的拜伦更被赋予了传统士人才高命薄、孤高自许的形象。如果说这首诗歌的前两句还算对两人共同命运的喟叹，那么后二句的"孤愤酸情"等，则更近于苏曼殊的自况。

再结合他其他的诗作来看，虽有如《落日》[2]这样意象宽广、情调慷慨的作品，但更多的还是以"脂""愁""泪"为意象，充满着人生无奈与伤感的诗作，郁达夫就曾评价他的作品"缺少雄伟气"[3]。他的诗作虽有着一腔真率之气，冲淡了诗歌的柔靡之感，但在情调上的确还是与传统才子中幽情婉转的一支相合流的。

因而，虽然苏曼殊已经意识到拜伦性格中激烈、富于行动的一面（这体现在他对拜伦和雪莱性格区别分野的论述之中，如上文所述），但又不自觉地将传统士人的"家国情怀""孤愤酸情""寒士命薄"之感投射在拜伦身上。而这，如果我们对比鲁迅的"挣天抗俗""独战众数""强力意志"的拜伦（将在下一小节中详述），就能体会到明显的不同，从而理解到作者本身个性之色彩在拜伦形象中的投射。

---

[1] 苏曼殊著，柳亚子编：《苏曼殊全集》（第1版）第1卷，第27页。

[2] 《落日》："落日沧波绝岛滨，悲茄一动剧伤神。谁知北海吞毡日，不爱英雄爱美人。"（同上，第29页）

[3] 郁达夫：《杂评曼殊的作品》，苏曼殊著，柳亚子编：《苏曼殊全集》（第1版）第4卷，第62页。

二、鲁迅：多重悖论的丰厚形象与深厚的文化哲学意味

1.鲁迅对苏曼殊的不满

有趣的是，同样认真介绍拜伦，与苏曼殊本人为好友的鲁迅，却对苏曼殊与拜伦的因缘略有质疑。他认为，苏曼殊在作了《寄弹筝人》后，便远离了（他所认为的）真正的拜伦。鲁迅在《杂忆》（收入《坟》）中提到苏曼殊对于拜伦作品的翻译活动后写道："苏曼殊先生也译过几首，那时他还没有作诗'寄弹筝人'，因此与 Byron 也还有缘。"[1] 言下之意，作过《寄弹筝人》[2]的苏曼殊，便已经与拜伦无缘了。鲁迅这里所说的《寄弹筝人》，据柳无忌记录，《寄调筝人》三首最初发表于1910年12月出版的《南社》第三集上，大致推定写作时间为1909上半年的作品。[3]

仔细阅读这三首诗的内容，诗中展现了一种非常矛盾的倾向，既是禅心的"空色相"，又是对恋人愁苦的思恋（"几度临风拭泪痕"）。由苏曼殊的个人经历来看，这种矛盾与其说是苏曼殊的修佛与爱情之间的矛盾，不如说是他从小无爱、贫困、漂泊的生活，让他在接近爱时，反而产生无限的痛苦与恐慌，于是转而以禅佛来逃避爱情以获得心灵的平静。

---

[1] 鲁迅：《杂忆》，《鲁迅全集》第1卷，第233页。

[2] 此处鲁迅所说的《寄弹筝人》，应即是指苏曼殊的《寄调筝人》三首。其一："生憎花发柳含烟，东海飘零二十年。忏尽情禅空色相，琵琶湖畔枕经眠。"其二："禅心一任娥眉妒，佛说原来怨是亲。雨笠烟蓑归去也，与人无爱亦无嗔。"其三："偷尝天女唇中露，几度临风拭泪痕。日日思卿令人老，孤窗无那正黄昏。"（苏曼殊著，柳亚子编：《苏曼殊全集》[第1版]第1卷，第30页）

[3] 苏曼殊著，柳亚子编：《苏曼殊全集》（第2版），第11页。

《寄调筝人》中"偷尝天女唇中露"的宣言，以现代的眼光来看，仍然是十分真率大胆的。联想到十几年后湖畔派诗人书写一首给"妹妹"的情诗，仍被批评为"不道德的文学"，引得周作人专门作《什么是不道德的文学》一文为其辩护，[1] 便可见苏曼殊诗中这样的发言在其生活中是如何前卫。当然，这首诗所展现的内容，也不无传统风流才子的情调（让人联想到文人士子狎妓的传统），稍有不慎，便流于猥亵。但无论如何，这三首诗所写的是苏曼殊的爱情生活这是无疑的了。

　　而以笔者之见，与其说是苏曼殊由此诗便"远离"了拜伦，不如说苏曼殊一开始对于拜伦的理解，就是以爱（尤其是恋爱）和自由为核心的。鲁迅对于苏曼殊的这种"挑剔"所展现的，其实是二人对拜伦理解与形象择取的不同。[2] 这将在文章的接下来部分讨论。

2. 鲁迅笔下的拜伦形象

　　相较之下，相比苏曼殊笔下的突出恋爱、自由，并不乏传统文人才子情调的拜伦，鲁迅所塑造的"摩罗诗人"（恶魔诗人）代表的拜伦，所展现的形象内涵具有更强烈的现代意味，同时也呈现出一种"现代"式的分裂与复杂。其内涵主要包含以下三个方面：一是反抗精神、强力意志、争天拒俗同厌世

---

[1] 钱理群、温儒敏、吴福辉：《中国现代文学三十年》，北京：北京大学出版社，1991年，第126—127页。

[2] 鲁迅认为苏曼殊作了《寄调筝人》后便与拜伦无缘了。显然是对拜伦性格侧面中"花花公子"一面的拒绝。事实上，由北冈正子考证得知，鲁迅的确"没有从拜伦的快乐主义和女性观中选取任何材料。"（［日］北冈正子著，何乃英译：《〈摩罗诗力说〉材源考》，北京：北京师范大学出版社，1983年，第4页）。

情调的并置；二是自由主义同人道主义的并置；三是"进化"精神同对"启蒙理性"（与线性进化观点密切相关）的怀疑的并置。以下为详述：

（1）反抗精神、强力意志、争天拒俗与厌世情调的并置

鲁迅对于拜伦的描述，主要集中于1908年发表的《摩罗诗力说》这篇文章之中。在《摩罗诗力说》中，作者花费了大量笔墨描绘了这位有着复杂性格的"摩罗派宗主"拜伦。

毫无疑问，富于反抗精神、具有强力意志、强烈的复仇心态及争天拒俗的姿态，是鲁迅意欲突出的拜伦的性格的主要侧面。这也是以拜伦为源头的其他"摩罗诗人"所具有的基本形象特征。因而这一点也常为学者所注意到。[1] 但正如鲁迅没有把所有的"摩罗诗人"均统一为一种面貌，鲁迅也同时看到了拜伦身上几个互相矛盾的性格侧面，尤其是对"厌世"这一点的强调，这也是我们所不能忽视的。

由文本细读可知，首先，鲁迅在讨论拜伦作品中的主人公的形象时，就一一指出这些人与拜伦本人性格的相似之处：

在详述《海贼》（*The Corsair*）主角康拉德种种形状后鲁迅写道："裴伦之祖约翰，尝念先人为海王，因投海军为之帅；裴伦赋此，缘起似同；有即以海贼字裴伦者，裴伦闻之窃喜，篇中康拉德为人，实即此诗人变相，殆无可疑已。"[2]

---

[1] 如张静《初识浪漫——清末民初中国作家眼中的雪莱》（《中国现代文学研究丛刊》2013年第3期）以及戴从容《拜伦在五四时期的中国》，《苏州大学学报［哲学社会科学版］》2003年第1期），都强调摩罗诗人反叛抗俗的一面，并以此来和其他作家诠释的拜伦或雪莱对比。

[2] 鲁迅：《摩罗诗力说》，《鲁迅全集》第1卷，第78页。着重号为笔者所加。

在描述了曼弗雷德不因自身巨大的痛苦而从魔鬼处寻求忘却解脱的情节后，作者写道："曼弗列特意志之强如是，裴伦亦如是。"[1]

这些对拜伦作品中主人公的评价，显然也构成了鲁迅理解中的拜伦性格的一部分。

但与此同时，拜伦前期的经历，也正如上述所提到的书中人物哈洛尔特、曼弗列特、康拉德及卢希飞勒等一样，有不平而厌世、厌世而希灭亡、为人楚毒而至于破坏复仇，或者蔑视道德而嘲弄社会的另一面，只是还并未像曼弗雷德那样自愿远离人间。[2] 因而，哈洛尔特的厌世情绪，曼弗列特的自我毁灭倾向、康拉德和路西法的复仇、破坏、毁灭心理，唐璜的玩世不恭，这些都是拜伦性格中的应有之义。

鲁迅在《摩罗诗力说》五小节开头详述了这种由自尊至而至于厌世、二者并存的性格特征，他认为：

> 自尊至者，不平恒继之，忿世嫉俗，发为巨震，对跖之徒争衡。盖人既独尊，自无退让，自无调和，意力所如，非达不已，乃以是渐与社会生冲突，乃以是渐有所厌倦于人间。若裴伦者，即其一矣。[3]

---

[1] 鲁迅：《摩罗诗力说》，《鲁迅全集》第1卷，第79页。

[2] 《摩罗诗力说》："凡所描绘……或以不平而厌世，远离人群，宁与天地为侪偶，如哈洛尔特；或厌世至极，乃希灭亡，如曼弗列特；或被人天之楚毒，至于刻骨，乃咸希破坏，以复仇雠，如康拉德与卢希飞勒；或弃斥德义，蔑视淫游，以嘲弄社会，聊快其意，如堂祥。其非然者，则尊侠尚义，扶弱者而平不平，颠仆有力之蠢愚，虽获罪于全群无惧，即裴伦最后之时是已。彼当前时，经历一如上述书中众士，特未歇歔断望，愿自遂于人间，如曼弗列特之所为而已。"（鲁迅：《摩罗诗力说》，《鲁迅全集》第1卷，第81—82页）

[3] 鲁迅：《摩罗诗力说》，《鲁迅全集》第1卷，第81页。

值得注意的是，在鲁迅的论述中，体现拜伦"尊侠尚义，扶弱者而平不平，颠仆有力之蠢愚，虽获罪于全群无惧"这样带有拯救者英雄色彩的一面，鲁迅认为这只是拜伦最后时期的特点（"即裴伦最后之时是已"），而在此时拜伦做出了援助希腊的义举。而早前的经历则更接近哈洛尔特、曼弗列特、康拉德及卢希飞勒等人。这些人物所体现的特质，远不像一个传统的光明、伟大的英雄，反而更具有现代意味上的颓废色彩。可见，在鲁迅的认知里，拜伦的颓废而厌世，伤痛而复仇的一面，至少是与拜伦"尊侠尚义""扶弱不平"的一面具有同等的分量的。因此，鲁迅之对于拜伦的理解和诠释，应该并非如北冈正子所说，没有描绘拜伦"怀疑生活和自我苦恼的一面"[1]，而仅仅突出了英雄的拜伦。

厌世和自毁情绪，都与一个高度自由而独立的人格相联系，正如普实克所言："对自我及其存在于意义的觉醒伴随的另一个特征，即对生活悲剧性的感受"，"存在的全部内容和意义都在现世生活中，因此，一切阻碍人去充分发展与享受存在的东西都必须清除，必要的话，可以使用暴力。然而，这种心理的另一面却是自我毁灭的倾向。如果没有前世来生，只有现世的生活，而这种生活又毫无活下去的价值，那么，最好还是就此了结它。"[2]换句话说，无论是斗争的情绪，还是厌世、自毁的情绪，都是基于个体自我的充分独立与凸显（"自尊至者"）这一点的，在鲁迅所描绘的恶魔英雄形象核心中，具有同等重要的地位。

---

[1]　[日]北冈正子著，何乃英译：《〈摩罗诗力说〉材源考》，第4页。

[2]　[捷克]普实克著，李欧梵编，郭建玲译：《抒情与史诗：现代中国文学论集》，第2—3页。

论苏曼殊、鲁迅、王国维在拜伦译介活动中的形象建构　　　311

（2）自由主义与人道主义的并置

而为鲁迅版拜伦带来更为复杂内涵的，是鲁迅自主地"个人主义"与"人道主义"并置。通过考证鲁迅写作《摩罗诗力说》的资料来源可知，鲁迅自发地、原创性地为拜伦的形象内涵中加入了"人道主义"内容，并将其与"自由主义"并置。而将这两种具有矛盾的思想特征并置，也是鲁迅所独有的精神世界特征。[1]

关于人道主义和自由主义并立的说法紧接着他对于卢希飞勒的讨论："由是观之，裴伦既喜拿破仑之毁世界，亦爱华盛顿之争自由，既心仪海贼之横行，亦孤援希腊之独立，压制反抗，兼以一人矣。虽然，自由在是，人道亦在是。"[2]

据北冈正子的《〈摩罗诗力说〉材源考》考证，鲁迅《摩罗诗力说》中拜伦部分材料来源为日本木村鹰太郎的《拜

---

[1]　对于"人道主义"与"个人主义"的矛盾，鲁迅有过一段自述："其实，我的意见原也一时不容易了然，因为其中本含有许多矛盾，教我自己说，或者以人道主义与个人主义这两种思想的消长起伏罢。所以我忽而爱人，忽而憎人。"（鲁迅：《两地书［1904—1926］》，《鲁迅全集》第11卷，北京：人民文学出版社，2005年，第493页）林毓生在其所著《热烈与冷静》中考订材料后发现，这段话是鲁迅增删过的。原文为："其实，我的意见原也不容易了然，因为其中本含有许多矛盾，教我自己说，或者以'人道主义'与'个人的无治主义'的两种思想的消长起伏罢。"他引用了鲁迅对"个人的无治主义"的解释后指出，"个人的无治主义"就是"无政府主义"或"安那其个人主义"。而对于人道主义的含义，林毓生总结道："鲁迅给许广平信上说的'人道主义'接受没有条件的、服从超命令的、宗教意义上的献身。……鲁迅所欣赏的人道主义理想是带着托尔斯泰身影，那含有至上的、绝对的情操。鲁迅的'个人主义'……那是倍尝人间无边黑暗、无理与罪恶后所产生的反抗任何权威、任何通则的思绪，以为除了满足自己的意愿之外，一切都是假定的。这样的'个人主义'没有是非，没有未来，只有自我的任意性，而具有任意性的不同思绪与行为之间也无需任何合理的关联。"（林毓生：《热烈与冷静》，上海：上海文艺出版社，1998年，第187页）

[2]　鲁迅：《鲁迅全集》第1卷，第81页。着重号为笔者所加。

伦——文艺界之大魔王》。北冈正子经过仔细比对后指出，将自由主义同人道主义并置的内容，并非原材料所有，而是鲁迅自己的观点。[1]

而正是这种自由主义和人道主义并立的观点，使得他对强力的歌颂，没有如他参照的作者、木村鹰太郎那样走向对弱者的蔑视，即所谓"欲达到其目的不惜将万物作牺牲"[2]。鲁迅推崇进化，并以此期待民族的新生；但他的思想却未走向优胜劣汰一端，而是"重独立而爱自繇，苟奴隶立其前，必衷悲而疾视，衷悲所以哀其不幸，疾视所以怒其不争"[3]。"哀其不幸、怒其不争"——这哀和怒的起源，均是源于爱。由此，他认为拜伦的"好战"也已经脱离了兽性的争斗，而转而是为独立、自由、人道而战斗不止（"其战复不如野兽，为独立自由人道也"[4]）。

（3）主张"进化"和怀疑"启蒙理性"的并置

鲁迅描绘了这样一个个性鲜明、内涵丰富的恶魔诗人形象，展现的富有张力的悖论并不只"人道主义"与"自由主义"的并置一种。

鲁迅持有进化论的立场对传统文化进行了批判。《摩罗诗力说》一文，显然有着强烈的文化批判意图，即以进化论为依据，展开对传统"怀古""尊古"思想的批判，同时与此相对地提出了求新、求变、贵力尚强等主张，作为具有显著启蒙主义色彩破和立的两个方面。

但与此同时，正是又在对恶魔诗人所具有的主观性、个人

---

[1]　［日］北冈正子著，何乃英译：《〈摩罗诗力说〉材源考》，第4页。

[2]　同上，第4页。

[3]　鲁迅：《摩罗诗力说》，《鲁迅全集》第1卷，第82页。

[4]　同上，第84页。

性的推崇中，却又同时产生了对于启蒙话语中科学与民主所带来的现代生活的质疑。在这一点上，鲁迅的思想无疑是超前的。

首先，在进化论观点笼罩下拜伦形象具有了文化批判的内涵。

在《摩罗诗力说》第一节，鲁迅首先分析阐述了曾经有着辉煌文明的古国如天竺、希伯来、伊兰埃及等，它们由辉煌灿烂走向式微的原因，[1] 正是在于抱残守缺的文化态度。鲁迅认为，"文事式微，则种人之运命亦尽"，而"所谓古文明国者……中落之胄，故家荒矣，则喋喋语人，谓厥祖在时，其为智慧武怒者何似"[2]，正是因为今日衰败了，反而处处夸耀自己曾经如何阔过，鲁迅认为这种"怀古"的态度是不恰当的。

相对的，真正的怀古，应该"思理朗然，如鉴明镜，时时上征，时时反顾，时时进光明之长途，时时念辉煌之旧有，故其新者日新，而其古亦不死"。是以史为师，以往为鉴，而进"光明之长途"；既不停下前进的脚步，又不遗忘"辉煌之旧有"，从而达到"新者日新""古亦不死"的目的。[3]

在鲁迅看来，真正"意欲扬宗邦之真大，首在审己，亦必知人，比较既周，爰生自觉"[4]，为求复兴，不应抱残守缺，夸耀自大；而应以把目光放在自己之外，通过比较生出自觉，发现自身文明之优长与缺陷。而正是顺着这个思路，鲁迅提出"别求新声于异邦"[5]，引介以拜伦为宗的摩罗诗人。这是我们

---

[1]　在鲁迅的叙述中，这些国家曾经"负令誉于史初，开文化之曙色"，而今却"转为影国"（鲁迅：《摩罗诗力说》，《鲁迅全集》第1卷，第65页）。

[2]　同上，第67页。

[3]　同上，第67页。

[4]　同上，第67页。

[5]　同上，第68页。

理解"摩罗诗人"所不可忽视的背景。

　　同样，鲁迅站在进化论的角度，否定了我国传统中将理想世界寄托于远古的观念。在第二节开篇，鲁迅首先以自然和人事两方面的例子来论证："平和为物，不见于人间"，而只有求新求变，方能面对于严酷的现实处境，于其中存活下来。而相应的，鲁迅批判将理想之国寄托于"人之所莫至之区"，或是"迟之不可计年以后"，再或者即是"心神所注，辽远在唐虞，或径入古初，游于人兽杂居之世"。尤其对后者，即我国的"怀古"思想，进行了"解构"。他认为，人们对远古的怀想，只是由于时间湮灭了古人流血流汗的痕迹，于是人们将目光放置于古时，就仿佛那时只有快乐，没有辛勤流汗。但实际上那时的人们为生存而做出的努力抗争，即使不比今日更艰难，也至少于今日大致相同。而抱着这样乌托邦的幻想去怀古，则只能"束手浩叹，神质同隳焉而已"。[1]

　　与对主张"平和"，缺乏勇猛刚健文化精神的批评相联系，是鲁迅对具体的文学观念"诗无邪"的批评。鲁迅认为，"诗无邪"的观点是与维持"平和"，也即一种不思变、缺乏活力的文化观念联系在一起的（"平和"）——而开篇之中鲁迅所举出的曾经"开文化之曙色，而今转为影国者"的古国的衰落，正与此有关。

　　我国古代的山水游记、感时悲世、抒发身世之感的诗歌，自然不可能全为"颂祝主任，悦媚豪右"的献媚之作。接受传统教育出身，有着深厚的传统文化功底的鲁迅，[2] 出此"惊人"

---

[1]　本段引文皆出自鲁迅《摩罗诗力说》（《鲁迅全集》第1卷）第69页。

[2]　科举未废之时鲁迅参加过考试，据说"考得还不错"，可见其对传统文学及文化是有着相当的熟习及了解的（李欧梵著，尹慧珉译：《铁屋中的呐喊》，石家庄：河北教育出版社，2000年，第8页）。

之言论，必然不仅仅只单纯为了表达一种偏激。

笔者认为，鲁迅对"诗无邪"的批评需结合紧接着的下面这一句来理解："倘其嗫嚅之中，偶涉眷爱，而儒服之士，即交口非之。"[1]这显然与传统文化对于人鲜明地展露个体爱憎的规范乃至于压抑有关。从这个角度而言，一种具有革新性质的异于传统文化的要素，正在对个体的人的发现——自然包括表达他／她的所爱所憎。这或许也是近年对明清研究中对人的"情欲"表达进行关注[2]的立足点所在：这其中蕴藏着人从层层伦理道德的紧缚中解放出来的信息，包含着一种更具有现代意味的人之自由与解放，普实克对于中国现代文学中的主观主义和个人主义的书写的意义出发点，也是基于此。[3]

显然，鲁迅对于具体的文学观念和文体的批评，是有其文化观察、判断及意图在其中的。他在这样的诗歌观念中看到了对"人"和人的"自我"的压抑，而这种压抑，与让国家失去活力的"污浊之平和"相关。

在鲁迅看来，传统文化之所以失去生气，就在于其对个体，尤其是个体活力（这往往与个人的情爱、欲望有着密切的联系）的压抑。而这种压抑（虽不一定压抑于"传统"），往往又导致了另一种补偿性、但又更具破坏性的释放。[4]

---

[1] 鲁迅：《摩罗诗力说》，《鲁迅全集》第1卷，第71页。

[2] 如熊秉真、余安邦编：《情欲明清》，台北：麦田出版社，2004年。

[3] ［捷克］普实克著，李欧梵编，郭建玲译：《抒情与史诗：现代中国文学论集》，第1—2页。

[4] 刘剑梅就曾以个人爱欲激情的别处释放来解释一些20世纪六七十年代的事件："爱情、性和生命的本能冲动被引导或者转换为更高程度的力比多满足。用马尔库塞的话，就是'生理驱动变为文化驱动'。"（刘剑梅著，郭冰茹译：《革命与情爱：二十世纪中国小说史中的女性身体与主题重述》，上海：上海三联书店，2009年，第36—37页）

因而反过来，鲁迅推崇能发为激响，为沉痛着作大之声的诗人，也即恶魔诗人。由此，鲁迅所要提倡的摩罗诗人，除了是一个诗人——一个文学意义上身份以外，还是一种新的文化品格，用李欧梵的话来说，即普罗米修斯式的生机勃勃的英雄。[1] 他们有高昂的自我，因而他们的诗歌也发为雄大之声，体现出一种壮美的风格。鲁迅之提倡摩罗诗人，推崇拜伦的恶魔性格，其落脚点实际在此。

　　这不得不让人联想到其立人救国主张："国人之自觉至，个性张，沙聚之邦，由是转为人国。人国既建，乃始雄厉无前，屹然独见于天下。"[2] 可见，鲁迅之论述摩罗诗人及其作品，有其强烈的文化意图："摩罗诗力说"是他对于古国文明如何焕发新生所提出的方案。

　　与此同时，我们或还可以顺带论及的是：鲁迅虽然毫不留情地批评传统，但他在面对包括欧洲在内的西方文明时的文化姿态，却是将欧洲文明作为与自身文明异质的、并立的姿态，而非如苏曼殊和章太炎等人通过模拟其为我国的李贺、李白的方法将其内化为自身文明的一部分。[3] 这种姿态，却正好显示了鲁迅对自身传统文明的认可，甚至是某种自信。如同伊藤虎丸所说："鲁迅的这种异质性的认识本身，就表现了中国

---

[1]　李欧梵著，王宏志等译：《中国现代作家的浪漫一代》（第1版），第296—297页。

[2]　鲁迅：《文化偏至论》，《鲁迅全集》第1卷，第57页。

[3]　这正如李欧梵在评价苏曼殊和林纾在面对外来文明时所评价的："他们在自己的气质与经验中寻求类同，以面对西方外来的冲击。"（李欧梵著，王宏志等译：《中国现代作家的浪漫一代》[第2版]，第74页。）这或许可作为一个象征性的说法，来说明苏曼殊、章太炎等人的文化姿态。

传统文明所具有的坚韧及其对欧洲文明的'抵抗'。"[1]

但与此同时，鲁迅虽然持有进化论立场，对传统文化及体现其思想内涵的诗歌主张进行了批判，并破而后立地提出了"摩罗诗力说"，推崇自我高度独立、发为雄大之声的"摩罗诗人"，由是使人"个性张"，而"沙聚之国"转为屹立天下的雄国。但也正是由于对个人独自性的高度关注，以人之"独自性"为根柢原则，鲁迅对于科学对人造成的新的异化、民主所造成的"以多凌寡"的新的暴政，也提出了质疑。鲁迅的这种主张，与其对尼采、施蒂那等非理性主义哲学思想的吸收紧密相关。这又反过来对启蒙主义式的理想与话语造成了消解。这亦是鲁迅笔下的"摩罗诗人"拜伦所具有的内涵。

事实上，在《摩罗诗力说》中已不乏对尼采的直接提及（如开篇则引尼采著作中的话[2]，并对尼采的善恶观进行讨论[3]等）。而无论是贵力尚强的思想，还是上抗天帝、下制众生的姿态，抑或是"所遇无不庸懦，则生激怒"[4]的傲岸的激情。独异个体与周围的环境形成尖锐的对立，并显示出对淹没于"庸众"的顽强拒绝，这些都让人联想到尼采的思想。

此外，有学者辨明指出，除了尼采，鲁迅还吸收了施蒂纳、吉尔凯廓尔的思想。相对于尼采赋予鲁迅的情绪和风格，正是施蒂纳赋予了鲁迅个人主义思想以系统性和完整性。[5]但无论

---

[1] ［日］伊藤虎丸著，李冬木译：《鲁迅与终末论——近代现实主义的成立》，石家庄：河北教育出版社，2000年，第83—84页。

[2] "求古源尽者将求方来之泉，将求新源。嗟我昆弟，新生之作，新泉涌于渊深，其非远矣。——尼佉"（鲁迅：《摩罗诗力说》，《鲁迅全集》第1卷，第65页）

[3] 同上，第66—67页。

[4] 同上，第93页。

[5] 汪晖：《汪晖自选集》，桂林：广西师范大学出版社，1997年，第105—123页。

如何，鲁迅笔下以拜伦为代表的恶魔诗人，显然对西方非理性主义思想资源做了大量吸取，并把由此形成的对个体独自性的强调，作为价值取舍的尺度。

正是由此，鲁迅不仅反对传统以儒家为主的伦理道德规范对于个体的压制束缚，同时也十分警惕现代民主制度和科学文明带来的对人的新异化。在鲁迅而言，西方宪政民主存在以多凌寡的问题（"必借众以陵寡，托言众治，压制乃尤烈于暴君。"[1]），而科学"将以之范围精神界所有事，现实生活，胶不可移，惟此是尊，惟此是尚"[2]——这样的表述已经蕴含于启蒙方案内部的对于启蒙方案的质疑与消解。

由此，鲁迅的"恶魔诗人"，其独立、反叛与抗战，其思想内核根源，在于对"个人的独自性"的极端强调与关注。他不仅不属于传统，也不属于进化论线条下的"现代"。由此，他的抗战注定孤独，甚至注定失败，于是只能"彷徨于无地"[3]。

这样复杂而具有哲学意味的形象内涵，以及其随之而来的历史沉重感，使得鲁迅的摩罗诗人在20世纪初期就显得独树一帜。"摩罗诗人"有着普实克所论及的，当个人从传统伦理和宗教中解放出来后对自我的关注、反叛，以及随之而来的厌世、自我毁灭等体验，也有着李欧梵之所谓浪漫英雄身上的悲剧性层面（而这正是当时的苏曼殊和后来的五四"浪漫一代"们所缺乏的）。摩罗诗人所展现的形象内涵，不仅仅是对自我生活、个人爱憎的关注，更包含着历史嬗变时期特殊的历史感

---

[1] 鲁迅:《文化偏至论》,《鲁迅全集》第1卷, 第46页。

[2] 同上, 第49页。

[3] 鲁迅:《影的告别》,《鲁迅全集》第2卷, 北京: 人民文学出版社, 2005年, 第169页。

与沉重感，展现了那种被抛离了传统轨道，又不能毅然前往进化的黄金未来的世界的深刻游离。

由此而言，鲁迅笔下的"恶魔诗人"拜伦，内涵是复杂而又独异的，关联着具有鲜明鲁迅特色的精神世界。这种"独异"，在与采用了同一叙事脉络的《英国大诗人白衣龙小传》的对比中，凸显得更为清晰。

三、王国维：为"无智之情"所主导的"主观诗人"

王国维几乎在同一时期（1907），发表了与《摩罗诗力说》行文结构类似的《英国大诗人白衣龙小传》[1]。然而化身为"白衣龙"的拜伦，无论与鲁迅笔下的拜伦，还是苏曼殊所诠释的拜伦，都有着不小的差距。

值得注意的是，《英国大诗人白衣龙小传》与《摩罗诗力说》两篇文本，二者的叙事脉络基本相同，均按照时间顺序大致交代拜伦的生平基本事件和主要作品，且从作传的角度记叙了传主拜伦一生中的一些重要时期的事迹与行状。然而在叙事的重点和凸显的细节上，却显示出了鲁迅与王国维个人化的特点，这种展示的重点的差异，正好折射出了作者个人理解和思想资源的不同之处。故本节欲基于文本细读，于比较中显现二者对于拜伦阐释的特点。

王国维和鲁迅所叙，均主要包括以下几部分基本内容：

---

[1] 王国维：《英国大诗人白衣龙小传》，王国维著，佛雏校：《王国维哲学美学论文辑佚》，上海：华东师范大学出版社，1993年，第286—289页。

——家族及幼年时期介绍；

——求学剑桥；

——离开剑桥做第一次漫游，归国后由《恰尔德·哈洛尔德游记》前两篇成名；

——作《异教徒》《阿拜多斯的新娘》《莱拉》等作品时期；

——离婚事件，离开英国第二次漫游时期——援助希腊，病死军中。

在对拜伦的家族及其幼年的记述中，鲁迅的记叙显然是非常简略的；而王国维却不仅介绍了拜伦的幼年，而且还展现了其父母生平的某些细节——换句话说，也就是展现了其成长的家庭环境。王国维的笔触虽然简练，但却完整交代了其父先是引诱妇人私奔，而后又虐待该妇人并夺其资产，最终客死异地这一事件。论及其母，则言其母性情激烈、起伏无常，并提及拜伦和母亲激烈冲突时，拜伦甚至以小刀架于自己脖颈之上等细节。按照心理学的观点，一个人的性格及日后生活方式的"脚本"，往往是由其童年时期的家庭生活塑造的，其日后的人际关系模式，很大程度上也会重复他与父母的相处模式以及他在成长环境中所学会的经验。王国维挑选了这些细节来写，这样的展示或许与他教育学、心理学的知识背景与写作视角有关。[1] 拜伦幼时家庭生活的动荡或许正映照着他自身日后

---

[1] 据王国维年谱显示，王国维于1903年前后，与通州师范学校签一年合约，教授心理学与论理学（原文如此），并对于丹麦心理学家海甫定的著作有所涉猎（赵万里：《民国王静安先生国维年谱》，台北：台湾商务印书馆，1978年，第6页）。与此同时，王国维一直对教育领域有着密切的关注，常就相关问题发表文章。

的婚姻生活，他母亲激烈及起伏不定的性格，或许正是拜伦性情"亢傲"（王国维对拜伦性格的概括）缺乏情绪自制的缘起。由这个叙述角度来看，拜伦的反叛性格，反而倒是基于一种性格缺陷了。

对于这一时期的记叙，鲁迅和王国维均提到某个年龄节点的细节，但鲁迅仅以"十二岁即为诗"[1]一笔带过；而王国维不仅写其十一岁时意外得遗产并袭男爵，并且还记叙了其好交游，且"自幼即知恋爱"，且在十二岁"慕其中表妹，至不能寝食云"这样的内容。[2]

在剑桥求学一段至拜伦写出《恰尔德·哈洛尔德游记》成名一段，王国维详写拜伦如何得了批评家的酷评，并立即写文回敬（《英格兰之诗人与苏格兰之批评家》）；如何梦想着漫游大陆，后果然成真，有着许多细节的展示。而此处鲁迅只以"长游堪勃力俱大学不成，渐决去英国，作汗漫游，始于波陀牙，东至希腊突厥及小亚细亚，历审其天物之美，民俗之异，成《哈洛尔特游草》（*Childe Harold's Pilgrimage*）二卷，波谲云诡，世为之惊绝"[3]一笔带过。

紧接此而在提及《异教徒》与《阿拜多斯的新娘》《莱拉》之前，王国维叙述了拜伦成名后三年如何在交际场中"亦大擅盛名"[4]，不仅荒疏正业，且"酒色征逐，般乐以遨，卜昼不足，

---

[1] 鲁迅：《摩罗诗力说》，《鲁迅全集》第1卷，第77页。

[2] 王国维：《英国大诗人白衣龙小传》，王国维著，佛雏校：《王国维哲学美学论文辑佚》，第287页。

[3] 鲁迅：《摩罗诗力说》，《鲁迅全集》第1卷，第77页。

[4] 王国维：《英国大诗人白衣龙小传》，王国维著，佛雏校：《王国维哲学美学论文辑佚》，第287页。

继以夜月，且往往通宵不寐，惟以痛饮为事"[1]——这样的行为，或者恰好正重复了其父亲的行为模式，且与他"自幼即知恋爱"一脉相承。而拜伦形象的这一侧面，是包括鲁迅在内的时人均很少提及的。

对于《异教徒》与《阿拜多斯的新娘》《莱拉》三部作品，王国维的介绍是简略的，而鲁迅则以详尽的笔触叙述了作品的思想内容，尤其详述了《海贼》一篇这一未为王国维提及的篇目。由上述鲁迅部分的论证可知，鲁迅对这些作品内容的详述，实际上是服务于塑造完整的拜伦性格的，而王国维出发的角度显然并不在此。

在拜伦离婚一节中，《摩罗诗力说》中所述的"世所不知"的"去之之故"[2]（指与妻子离婚），王国维点破其缘由："妇惊其行为无律，以为狂人，因召医士诊之，无疾，愈惊，遂请去，于是离婚。"[3]由其妻子对于拜伦的评价侧面反映拜伦性格，此处所显示的拜伦，显然也不是一个具有健康性格的人。而世人就此詈骂拜伦，鲁迅就此发表了一段世人"睅戮天才"，拜伦树大招风而顽愚妄自附和的议论，并借此抨击了"颂高官而厄寒士"的东方恶习。[4]这件事在王国维的叙述中，却成了拜伦创作《苛林斯之围》《巴黎人》等作品的心理动因。[5]

---

[1]　王国维：《英国大诗人白衣龙小传》，王国维著，佛雏校：《王国维哲学美学论文辑佚》，第287页。

[2]　鲁迅：《摩罗诗力说》，《鲁迅全集》第1卷，第78页。

[3]　王国维：《英国大诗人白衣龙小传》，王国维著，佛雏校：《王国维哲学美学论文辑佚》，第287页。

[4]　鲁迅：《摩罗诗力说》，《鲁迅全集》第1卷，第78页。

[5]　王国维：《英国大诗人白衣龙小传》，王国维著，佛雏校：《王国维哲学美学论文辑佚》，第287页。

至于拜伦因此离开英国，鲁迅所提及的细节显然让拜伦的形象凸显出了其骄傲的一面："使世之评骘诚，吾在英为无值，若评骘谬，则英于我为无值矣。吾其行乎？然未已也，虽赴异邦，彼且蹑我。"[1] 拜伦的自尊与自负跃然纸上。并且，在鲁迅的叙述中，此后的拜伦创作是由此"乃益雄"[2] 的。而王国维笔下，此时之拜伦则更像是被迫出走，因而气急败坏，由此"肆扣痛詈英国之宗教道德政治等之卑劣，以泄其郁怒"[3]，而此时拜伦"渐耽酒色，悖理之行渐多"[4]，此后更是"数年来往来于塞纳－马恩省亚、雅典二地，其行愈荡佚"[5]，越发地像一个无家的浪荡子了。

加上用简笔叙述拜伦最后死于援助希腊之行的事迹，王国维对拜伦的行迹创作介绍的主体部分在此就基本结束了。而鲁迅的记叙、介绍部分却远远还未结束：不仅有对《曼弗雷德》《凯因》《天地》等作品的详细讨论，拜伦对于意大利和希腊的援助等事迹，又占据了整个拜伦部分的另一半的篇幅。尤其《天地》中有关善恶、神魔的探讨和拜伦援助希腊前后，更是鲁迅详述的重点。[6]

由上述简要比较可知：二者虽大致记叙了相同的事件和作品——因为一个人一生的主要事件是基本固定的，但显然二人对基本事件的阐释和评价却并不相同；与此相应，所记

---

[1] 鲁迅：《摩罗诗力说》，《鲁迅全集》第1卷，第79页。

[2] 同上，第79页。

[3] 王国维：《英国大诗人白衣龙小传》，王国维著，佛雏校：《王国维哲学美学论文辑佚》，第288页。

[4] 同上，第288页。

[5] 同上，第288页。

[6] 鲁迅：《摩罗诗力说》，《鲁迅全集》第1卷，第79—81页。

叙的详略、展现的细节也不同。这其中的对比显然是十分有趣的，分别都服务于作者的写作重心。

王国维对于拜伦的核心评价是"一纯粹之抒情诗人"[1]，"即所谓'主观的诗人'是也"[2]。在他的叙述中，拜伦情感丰富、强烈乃至于不能自制，为人多情甚至于浪荡，而拜伦的厌世及与众人为敌等，往往与此相关，并无更深刻的哲学、美学、宗教学背景。

王国维写道：

> 盖白衣龙非文弱诗人，而热血男子也，既不慊于世，于是厌世怨世，继之以詈世；既詈世矣，世复报复之，于是愈激愈怒，愈怒愈激，以一身与世界战。夫强于情者，为主观诗人之常态，但若是之甚者，白衣龙一人而已。盖白衣龙处此之时，欲笑不能，乃化为哭，欲哭不得，乃变为怒，愈怒愈溢，愈溢愈甚，此白衣龙强情过甚之所致也。实则其情为无智之情，其智复不足以统属其情而已耳。格代之言曰："彼愚殊甚，其反省力适如因而。"盖谓其无分别力也。[3]

可见，在王国维的诠释中，拜伦之与众人为敌，是因其自身性格情感充沛且奔放外露，但这样的情感外露是缺乏智性的统帅与制约的。其"与世之冲突非理想与实在之冲突，乃己意

---

[1] 王国维：《英国大诗人白衣龙小传》，王国维著，佛雏校：《王国维哲学美学论文辑佚》，第288页。

[2] 同上，第288页。

[3] 同上，第288页。着重号为笔者所加。

与世习之冲突"[1]，概而言之，则是如婴儿一般全能自大的思维方式，欲以自身之意志强制性改造世界，进而生冲突。如若不能遂意，则大哭大怒、不能自止。这是王国维对拜伦之独自对抗他人及社会的理解。

在鲁迅的阐释里，拜伦的核心性格为"贵力而尚强，尊己而好战"[2]，其厌世与独战众数，正是基于一种个体的自我觉醒及高度的人格独立后而产生的结果与状态，而这恰恰是对拜伦的心态行为一种非常带有哲学性的理解。这种哲学性的理解，恰是鲁迅与王国维乃至苏曼殊的区别所在。如前文已提及，王国维认为拜伦："其情为无智之情……其多情不过为情欲之情，毫无高尚之审美情及宗教情。"[3] 而相对于苏曼殊，这种"哲学性"的理解也是鲁迅与苏曼殊笔下更具有"维特式才子"特征拜伦的重要区别之所在。李欧梵在论述中国文人对于"维特式浪漫英雄"的接受时曾谈道：

> 少年维特……他的爱情苦恼见于他强烈的情感。……但维特重要的一面被他的中国崇拜者忽略了。他的苦恼不止因为单恋，还包含一些哲学意义。维特是所谓悲观浪漫主义的受害者，由于个人理想与环境现实之间的差异，产生消极并往往是悲观的情绪。歌德在《对维特的反省》中，自己形容这种情绪接近于

---

[1] 王国维：《英国大诗人白衣龙小传》，王国维著，佛雏校：《王国维哲学美学论文辑佚》，第289页。

[2] 鲁迅：《摩罗诗力说》，《鲁迅全集》第1卷，第84页。

[3] 王国维：《英国大诗人白衣龙小传》，王国维著，佛雏校：《王国维哲学美学论文辑佚》，第289页。

那种在最和平的情况下，对生活感到厌倦。……充满
主观情感的五四青年，完全忽略了这种悲观的特征。[1]

鲁迅对拜伦的阐释，显然不仅注意到了拜伦"所遇常抗"[2]
这一非常富有"力"的一面，且同时也注意到了拜伦带有哲学
意味的悲观的特征。这是鲁迅的理解较同时代人如苏曼殊，乃
至后来的"五四"浪漫派深刻的地方。

四、结语

由上可知，苏曼殊笔下的拜伦，是一个有着家国情怀的义
士[3]，着重于恋爱及恋爱描写的、性格热情激烈的诗人[4]，糅合
了充满着"孤愤酸情"[5]、脂粉愁泪的传统士人形象。而苏曼殊
对于浪漫主义风潮的影响，与其说是通过他的著作及译介，不
如说更源于其本人率真、孤愁、多情的浪漫言行的感召。

与苏曼殊相比，王国维和鲁迅对于拜伦的阐释显然都是更
富于现代意味的。当苏曼殊仍然以一种传统资源去融合拜伦的
浪漫精神时，王国维和鲁迅对拜伦的理解与阐释，显然已经更
多地借用了西方的理论资源（如心理学和非理性主义哲学）。

---

[1] 李欧梵著，王宏志等译：《中国现代作家的浪漫一代》（第2版），第293—294页。

[2] 鲁迅：《摩罗诗力说》，《鲁迅全集》第1卷，第84页。

[3] 见《〈潮音〉跋》中对拜伦形象的描绘（苏曼殊著，柳亚子编：《苏曼殊全集》[第
1版] 第1卷，第85页）。

[4] 见《潮音自序》中对拜伦的描绘（同上，第89页）。

[5] 同上，第27页。

分而言之，鲁迅笔下的拜伦：一方面，富于反抗精神，具有强力意志、强烈的复仇心态，有如狂涛厉风，争天拒俗——这是鲁迅意欲突出的拜伦的性格的主要侧面，也历来为人所强调；另一方面，笔者认为，由不平而厌世，厌世而希灭亡，为人楚毒而至于破坏复仇，或者蔑视道德而嘲弄社会——这是与强力的英雄性格同样重要的另一个侧面。拜伦作品的主角：哈洛尔特的厌世情绪，曼弗列特的自我毁灭倾向，康拉德和路西法的复仇、破坏、毁灭心理，唐璜的玩世不恭，这些都是拜伦性格中的应有之义。这样的拜伦中所寄寓的，一方面是对传统压抑个人的批评；另一方面，鲁迅又借此表达了对于与"启蒙理性"密切相连的科学、民主思想，这些思想对个人造成新的压抑的质疑。一种既不属于过去、亦不属于未来的深刻游离的孤独，就在其中。

与此同时，与苏曼殊和王国维都不同的是：鲁迅略去了拜伦的享乐主义与其多情浪荡的一面。可以说，鲁迅展现了具有文化意图和哲学意味，内在充满张力与悖论的恶魔诗人拜伦形象，其复杂深刻的一面恰恰使他难以被归入某种潮流之中：无论是鲁迅本人，还是摩罗诗人（或许可说，鲁迅本人正是他所推崇的"摩罗诗人"最忠实的践行者），他们都是"蔑视所有同盟特性的孤立的巨人"[1]。但同时，由此我们或也可以理解为，鲁迅对拜伦的阐释，是更为理念性的、抽象的、理想的。

而王国维对拜伦的核心评价是主观之诗人，他性"亢傲"[2]，富于情感，但却是无智性统帅、缺乏分辨力之情及情欲

[1] 李欧梵著，王宏志等译：《中国现代作家的浪漫一代》（第2版），第27页。
[2] 王国维：《英国大诗人白衣龙小传》，王国维著，佛雏校：《王国维哲学美学论文辑佚》，第286页。

之情，毫无高尚审美情与宗教情（与鲁迅笔下拜伦"没有条件的、服从超命令的、宗教意义上的献身"[1] 的人道主义内涵恰好形成对照，前已论述，不再赘述）；由于其易激易怒，故而好战；故而写作成为其一泄郁愤的方式，这是从创作心理学的角度阐释了其创作的动因。在王国维的书写中，拜伦幼年成长环境的细节，与其性格因素显现出了关联。这亦为我们呈现了一个更为凡俗，却也更为真实而富于血肉的拜伦。

但无论是苏曼殊的现代西式个性自由与传统才子情调的糅合，抑或是鲁迅所绘拜伦形象所展现的"丰饶的含混"[2]，或是王国维笔下的凡俗多情的拜伦，都展现出 20 世纪初期浪漫主义在中国传播伊始多样的面貌。世纪之交的知识分子积极而热情地将目光投向这些外来思想、文学资源，作为一种新的、自我觉醒后的精神资源的参照。他们对于相近的资源所做出的不同吸取形成的对照，这种参差的面貌，或进一步让我们产生一种更高的"自觉"，即：当我们在谈论浪漫主义、个性主义等话语及相关内容时，其最初的话语"生产"过程细节，是为如何；我们所谈论的"浪漫主义"，是否经历了翻译译介的"曲光镜"，而或许正是不可避免的传播过程中的"曲光镜"下所生产的"知识"，塑造了我们后世对西方浪漫主义的共同想象？这或许能使我们获得一种"审视的距离"。若如此，则是本文能为读者所提供的微小价值。

---

[1]　林毓生对鲁迅所自述的"人道主义"的内涵的解释（林毓生：《热烈与冷静》，第 187 页）。

[2]　林毓生：《热烈与冷静》，第 182 页。

拓荒者的苦闷

—— 由刘呐鸥20世纪30年代前后的翻译实践重审 "软性电影" 论战

曹禹杰 [*]

在过去有关20世纪30年代的上海文学研究著作中，刘呐鸥常常是以 "中国'新感觉派'的领袖""第一个描写都会异域风的中国现代作家" [1] 等身份被概括、定义和分析的。1932年也被视为 "刘呐鸥一生中最有光彩的一个时期" [2]，由于水沫书店在 "一·二八" 的炮火中被毁，刘呐鸥乘船奔赴日本，当年回国后他出版了 "新感觉派" 文学的代表作《都市风景线》。1933年，刘呐鸥参与 "软性电影" [3] 论战，与左翼影评人针锋相对。抗战爆发后，他又先后担任了 "中电" 编委会主任以及汪伪政府的国民新闻社社长。然而在20世纪20年代末，刘呐

* 曹禹杰，复旦大学中国语言文学系2021级硕士研究生。

[1] 李欧梵著，毛尖译：《上海摩登：一种新都市文化在中国（1930—1945）》，杭州：浙江大学出版社，2017年，第235、260页。

[2] 王文英主编：《上海现代文学史》，上海：上海人民出版社，1999年，第360页。

[3] 1933年，黄嘉谟在《硬性影片与软性影片》一文中正式提出 "软性电影" 概念，以此反对左翼电影的宣传倾向并强调电影的娱乐价值。在左翼电影界的回击中，"软性电影" 常用于指称刘呐鸥、黄嘉谟和江兼霞等人在1933—1935年间提倡的 "纯艺术""纯娱乐" 或 "艺术至上" 电影。

鸥却"一度被认为左翼作家之一"[1]。他先后与施蛰存、戴望舒等人经营了"第一线书店"、水沫书店，创设《无轨列车》《新文艺》等刊物。1929年，水沫书店出版了由冯雪峰和鲁迅主持的《科学的艺术论丛书》。《无轨列车》被停刊的罪名则是"藉无产阶级文学，宣传阶级斗争，鼓吹共产主义"[2]。正因为左翼色彩如此浓厚的刘呐鸥在1932年之后转投国民党，乃至附逆，所以在诸多有关刘呐鸥的个案研究中，1932年多被视为其文艺思想的转捩点。

然而，作为一个从背景身份到政治选择都充满矛盾，难以被精准定位的文化个体，能否将1932年以降政治立场的迁转预设为"弃文从影"的刘呐鸥在文艺思想上的分水岭值得商榷。刘呐鸥在"软性电影"论战期间曾撰文参与电影"大众化"的讨论；由他担任编剧的电影《永远的微笑》关注底层人民的悲惨生活；《现代电影》杂志上刊登左翼影人的评论文章——以上种种展现出了刘呐鸥在"软性电影"论战中的暧昧立场。由于前人大多关注刘呐鸥对日本"新感觉派"的接受、文学创作与电影技法间的关联或刘呐鸥的"浪荡子美学"，而罕有从刘呐鸥在1930年前后翻译的文艺理论出发，考察他在"软性电影"论战中的表现。[3]因此，本文尝试以刘呐鸥1927年初

---

[1] 隋初：《我所认识的刘呐鸥先生》，康来新、许秦蓁编：《刘呐鸥全集·增补集》，台南：台湾文学馆，2010年，第251页。

[2] 施蛰存：《我们经营过三个书店》，施蛰存：《沙上的脚迹》，沈阳：辽宁教育出版社，1995年，第14页。

[3] 有关刘呐鸥接受日本"新感觉派"的代表性论著，参考王志松《刘呐鸥的新感觉小说翻译与创作》(《中国现代文学研究丛刊》2002年第2期，第54—69页)；有关其文学创作与电影技法间的关联，参考李今《海派小说与现代都市文化（修订本）》(北京：北京大学出版社，2019年，第141—178页)；有关刘呐鸥的"浪荡子美学"，

入文坛后的文艺实践为基础，通过考察刘呐鸥在这一时期翻译的文艺理论，同时平行参照中国近现代翻译史的发展脉络，探讨刘呐鸥逐渐疏离左翼文艺的根本原因，进而思考刘呐鸥"隐伏"[1] 在"软性电影"论争中的核心观念。

一、《俄法的影戏理论》：探索"新兴"与"尖端"的雏形

在"软性电影"论争中，唐纳发表的长文《清算软性电影论》[2] 是研究这场被称为中国早期电影史中"令人瞩目的电影景观"[3] 的一篇重要文论。唐纳在文中系统性批判了"软性电影"论者的诸多观点。值得注意的是，唐纳为左翼影评人申辩、

参考彭小妍《海上说情欲：从张资平到刘呐鸥》（台北："中研院"中国文哲研究所，2001年，第105—144页）。近年来也有关于刘呐鸥翻译实践的个案研究，论者从版本差异、所据译本及翻译动机等译出语文化和文学系统的角度，探讨刘呐鸥在1935年翻译的爱因海姆《艺术电影论》（今译《电影作为艺术》）（田亦洲：《〈艺术电影论〉：刘呐鸥的电影理论翻译实践与策略》，《当代电影》2019年第3期，第113—119页）。本文则以译著为中心，对译入语语文化和文艺系统加以观照。

[1] "隐伏"是茅盾在文艺批评中常用的一个词，包含了茅盾对文学批评的特殊性认识。学者艾晓明指出，茅盾反对越过"批评对象—作品的特殊点"，从庸俗社会学角度将作品直接等同于"作家世界观，或阶级立场、阶级心理的批评……注重从作品的语言、形象、题材、体裁等文学性特征入手，深深地挖掘'潜伏'于其中的社会现实内容及意义，找到作家的精神、性灵"（艾晓明：《中国左翼文学思潮探源》，北京：北京大学出版社，2007年，第156—157页）。将"隐伏"一词用于此处，也就是希望能避免直接将刘呐鸥的文艺思想等同于其政治选择背后代表的世界观和阶级立场，或是使后者成为对前者分期时不言自明的预设，而是试图去厘清二者的边界。

[2] 唐纳（马骥良）：《清算软性电影论》，《晨报·每日电影》，1934年6月15日—27日。

[3] 郦苏元：《中国现代电影理论史》，北京：文化艺术出版社，2005年，第221页。

批判刘呐鸥等人的一个关键论据，恰恰出自刘呐鸥四年前翻译的弗理契的《艺术社会学》。刘呐鸥昔日的翻译作品为何会成为日后左翼影人攻击自己的武器？唐纳对《艺术社会学》的引用和解读是否和刘呐鸥的翻译动机相同？《艺术社会学》对于刘呐鸥又有什么特别的意义？要回答这些问题，首先要厘清刘呐鸥从翻译实践中汲取的文艺思想，也只有如此，才有可能真正理解刘呐鸥在"软性电影"论争中的观念与立场。

尽管通览"刘呐鸥全集"，会发现刘呐鸥不曾在译著的序跋中系统性论述自己的翻译思想，如《艺术社会学》中所附《译者后记》不过是对翻译对象弗理契和所据升曙梦的日译本略述一二 [1]。但施蛰存日后的回忆或许能引领我们进窥堂奥：

> 刘呐鸥极推崇弗里采的《艺术社会学》，但他最喜爱的却是描写大都会中色情生活的作品。在他，并不觉得这里有什么矛盾，因为，用日本文艺界的话说，都是"新兴"，都是"尖端"。[2]

按施蛰存的表述，"新兴"文学和"尖端"文学理应代表着两种不同的文艺实践方向，二者甚至是相互龃龉的。不过在刘呐鸥这里，这种对立和矛盾被他求"新"的先锋观念消融了。"尖端"是指刘呐鸥对日本新感觉派文学的推崇，而"新兴"在20世纪30年代的历史语境中指的是无产阶级文艺的意识形态

[1] 刘呐鸥：《译者后记》，[俄] 弗理契著，刘呐鸥译：《艺术社会学》，上海：上海社会科学院出版社，2017年，第366—367页。

[2] 施蛰存：《最后一个老朋友——冯雪峰》，陈子善、徐如麒编：《施蛰存七十年文选》，上海：上海文艺出版社，1996年，第272页。

与价值观念。史书美认为这是因为刘呐鸥不曾意识到二者在"意识形态上的潜在矛盾"[1]。然而,"新兴"和"尖端"两个概念都源于"日本文艺界",对在日本接受高等教育并长期关注日本文艺界最新动向的刘呐鸥而言,他不可能不知道二者的差异。那么刘呐鸥为何会在明知"新兴"与"尖端"是两种截然不同的文学观念的前提下,依旧将"新兴"和"尖端"杂糅在一起?

事实上,在20世纪20年代末的翻译实践中,刘呐鸥不单是译介了对日后"新感觉派"文学创作有重要影响的片冈铁兵、横光利一等人的作品,并结集成《色情文化》[2]出版,他也翻译了大量马克思主义文论。由目前所掌握的资料来看,除了整本翻译的《艺术社会学》,刘呐鸥还译出了玛差《欧洲新文学底路》[3]、弗理契《艺术之社会的意义》[4]等单篇文论。即使是《色情文化》这样一本以日本"新感觉派"作家为主的小说集,他也选入了"普罗派"作家林房雄的《黑田九郎氏的爱国心》[5]。在《译者题记》中,刘呐鸥明确指出他翻译"普罗派的新进的翘楚"是因为林房雄"用着社会意识来描写现代生活"[6]。

1926年,刘呐鸥从东京青山学院"英文学"专业毕业后

---

[1] 〔美〕史书美著,何恬译:《现代的诱惑:书写半殖民地中国的现代主义(1917—1937)》,南京:江苏人民出版社,2007年,第323页。

[2] 刘呐鸥译:《色情文化》,上海:第一线书店,1928年。

[3] 〔匈〕玛差著,葛莫美(刘呐鸥)译:《欧洲新文学底路》,《引擎》1929年创刊号,第63—73页。

[4] 〔俄〕弗理契作,洛生(刘呐鸥)译:《艺术之社会的意义》,《新文艺》1930年第2卷第1期,第5—19页。

[5] 〔日〕林房雄著,刘呐鸥译:《黑田九郎氏的爱国心》,康来新、许秦蓁合编:《刘呐鸥全集·文学集》,台南:台南县文化局,2001年,第335—343页。

[6] 刘呐鸥:《译者题记》,康来新、许秦蓁合编:《刘呐鸥全集·文学集》,第230页。

来到上海，作为他在大陆文学活动的起点。刘呐鸥这一时期翻译的作品，尤其是文艺理论著作，对他日后文艺实践的重要影响不可小觑。事实上，刘呐鸥从翻译作品中汲取的思想观念，潜移默化地渗透到了他在20世纪30年代的小说创作与电影评论中。以"软性电影"论战中的《中国电影描写的深度问题》为例，刘呐鸥常常因其在这篇文章中强调"在一个艺术作品里，他的怎样地描写着的问题，常常比他的描写着什么的问题更重要"[1]，而被称为"艺术至上主义者"和"形式论者"[2]。其实，刘呐鸥对内容和形式的"二分法"并非如唐纳所言，单纯受到"R. Arnheim 恰正没有把形式和形象分别清楚"[3]的影响。在他1929年翻译的《欧洲新文学底路》中，已经能看到"二分法"的痕迹：

> 因此，形式和内容底一见的二元性就呈现出来，令人疑心有各自不同的内面，由社会的地规定法则所形成的两种内容（一种是基本的，一种是补足的）似的。[4]

然而，相比单篇作品对"软性电影"论战影响的个案研究[5]，从整体上把握刘呐鸥从这一时期的翻译作品中汲取的思

---

[1] 呐鸥：《中国电影描写的深度问题》，《现代电影》1933年第3期，第2页。

[2] 罗浮（夏衍）：《"告诉你吧"——所谓软性电影的正体》，《电影画报（上海1933）》1934年第12期，第29页。

[3] 唐纳：《清算软性电影论》，《晨报·每日电影》1934年6月24日，第12页。

[4] 玛差：《欧洲新文学底路》，《引擎》1929年创刊号，第63—73页。

[5] 王志松曾撰文研究刘呐鸥对《艺术社会学》的接受和他本人创作之间的关系，是一篇可以作为方法论研读的论文（王志松：《刘呐鸥与"新兴文学"——以马克思主义文艺理论接受为中心》，《山东社会科学》2013年第10期，第82—88页）。

想观念，对于我们理解刘呐鸥逐渐疏离左翼文艺，选择"弃文从影"和参与"软性电影"论战三者间的关系更有裨益。

正是在这种结构性思维的烛照下，刘呐鸥在1930年发表的《俄法的影戏理论》[1]呈现出了更丰富的阐释空间。全文用四个章节系统地介绍了法国"纯粹影片论"、德国表现主义电影、以普多夫金为代表的苏联"Montage"（蒙太奇）理论以及维尔托夫的"影戏眼"理论。相比以大喜大悲、"鸳蝴派"和"通俗剧"为主流的20世纪20年代的国产电影，刘呐鸥以其精通日语、法语和英语的语言天赋跳脱武侠神怪之迷梦，拥有了更开阔的国际性视野，从而别创新格，在20世纪30年代初率先建构一个涵盖电影本体、电影艺术和电影批评的立体理论框架，这是难能可贵的。[2]但更值得关注的是：面对纷繁炫目的西方先锋电影理论和思潮，刘呐鸥依旧能够保持清醒的主体意识，结合电影的艺术、商业及社会属性，辩证接受各种理论。如他认为"纯粹电影论"虽然在"技术上看或可随得称赞"，但"不应该把影戏全由生活切离，使他变为没社会的切利性的，不生产的东西"[3]。至于维尔托夫的"影戏眼"理论，尽管这一概念对刘呐鸥日后的电影编导有重要意义，他更是拍摄了同名纪录片《持摄影机的男人》以示敬意，但他依旧认为"影戏眼"理论不过是电影艺术发展"进路"中的一个过渡形态：

---

[1] 刘呐鸥：《俄法的影戏理论》，《电影月刊》1930年第1期，第74—78页。

[2] 刘呐鸥在20年代末30年代初译介的欧洲先锋电影理论对中国电影史的影响，详见贾斌武、孙慰川的《先锋的魅影——刘呐鸥早期电影理论述评》（《当代电影》2016年第11期，第88—92页）。

[3] 呐鸥：《影片艺术论》，康来新、许秦蓁合编：《刘呐鸥全集·电影集》，台南：台南县文化局，2001年，第275页。

> 由演技的电影到非故事的影片，由戏剧的影片到
> 记录的影片，由剧场的舞台到现实生活的舞台——这
> "影戏眼"的理论确是要把本来和现在的进路变换了
> 的拓荒者的苦闷。[1]

　　如何在不丧失电影关照现实人生与时代社会的前提下坚守电影的艺术特性，刘呐鸥认为这是维尔托夫遇到的难题，因此他用"拓荒者的苦闷"描述"影戏眼"理论之于电影艺术发展历程的过渡性地位。其实，刘呐鸥在这时候也感受到了相似的困惑与"苦闷"：一方面，刘呐鸥不满于当时的影坛风尚，坚持探索并译介西方先锋的电影理论与思潮，希望以此为中国电影注入新鲜血液；另一方面，他又不赞同先锋电影理论将电影与社会生活分离，走上纯艺术的道路。因此在这一时期，尽管左翼文艺界还没有明确"新兴文学"的概念，"尖端"与"新兴"的分野尚未出现，但这种辩证思考无疑成为刘呐鸥日后尝试融合"尖端"与"新兴"的雏形。

　　为了进一步理解这种观念的形成与发展，我们可以从刘呐鸥20世纪20年代末的出版经历中寻绎线索。施蛰存在回忆1928年夏天《无轨列车》的创刊时，称刘呐鸥向戴望舒提议"我们自己办一个刊物罢"，"经过一两天的商量之后，决定了办一个像《莽原》一样的小刊物"[2]。《莽原》杂志于1925年4月在北京初刊，后又在1926年1月复刊，前后皆由鲁迅任编辑。虽然没有实际证据表明刘呐鸥与鲁迅有过面对面的交流，

---

[1] 刘呐鸥：《俄法的影戏理论》，《电影月刊》1930年第1期，第78页。

[2] 施蛰存：《我们经营过三个书店》，施蛰存：《沙上的脚迹》，第13页。

但在这一时期，经由冯雪峰从中牵线搭桥，鲁迅同意让由刘呐鸥创立的水沫书店来出版他主编的"科学的艺术论丛书"。推动这套丛书出版的一个直接原因是鲁迅与后期创造社及太阳社的论争，鲁迅并不赞同激进的"革命文学"论者对于文学、革命与宣传的片面理解。因此，他选择通过翻译马克思主义文艺理论著作来厘清先前复杂纠葛的问题。当然，这套丛书在出版过程中也遇到一些波折，施蛰存在回忆文章中提道："鲁迅愿意编这样的一个丛书，但不能出面主编，对外，他只能参加几种译稿，其他都和他没有关系。"[1] 鲁迅选择不"出面主编"的原因殊难展开，但即使如此，在这套拟定出版12本的系列丛书中，鲁迅的译著也多达4本[2]，占了全系列的1/3。

现象层面的史料罗列多少说明刘呐鸥在这一时期关注了鲁迅的文艺活动，而将他们的翻译实践置于晚清以降的中国近现代翻译史，尤其是20世纪二三十年代的翻译史脉络中进一步探讨，我们会在两人看似相悖的选择与立场中窥见相似的苦闷。

二、《艺术社会学》:"历史循环论"与被禁锢的"新兴"文学

同样是在1930年前后，面对梁实秋、赵景深等人形容其翻译为"硬译"乃至"死译"的指责，鲁迅曾回之以"窃得火

---

[1] 施蛰存:《我们经营过三个书店》，施蛰存:《沙上的脚迹》，第18—19页。
[2] 即卢那察尔斯基的《文艺与批评》和《霍善思坦因论》、浦力汗诺夫的《艺术与文学》以及藏原外村编的《苏俄的文艺政策》。

来，本意却在煮自己的肉的"[1]。此番回应和刘呐鸥所言的"拓荒者的苦闷"，都流露出一种不为旁人理解的痛苦。在鲁迅与梁实秋等人有关翻译的论战中，双方争辩的核心是鲁迅的"硬译"。所谓"硬译"，其实是直译的一种极端表述。直译和意译之争由来已久，然而这场论战之所以"震撼了整个中国文坛"[2]，其中一个原因是鲁迅借机深刻论述了翻译对白话文发展的重要作用。自白话文真正成为一种"可读，可听，可歌，可讲，可记的言语"[3]已有十余年，但鲁迅始终深感传统语文表达方式的贫乏，认为"中国的文或话，法子实在太不精密了"[4]。因此，鲁迅提出要用"除了几处不得已的地方，几乎是逐字译"的"硬译"来改善"中国文本来的缺点"[5]。也正是因为鲁迅赋予了翻译如此特殊的功能，所以他始终坚持用"硬译"来实践《摩罗诗力说》中的"别求新声于异邦"[6]。

如此赘述鲁迅的翻译实践，一方面是为了强调翻译对于现代中国的一个重要功能——"新"。30年前，梁启超翻译了《佳人奇遇》等日本政治小说，提出"小说界革命"的概念，期望以"先新一国之小说"的策略来"新一国之民"[7]。如今，鲁迅

---

[1] 鲁迅:《"硬译"与"文学的阶级性"》,《鲁迅全集》第4卷, 北京: 人民文学出版社, 2005年, 第214页。

[2] 黎照编:《鲁迅梁实秋论战实录》, 北京: 华龄出版社, 1997年, 第1页。

[3] 胡适:《逼上梁山——文学革命的开始》, 胡适编选:《中国新文学大系·建设理论集》, 上海: 上海文艺出版社, 1980年, 第14页。

[4] 鲁迅:《关于翻译的通信》,《鲁迅全集》第4卷, 第391页。

[5] 鲁迅:《译了〈工人绥惠略夫〉之后》,《鲁迅全集》第10卷, 第184页。

[6] 鲁迅:《摩罗诗力说》,《鲁迅全集》第1卷, 第68页。

[7] 梁启超:《论小说与群治之关系》, 陈平原、夏晓虹编:《二十世纪中国小说理论资料（1897—1916）》第一卷, 北京: 北京大学出版社, 1989年, 第31页。

则以"硬译"法"别求新声"于白话语体。"五四"时期，无论是文学研究会还是创造社的成员都坚信"外国文和新思想"对"粉碎旧语体、旧文化"[1] 等桎梏的重要作用。在他们眼里，几乎所有翻译都有一个共同的目标——确立白话文学的合法性地位。无论是新思想、新内容，还是新形式、新语言都要由翻译来提供。然而，当中国现代文学经历由文学革命向"革命文学"的转变，进入左翼文艺与"自由主义作家的文学及其他多种倾向文学彼此颉颃互竞"的"第二个十年"[2] 时，翻译"别求新声"的功能却随着政治斗争的加剧而产生分野。曾有学者将20世纪三四十年代的翻译史概括为"窃火"与"救荒"两条路向。[3]"窃火"指的是左翼作家以无产阶级文艺为主要翻译对象的功利性、时效性导向；"救荒"则语出胡适，提倡的是"努力多译一些世界名著，给国人造点救荒的粮食"[4]。

从刘呐鸥在"软性电影"论战中撰写的文章来看，他在20世纪30年代中期的文艺实践无疑属于"救荒"这一路向。判断刘呐鸥在20世纪30年代选择了"救荒"的路向并不难，可是两个概念的分野出现在"革命文学"论争后，代表着对于"五四"的不同认识与态度。在刘呐鸥初入文坛时，"五四"时期求新求变的时代思潮实质上统合着"窃火"与"救荒"的两条路向；也只有如此的时代背景，才有可能诞生《无轨

---

[1] 成仿吾：《从文学革命到革命文学》，《创造月刊》1927年第1卷第9期，第5页。

[2] 钱理群、温儒敏、吴福辉：《中国现代文学三十年》（修订本），北京：北京大学出版社，1998年，第137页。

[3] 杨义主编，李今著：《二十世纪中国翻译文学史（三四十年代·俄苏卷）》，天津：百花文艺出版社，2009年，第5—33页。

[4] 胡适：《论翻译——与曾孟朴先生书》，收入欧阳哲生编：《胡适文集：第4卷》，北京：北京大学出版社，1998年，第614页。

列车》这样一本将普罗文艺与现代派文学并置，融合"尖端"与"新兴"的杂志。问题的关键在于：刘呐鸥为何在这时候放弃了"窃火"的路向，脱离左翼文艺，没有继续成为左翼的"同路人"？

由此要引出前文阐述鲁迅"硬译"的另一重原因。在答复瞿秋白的来信时，鲁迅进一步解释了自己为何要采取"宁信而不顺"的"硬译"："一面尽量的输入，一面尽量的消化，吸收，可用的传下去了，渣滓就听他剩落在过去里。"[1] 这种"自然淘汰"的"历史中间物"观念，多少来自鲁迅曾经信奉的进化观。然而无论将来有多少是"可用"的，又有多少会成为"渣滓"，对鲁迅而言，现阶段最重要的任务都是尽可能扩大可供白话文借鉴的素材库，因此鲁迅将"古的、外省外府的，外国的"[2] 都视作可汲取养料的对象。

在刘呐鸥的翻译实践中，其实也能发现类似的观念。《艺术社会学》曾因为"左翼理论界对这两本书颇有意见，认为他们还有资产阶级观点"[3]，而没有被收入"科学的艺术论丛书"。表面上看，《艺术社会学》中设立专章论述"裸体画"，将包括印象派画家在内的现代主义艺术归为"写实派"，无疑是对处在资产阶级没落阶段的现代派艺术表示同情与理解。然而更深层的原因，其实是弗理契在第一节《艺术社会学底问题》中提出并贯穿全书的"历史循环观"：

---

[1] 鲁迅：《关于翻译的通信》，《鲁迅全集》第4卷，第392页。

[2] 同上，第391页。

[3] 施蛰存：《我们经营过三个书店》，第20页。与刘呐鸥所译的《艺术社会学》有着同样遭遇，没有被收入"科学的艺术论丛书"的，还有戴望舒译的伊可维支《唯物史观的文学论》。但水沫书店后来出版的"马克思主义文艺论丛"收入了这两本书。

> 每个社会经济的形体，在人类发达底过程中，多数是常被反复着的。譬如石器时代底原始的农业，现代的"蛮人"也有……我们也须同时研究这些反复的社会经济的组织。[1]

弗理契当然认同"不论何时，不论何处，某个社会的形体，是和一定的经济组织不可避免的地，合法的地一致着"[2]这番正统的马克思主义论述。然而，不同于当时大多数马克思主义者所信奉的线性历史进化观，弗理契在论述从"原始文化"到现代派艺术时以一名研究者的专业视域超越了意识形态的局限，认为历史也可能会有相似的循环反复，应当对包括现代派艺术在内的每一种艺术形式都抱有"历史的同情"而不偏废。

从1929年到1930年，刘呐鸥一共翻译了五篇马克思主义文论，其中有三篇是弗理契的著述，可见弗理契是刘呐鸥在这一时期持续关注的对象。即使不能断言刘呐鸥完全继承了弗理契的文艺观，也可以算是与对方产生了深刻的共鸣。更有说服力的一个证据是1930年4月出版的《都市风景线》。书中对现代艺术、摩登女性以及资产阶级的观点看似有平地惊雷般的超时代性，其实也都可以在《艺术社会学》的不同章节中找到影子。也正是受着弗理契的影响，刘呐鸥认为健康的文坛不应是某一流派的一枝独秀，而是如他在《色情小说·译者题记》中所描述的"现代的日本文坛"那样派系复杂、众声喧哗：

---

[1] ［俄］弗理契著，刘呐鸥译：《艺术社会学》，第14—15页。

[2] 同上，第9页。

> 有注意从个人的心境的境地派，有挂卖英雄主义
> 的人道派，有新现实主义的中间派，有左翼的未来派，
> 有象征的新感觉派，而在一方面又有像旋风一样捲了
> 日本全文坛的"普洛莱达利亚"文艺。[1]

在刘呐鸥看来，"好的作品"应当是"时代的反映"，能"把
时代的色彩和空气描出来"，选择翻译新感觉派的作品不过是
因为它恰好能够"把现在日本的时代色彩描给我们看"。[2] 对
于"明敏的读者"来说，这些看似"难涩"、带有"舶来的气味"
的作品却是最"新锐而生动可爱"的。[3] 至于其他暂未被译介
的文艺流派，刘呐鸥也不会弃之如敝屣。因为弗理契在《艺术
社会学》中明确指出："艺术的两个根本种类，即综合的、纪
念碑的文艺和这综合的衰退，并与这相关联着的，在某时代应
当某种造型的美术占势力，而在其他的时代应当别种东西占势
力。"[4] 昨日被冷落的艺术形式很有可能随着"时代的色彩和空
气"迁转而重获关注。尽管"历史循环论"与"历史中间物"
两个概念在对待"过去"和"未来"这两个时空维度上有各自
的诉求，但它们对"现时"的态度无疑是一致的——"放出眼
光"以疗救文化的委顿。

厘清了弗理契"历史循环论"对刘呐鸥的影响，也就不
难明白"拓荒者的苦闷"缘何而来。1930年3月2日，"左联"
正式宣告成立，"革命文学"论争的硝烟逐渐散去，昔日的论

---

[1]　刘呐鸥：《译者题记》，康来新、许秦蓁合编：《刘呐鸥全集·文学集》，第229页。

[2]　同上，第230页。

[3]　同上，第229—230页。

[4]　［俄］弗理契著，刘呐鸥译：《艺术社会学》，第16页。

敌握手言和。没有任何迹象表明刘呐鸥参与了"革命文学"论争，但《无轨列车》第二期刊登了画室（冯雪峰）维护身处革命文学论争旋涡中的鲁迅、批判创造社"狭小的团体主义精神"的《革命与智识阶级》[1]，这说明刘呐鸥对此并非置若罔闻，而恰恰是这种"局外人"视角使得刘呐鸥能够敏锐察觉到文坛风气的转变。在《中国左翼作家联盟的成立》提到的主要工作方针中，有一条是："吸收国外新兴文学的经验，及扩大我们的运动，要建立种种研究的组织。"[2]《大众文艺》随后推出的"新兴文学专号"也大力绍介各国的新兴文学，[3]但这些"新兴文学"有一个共同的特点——倾向于无产阶级文学。可见，"新兴文学"所代表的"新"，不再包罗万象，而逐渐趋向于一种特定的意识形态和价值观念。随着冯雪峰翻译了列宁的《论新兴文学》[4]，"新兴"文学的概念彻底被囿于无产阶级文学。这种限定对刘呐鸥来说，无疑与他追求众声喧哗的文艺观背道而驰。

三、"软性电影"论战：再探"新兴"与"尖端"融合的可能

其实，刘呐鸥也曾尝试对《新文艺》进行改刊，译介唯

---

[1] 画室（冯雪峰）:《革命与智识阶级》，中国社科院文学研究所现代文学研究室编:《"革命文学"论争资料选编》，北京：知识产权出版社，2011年，第486—490页。

[2] 记者:《中国左翼作家联盟的成立》，《拓荒者》1930年第1卷第3期，第1130页。

[3] 陶晶孙主编:《大众文艺·新兴文学专号》，上海：上海现代书局，1930年。

[4] ［苏］Vladimir Ilyich Ulyanov（列宁）著，成文英（冯雪峰）译:《论新兴文学》，《拓荒者》1930年第1卷第2期，第653—658页。

物史观文艺理论。如藏原惟人的《新艺术形式的探求——关于普罗艺术的当面问题》[1]，使其接近"窃火"的"新兴文学"。然而，马雅可夫斯基的自杀彻底击碎了刘呐鸥的幻想。除了弗理契的文论外，刘呐鸥还在1930年翻译了马雅可夫斯基的演讲和纪念马雅可夫斯基的报道文章，如《诗人与阶级》和《国际无产阶级不要忘记自己的诗人》[2]等。苦苦徘徊于"个人"和"集团"间的刘呐鸥，在马雅可夫斯基那里鉴照出了自己的影子。正如戴望舒所言：

> 想把个人主义的我熔解在集团的我之中而不可能。[3]

尽管刘呐鸥已经认识到如今"是在一个从个人主义文艺趋向于集团主义文艺的转换时期内"[4]，他也探索过"新兴文学"与"窃火"的路向，但马雅可夫斯基的悲剧证明了"集团"的

---

[1] ［日］藏原惟人著，葛莫美（刘呐鸥）译：《新艺术形式的探求——关于普罗艺术的当面问题》，《新文艺》1929年第1卷第4期，第10—35页。《新文艺》杂志在第1卷第2期刊登了晓村翻译的蒲汉龄《社会的上层建筑与艺术》，在第2卷第1期上刊登刘呐鸥翻译的弗理契《艺术之社会的意义》、戴望舒翻译的伊可维支《唯物史观与戏剧》、郭建英翻译的普列汉诺夫《无产阶级运动与资产阶级艺术》。这些都可以说明《新文艺》对唯物史观文艺理论的关注。参考陈齐乐《一种"唯物"的都市写作——谈刘呐鸥创作中的左翼因素》（《郑州师范教育》2015年第1期，第54—58页）。

[2] ［苏］马雅珂夫斯基（马雅可夫斯基）讲，洛生（刘呐鸥）译：《诗人与阶级》，《新文艺》1930年第2卷第2期，第46—55页；［苏］革命文学国际委员会著，洛生（刘呐鸥）译：《国际无产阶级不要忘记自己的诗人》，《新文艺》1930年第2卷第2期，第29—30页。

[3] 戴望舒：《诗人玛耶阔夫司基之死》，收入王文彬、金石主编：《戴望舒全集·散文卷》，北京：中国青年出版社，1999年，第116页。

[4] 刘呐鸥：《译者题记》，康来新、许秦蓁合编：《刘呐鸥全集·文学集》，第229页。

存在将抹去一切"个人"的印记。在"集团"的统领下，现代派艺术和其他一切不能求得"新阶级的解放"与"反对一切对我们的运动的压迫"[1]的艺术形式将无处容身，除了"塑造革命"与"被革命塑造"，"个人"别无他路。受着弗理契"历史循环论"的影响，刘呐鸥不愿为包括无产阶级文艺在内的任何一种文艺"虚悬了一个'极境'"[2]，更不愿意舍弃"新锐而生动可爱"的现代派艺术。马雅可夫斯基之死则残酷地揭示了小资产阶级知识分子转变成无产阶级作家的无望，这是一个"拓荒者"在时代转型时深入骨髓却难言的苦闷。也正是出于这种"苦闷"，刘呐鸥最终放弃了"窃火"而选择"救荒"，因为唯有后者，才可能许诺个体以更广阔的自由去思考"新兴"和"尖端"两种不同的思想体系融合的可能。用洪子诚的话说，就是"'个人主义'在无产阶级集体的泥土中重新获得生命的可能"[3]。

在淡化了意识形态的今天，后人得以超越褒贬立场，客观、公允地评价刘呐鸥在"软性电影"论战中发表的文论。如李道新充分肯定了刘呐鸥对"电影特质和电影叙事的分析阐释"[4]做出的重要贡献。然而，一如左翼影评人称其为"形式主义论者"一样，以"先锋""艺术"为名的论断看似中肯，却给刘呐鸥裹上了一件疏离文坛论争、"去政治化的政治"的

---

[1] "新阶级的解放"与"反对一切对我们的运动的压迫"是《中国左翼作家联盟的成立》中提出的两条行动总纲领（记者：《中国左翼作家联盟的成立》，《拓荒者》1930年第1卷第3期，第4页）。

[2] 鲁迅：《"题未定"草（七）》，《鲁迅全集》第6卷，第442页。

[3] 洪子诚：《1956：百花时代》，北京：人民文学出版社，2017年，第180页。

[4] 李道新：《中国电影批评史》，北京：北京大学出版社，2007年，第101页。

精致外衣，遮蔽了刘呐鸥1930年前后翻译实践中形成的文艺观念在这场论争中的延续。

　　除了内容与形式的二分，左翼影评人与刘呐鸥的另一个核心论争点是电影与大众的关系。双方都充分认识到"大众化"是电影在20世纪30年代继续发展的核心要素，刘呐鸥更是直言"电影生来便是大众化"[1]。当然，双方对"大众化"的理解显然存在分歧：如刘呐鸥批评左翼电影将"社会、阶级、意识，不管三七二十一都尽量地迁入无支持的破屋里去，……其实哪知道这种大众化是极小众化的东西"[2]；而唐纳则回之以"软性论者把电影大众化和大众电影分不清楚，杜造一些小众化或尖众的无聊名词表示一些无常识的见解"[3]。不过，刘呐鸥对左翼"大众片"的批判或许比人们惯常的认识更具繁复内涵。他的初衷绝不是为了转向形式的自足和高蹈而昧于现实，扼杀新生电影。刘呐鸥编剧的《永远的微笑》就关注到"被侮辱与被损害者"的悲惨生活，一位观众更是在观后感中高呼"不自由，毋宁死"[4]。结合上文的梳理，将理论与编导间的矛盾回置到刘呐鸥的翻译实践中，不难看出这是他在另一个领域中继续谋求"新兴"和"尖端"共存的艰难尝试。探讨刘呐鸥与电影"大众化"这一命题的内在关联将牵涉到"左联"的三次"文艺大众化"讨论，这里只能简单展开。

---

[1]　刘呐鸥：《中国电影描写的深度问题》，《现代电影》1933年第3期，第2页。

[2]　同上，第3页。

[3]　唐纳（马骥良）：《清算软性电影论》，《晨报·每日电影》1934年6月21日，第12页。

[4]　蒲公英：《永远的微笑——一个电影剧的观后感》，《西北风》1936年第16期，第15页。

上文曾言及刘呐鸥与鲁迅的"同声相应"。尽管鲁迅在20世纪30年代初大力译介马克思主义文论，看似选择了"窃火"这一路向，可是"窃火"与"救荒"从来不是壁垒森严。鲁迅在1934年就意识到了一味注重"窃火"而偏废"救荒"的弊端："外国的作家，恐怕中国其实等于没有绍介。"[1] 同样，在鲁迅论木刻艺术的文字中也能看到类似的认识。他在写给李桦的信中说："木刻是一种作某用的工具，是不错的，但万不要忘记他是艺术。"[2] 鲁迅明确强调了木刻的艺术性质，这种认识在喧嚣的"文艺大众化"浪潮中是难能可贵的。当然，鲁迅也没有抛弃大众而走上唯艺术的至纯之路，他依旧坚持用"连环图画"去启蒙民众。从这一点出发，由鲁迅而至刘呐鸥，刘呐鸥也认识到了文艺界偏废"尖端"、独重"新兴"文学的弊病。因此，刘呐鸥选择通过电影继续尝试走在"新兴"和"尖端"之间的钢丝绳上，在"软性电影"论争背后隐藏的是他探索融合"新兴"与"尖端"的内敛激情。或许刘呐鸥始终坚信，先锋的电影技巧与"社会、阶级、意识"本质上并不冲突，他反对的只是对内容一维的过分关注而损害了作为一门艺术的电影。由此出发，也就不难理解为何《现代电影》这本"鼓吹软性电影论的主要杂志"[3] 会刊登沈西苓、舒湮等人提倡电影传达意识形态的"硬性"文章[4]。

---

[1] 鲁迅：《致孟十还》，《鲁迅全集》第13卷，第276页。

[2] 鲁迅：《致李桦》，同上，第481页。

[3] 张骏祥、程季华主编：《中国电影大辞典》，上海：上海辞书出版社，1995年，第1079页。

[4] 沈西苓：《一九三二年中国电影界的总结账与一九三三年的新期望》，《现代电影》1933年第1期，第7—9页；舒湮：《电影底政治性》，《现代电影》1933年第5期，第11页。

四、结语

　　尽管刘呐鸥一直致力于探索融合"新兴"与"尖端"两方面，但令人惋惜的是，他的不懈追求终究只是个人的一厢情愿。正如瞿秋白在谈到翻译无产阶级名著所言："谁能够说，这是私人的事情？！"[1] "拓荒者的苦闷"如影随形般跟随着刘呐鸥，却始终寻不到纾解的途径。而随着政治斗争的加剧，刘呐鸥的苦心孤诣在沉重的现实图景面前无疑是一种认识的错位、行动的误差，在革命历史之外为自己建构一个主体位置的努力最终只添得一份堂吉诃德式的悲怆。抗战全面爆发后，穆时英因为担任汪伪政府的国民新闻社社长而遭到暗杀，刘呐鸥接替了穆时英的伪职。缺乏政治敏感与家国焦虑，甚至有亲日倾向的刘呐鸥也因此"投敌附逆"。毕竟，在现代中国"启蒙"与"救亡"的双重变奏中，又有谁能够说翻译、文学以及艺术是"私人的事情"？！

---

[1]　瞿秋白：《论翻译》，《十字街头》1931年第1期，第1页。

附录

标题与摘要
Titles and Abstracts

Special Column: Studies in Chinese Translation History

Modern Transformation of Traditional Knowledge Classification: On Two Bibliographies of Translated Books Compiled by John Fryer（ZOU Zhenhuan）

As an outstanding translator worthy of study in the modern Chinese history of translation, John Fryer (1839—1928) has made significant contributions to the compilation of the bibliography of translated books. However, no specific study has been done on his *A Brief Account of Translated Books of Kiangnan Arsenal* (《译书事略》) and *Descriptive Catalogue and Price List of the Books, Wall Charts, Maps, etc. Published or Adopted by the School and Text-book Series Committee* (《益智书会书目》). This article analyzes John Fryer's compilation of the two bibliographies of translated books from the perspective of knowledge classification, highlighting their significance in the historical context of modern transformation of traditional knowledge classification. It suggests that "A Brief Account of Translated Books of Kiangnan Arsenal" as the "Official catalogue" and "Descriptive Catalogue and Price List" as the "Church catalogue" may serve as a "paradigm" during the transformation of knowledge classification in modern China.

"Translator Security" and "Translation Security" in The Translation of Late Qing Dynasty (DUAN Huaiqing)

Translation in the late Qing Dynasty or the spread of Western learning to the East, both in practice and in theory, involves the proposition of the security of knowledge and culture, especially the security of translators and translation texts. In fact, the translator's translation practice in what kind of external environment and internal self environment is closely related to his personal sense of security. Compared with the security of translators, the concerns and even concerns of the translation in the aspects of publication review, ban and destruction, and copyright protection, actually affect the normal development and smooth progress of translation work. Examining translation of the late Qing Dynasty from the perspective of security, is not only helpful to understand and study the late Qing Dynasty translation from a narrow perspective, but also helpful to grasp the continuous entanglement, game and interaction between the late Qing Dynasty translation and the era politics, class culture, national system and social public opinion environment from a broader perspective.

ZHANG Zhidong's Patronage of Translation: Motivation, Measures and Norms (SU Yan)

Based on ZHANG Zhidong's memorials, archives and letters, this article addresses how he started to patronize translation, how he recruited translators and assigned them tasks and the norms he set for translating. It is found that during the Sino-French War, he began to understand the value of translators and interpreters in intelligence gathering. As the Viceroy of Hunan and Hubei, he employed translators and interpreters to work at schools and translation institutes he set up. As the fundamental measure of implementing self-strengthening policy and new policy, he prioritized the translation of texts on defense, diplomacy, agriculture, technology, commerce and mining closely related to national economy and people's livelihood. Moreover, he advocated indirect translation from Japanese, emphasized brief and understandable translation and attached great importance to the quality of translation of diplomatic documents.

Literary Translation and Cross-cultural Studies

Creative Treason as a Misinterpreted and Mistranslated Concept: The Etymological Meaning of Creative Treason and the Position of Translated Literature (FAN Ruoen)

The concept of "creative treason" proposed by the French literary sociologist Robert Escarpit has a profound impact on current studies in comparative literature and translation in China. From this concept, comparatists and translation scholars have also drawn an inference that "translated literature is part of the national literature of the target language" though Escarpit has clearly opposed this statement several times. "Creative treason" has recently become a focus of the academic debate between "Studies of Translated Literature" and "Mediotranslatology". However, due to the limitation of historical conditions, the understanding of "creative treason" among Chinese scholars is basically limited to the interpretation of a certain paragraph in the Chinese version of Escarpit's introductory work *La sociologie de la littérature*, while little attention has been drawn to his article "Creative Treason as a Key to Literature" on this concept. The lack of knowledge of this key material has led to a certain misunderstanding of "creative treason" in the Chinese academia, and the mistranslation of the existing materials such as *La sociologie de la littérature* has furthered this misunderstanding. This article, by exploring the controversy on this key concept between the scholars of Studies of Translated Literature and Medio-translatology, clarifies the etymological meaning of Escarpit's "creative treason" and explores the ideological context of related discourses. This article points out that the deep meaning of Escarpit Escapi's "creative treason" is quite different from the literal one, which actually has the dual unity of opposites, combing "betrayal and deviation" with "transmission and tradition". From this point of view, this article first affirms that the proposition that "Translated literature is part of the national literature or state literature of the target language" is reasonable when human society is still in the nation-state stage. Moreover, this article suggests that Escarpit's "creative treason" is in the same line with the views on authorship of ancient Greek orature, i.e., although a work is attributed to an author, it is a collective and continuous creation across state or ethnic boundaries. This also provides another possibility for us to understand the position of translated literature: translated literature is not an independent existence that betrays and separates itself from the original, but a variant of the original, and both the original work and its variants form a tradition. Therefore, translated literature should finally be positioned above national literature, and be regarded as part of world literature.

Research on the Spreading phenomenon of Gibran in China:
The contrast between translation and research and its reflection
(GAN Lijuan, MIAO Xuehua)

The Lebanese poet Gibran-Kahlil-Gibran, who lived in the United States, was the first Arabic writer to be translated and introduced into China. The dissemination of his works in China commenced with the publication and translations. The second is the joint efforts of scholars and translators around translation, as well as the media publicity of the Network culture as a medium. Its communication process has been nearly a hundred years since the 1920s. There have been three translation peaks and great achievement on Gibran's works in China. However, based on the analysis of the academic research with the characteristics of both communication and influence, the author finds that there is a strong contrast between the enthusiasm of translating and publishing Gibran's works and the indifference of research and influence in China. This paper attempts to explore the reasons from the aspects of the lack of diversity of translation, the weakness of Gibran's biography translation and the lack of writing, so as to explore a new path and method for the academic research circles.

"Visit" to China Twice by "the Queen of Detective Stories": Taking the Chinese Translation of Agatha Christie's Detective Novels in the 1940s and 1980s as an Example (ZHAN Yubing)

This paper takes the translation of Agatha Christie

as the main object of study, focusing on the translation of detective stories in Chinese mainland in the 1940s and 1980s. The translation of Agatha Christie's detective novels in the 1940s was carried out under the dual background of the shadow of the previous Sherlock Holmes translation boom and the overall "cold" of detective novels in China. It is an important entrance to understand the translation, creation, and development of detective novels in China's "post Sherlock Holmes era"; The relevant translation work in the 1980s was promoted with the help of the tide of China's reform, opening up and marketization. According to the Chinese translation of Agatha's novels in this period, we can have a glimpse of the entanglement and mutual penetration between national ideology, the introduction of foreign literature, public reading interest and cross media art practice at that time.

Studies on the history of foreign translation

The Interaction between Translation and Society: A Study on the Zero Translation Phenomenon in Singapore Chinese Newspapers (Tan Chee Wei,CUI feng)

Although the concept of zero translation was not established until 2001, zero translation phenomenon in Singapore Chinese language had emerged in the early 20th century. Advocates of "cultural turn" in translation studies proposed that translations are not made in vacuum, as translators function in a given culture at a given time, which influenced the way they translate. Therefore, the development of zero translation in Singapore is closely related to the country's history and social culture. Under British's colonial rule, Singapore developed into a multiracial society during the 19th century. Fusion of languages and cultures stimulated by Singapore's unique political and social environment, resulted in the formation of linguistic mosaic. This code mixing social phenomenon laid the foundation for the emergence and growth of zero translation in Singapore. Consequently, introduction of foreign terminologies through translation into Singapore Chinese language gradually shifted from transliteration to zero translation in the 20th century. The political, language and economic transformation in Singapore's society after independence, also created a great impact on the country's usage of zero translation. On that account, this study seeks to examine the binding relationship between Singapore society's development and the zero translation phenomenon in Singapore Chinese newspapers through applying Postcolonial Translation Theory, Polysystem Theory and Theory of Rewriting to the analysis of zero translation in *Nanyang Siang Pau* and *Lianhe Zaobao*.

Exploration of translation practice

A Critical Examination of the Translation of Ancient Chinese Poetry: Focusing on the English Translation of "River Snow"
（ LUO Huaiyu ）

Thorough investigations of the translation of ancient Chinese poetry, an area of heated debate, can contribute to a healthy poetics and literary ecology, and strengthen the global endeavors of Chinese literature and culture. The present article addresses three sets of questions from the levels of both theory and translated texts, namely: "Why to translate? Can poetry be translated?" "Who to translate? What are the proper approaches?" "What counts as good translation? How to conduct objective criticism?" Following theoretical discussions, the focus is placed on evaluations of major English translations of ancient Chinese poem "River Snow" to further shed light on these important questions.

Graduate Forum

The Image Construction in the Translation of Byron by SU Manshu,LU Xun and WANG Guowei: A Probe into The Early 20th Century Romanticism in China （ YANG Xin ）

The early 20th century saw the emergence of a historical phenomenon known as "Byron mania", accompanied by a wave of romantic self-awakening. The different choices and interpretations of Byron's images actually reflect the absorption and transformation of western Romanticism resources by Chinese intellectuals at the beginning of the century. This paper takes Byron, an important romantic figure who caused the trend, as the starting point, analyzes and compares the different choices of Byron's image by SU Manshu, LU Xun and WANG Guowei in the introduction and translation of Byron around 1906. It reveals the "individualized construction" of Byron's image in China, thus exploring the following question: is it the introduction of Western Romantic writers after the "Curved lens"of translation that has shaped our initial imagination of the common characteristics of Romanticism?

The Bitterness of Pioneer:Revisiting the "Soft Film" Debate from LIU Na'ou's Translation Practice around 1930 (CAO Yujie)

LIU Na'ou's literary practice around 1930 can be unified by the two concepts of "burgeoning" and "cutting-edge" proposed by SHI Zhecun. Examining LIU's translation of literary theory during this period in the light of "stealing the fire" and "saving the famine", which are the main lineages in the history of Chinese translation literature in the 1930s, can lead us to understand the influence of "art cycle theory" in Fletcher's *Art Sociology* on LIU

Na'ou, and then to consider the fundamental reasons for LIU's gradual alienation from left-wing literature and art as well as his core concepts in the "soft film" debate.

征稿启事

《复旦谈译录》依托"复旦大学文学翻译研究中心",创刊于2017年。作为一本刚刚起步的学术刊物,我们热切盼望与作者一起成长。本刊登载与翻译研究相关的学术成果,鼓励打破学科界限;既欢迎资深学者和翻译家,也欢迎高校青年教师和研究生投稿,**以稿件质量为唯一用稿标准**。

本刊投稿邮箱为 fudantranslation@fudan.edu.cn(如有意在"中国翻译史研究"专栏发表论文,请在邮件正文中说明,并发送至 translationhistory@cuhk.edu.hk)。来稿请在邮件标题中注明"作者姓名 + 所属机构",并以附件形式发送论文,同时注明作者姓名、所属机构、职称、学位、研究方向、联系方式等。

来稿须未在任何刊物正式发表。中文稿件1—2万字为宜,英文稿件0.6—1.2万词为宜(质量高者不受此限)。**初审稿不对体例做统一要求,但至少应包含标题、作者、摘要、关键词、正文、注释等**。作者应严格遵守学术规范,所有直接、间接引文均须详细注明出处。

来稿收到后,编辑部将在**两周内**通知作者是否送交匿名外审。外审周期为**两个月**，无论是否通过都将向来稿者反馈结果。

本刊不收取版面费。来稿一经刊用即付薄酬，并奉赠当期样刊两册；同时视作授权本刊在来稿正式出版后于网络平台(包括但不限于中国知网、微信公众号等)发布电子版。

自本辑开始，我们增设了"研究生论坛"栏目，为从事翻译研究的优秀硕博士研究生提供发表渠道，欢迎踊跃来稿！

Call for Papers

Founded at Fudan University on December 6th 2013, **Fudan Center for Literary Translation and Studies** is an integral part of Fudan's long established endeavor to encourage translation and translation studies. In 2017, the Center inaugurated *Translogopoiea*: *A Fudan Journal of Translation Studies*, with a mission to bring translation scholars, translators and researchers in other relevant fields together to illuminate new paths for a vibrant discipline that needs to be further defined and explored in an age of(anti)globalization.

Translogopoiea welcomes submissions from both established and emerging scholars and translators. It publishes articles on translation theory, translation history, translation in interdisciplinary perspectives and case studies of translation in intercultural communication. All the submissions should better be in either **Chinese（10,000—20,000 characters）or English（6,000—12,000 words）**. If you wish to submit an article in another language, contact the editors before the submission. The receipt of your article depends on the availability of the reviewer and the translator.

All the submissions are first internally reviewed by the editors. The submitters are notified within **2 weeks** upon their submission of their articles' eligibility for blind review. If an article is sent for blind review, an anonymous reviewer's feedback and the editors' decision will be emailed to the author in another **2 months**.

A submission should include an anonymous article in Word or pdf and an abstract headed with the title of the essay, the author's name, institutional affiliation and contact information. All the submissions and enquiries should be sent to fudantranslation@ fudan.edu.cn.

图书在版编目（CIP）数据

复旦谈译录．第四辑 / 陶磊主编；戴从容副主编．—上海：上海三联书店，
2022.9

ISBN 978-7-5426-7756-3

Ⅰ．①复… Ⅱ．①陶… ②戴… Ⅲ．①翻译－研究 Ⅳ．①H059

中国版本图书馆CIP数据核字（2022）第117230号

复旦谈译录（第四辑）

主　　编／陶　磊

副 主 编／戴从容

责任编辑／朱静蔚

特约编辑／李志卿　齐英豪

装帧设计／微言视觉 ｜ 苗庆东

监　　制／姚　军

责任校对／齐英豪

出版发行／上海三联书店

　　　　　（200030）中国上海市徐汇区漕溪北路331号中金国际广场A座6楼

邮购电话／021-22895540

印　　刷／肥城新华印刷有限公司

版　　次／2022年9月第1版

印　　次／2022年9月第1次印刷

开　　本／889×1194　1/32

字　　数／303千字

印　　张／11.75

书　　号／ISBN 978-7-5426-7756-3 / H·115

定　　价／88.00元

敬启读者，如发现本书有印装质量问题，请与印刷厂联系 0538-3460929。